Die Würde des Menschen ist verletzlich

Stephan Marks

Die Würde des Menschen ist verletzlich

Was uns fehlt und wie wir es wiederfinden

Patmos Verlag

VERLAGSGRUPPE PATMOS

PATMOS
ESCHBACH
GRÜNEWALD
THORBECKE
SCHWABEN
VER SACRUM

Die Verlagsgruppe
mit Sinn für das Leben

MIX
Papier | Fördert gute Waldnutzung
FSC® C083411

Die Verlagsgruppe Patmos ist sich ihrer Verantwortung gegenüber unserer Umwelt bewusst. Wir folgen dem Prinzip der Nachhaltigkeit und streben den Einklang von wirtschaftlicher Entwicklung, sozialer Sicherheit und Erhaltung unserer natürlichen Lebensgrundlagen an. Näheres zur Nachhaltigkeitsstrategie der Verlagsgruppe Patmos auf unserer Website www.verlagsgruppe-patmos.de/nachhaltig-gut-leben
Übereinstimmend mit der EU-Verordnung zur allgemeinen Produktsicherheit (GPSR) stellen wir sicher, dass unsere Produkte die Sicherheitsstandards erfüllen. Näheres dazu auf unserer Website www.verlagsgruppe-patmos.de/produktsicherheit. Bei Fragen zur Produktsicherheit wenden Sie sich bitte an produktsicherheit@verlagsgruppe-patmos.de

Bibliografische Information der Deutschen Nationalbibliothek
Die Deutsche Nationalbibliothek verzeichnet diese Publikation in der Deutschen Nationalbibliografie; detaillierte bibliografische Daten sind im Internet über http://dnb.d-nb.de abrufbar.

4. Auflage 2025

Verlagsgruppe Patmos in der Schwabenverlag AG, Senefelderstr. 12, 73760 Ostfildern
www.patmos.de

Vollständig überarbeitete und aktualisierte Neuausgabe des 2010 im Gütersloher Verlagshaus, Gütersloh, erschienenen Titels *Die Würde des Menschen oder Der blinde Fleck in unserer Gesellschaft*

Umschlaggestaltung: Finken & Bumiller, Stuttgart
Gestaltung, Satz und Repro: Schwabenverlag AG, Ostfildern
Druck: CPI books GmbH, Leck
Hergestellt in Deutschland
ISBN 978-3-8436-0935-7

Inhalt

Teil 3: Wege zur Menschenwürde

Vorwort zur Neuausgabe

Unsere deutsche Geschichte erschien mir seit jeher als etwas Schweres, Deprimierendes, Drückendes. Mein tiefes Bedürfnis danach, zu verstehen, wie der Nationalsozialismus und seine grauenhaften Verbrechen möglich waren, blieb lange Zeit unbeantwortet: In der Schule wurde »das Thema« bis Ende der 60er Jahre fast völlig ausgeblendet, und später, während des Studiums, vermochte keiner der diversen Erklärungsansätze, die ich studierte, diese Frage plausibel zu beantworten. Ich erinnere mich, wie mich damals einer der Professoren verwundert fragte, weshalb ich denn die Fächerkombination Politikwissenschaft, Neuere Geschichte und Psychologie studiere – als sei es abwegig, zur Erklärung gesellschaftlicher Phänomene auch psychologische Kategorien zu Rate zu ziehen. Auch meine sozialwissenschaftliche Dissertation über C. G. Jung brachte mich einer Antwort zunächst nur wenig näher. Allerdings fand ich das Konzept des »kollektiven Schattens« sehr spannend.

In den 80er Jahren lebte ich fünf Jahre in Nordamerika. Dort erlebte ich häufig eine Qualität von Zwischenmenschlichkeit, wie ich sie zuvor in all den Jahrzehnten in Deutschland nur selten erfahren hatte: Freundlichkeit. Dies erinnerte mich an die Beobachtung von Alexander und Margarete Mitscherlich aus ihrem Buch *Die Unfähigkeit zu trauern:* dass der »freundliche Deutsche«, zugespitzt formuliert, in seinem eigenen Land nicht zwingend Vorbildcharakter habe.[1]

In den USA lernte ich Vietnamveteranen wie Greg Burham kennen, die sich in bemerkenswerter Weise mit ihren traumatischen Erfahrungen als Täter auseinandersetzen – etwas, was mir bis dahin im Nachkriegsdeutschland nicht begegnet war. Die Benediktinerin Sr. Mary Kay Henry eröffnete mir lebensbejahende Interpretationen des Christentums durch Theologen und Mystikerinnen wie Meister Eckart, Hildegard von Bingen u.v.a. Ende 1989 kehrte ich nach Deutschland zurück mit dem (anfangs noch recht unklaren) Wunsch, etwas dazu beizutragen, dass unser Umgang mit unserer Geschichte ein konstruktiver werden möge. Der entscheidende nächste Schritt für mich war das Forschungsprojekt »Geschichte und Erinnerung«, gegründet 1998. Dabei führten wir, ein interdisziplinäres Team, Interviews mit »ganz normalen« alten Menschen, die damals Hitler und den Nationalsozialismus bejaht und aktiv mitgetragen hatten. Unser Ziel war es, die Motive von NS-Anhängern zu erforschen.

Der entscheidende Moment, ich erinnere mich noch ganz genau, ereignete sich während einer Team-Supervisionssitzung: Erst ein, dann zwei, drei Interviewer eröffneten, dass sie sich für gewisse Interviews schämten (später verstanden und interpretierten wir diese Reaktion als Gegenübertragung). In diesem Moment, als der Begriff Scham zum allerersten Mal genannt wurde, klatschte ich spontan in die Hände und rief aus: »Das ist es!« Intuitiv spürte ich, dass wir soeben einen Schlüssel zum Verständnis des Nationalsozialismus gefunden hatten. In der Folge arbeitete ich mich durch die Fachliteratur über Scham, angefangen mit Léon Wurmsers Standardwerk *Die Maske der Scham*. Daraufhin konnte ich, endlich, zum ersten Mal, wirklich verstehen, wie der Nationalsozialismus möglich war (die Ergebnisse dieses Forschungsprojekts sind in dem Buch *Warum folgten sie Hitler?* zusammengefasst).

So weit, so gut. In den folgenden Monaten jedoch drängte sich mir immer mehr eine andere Frage auf: Wenn damals, 1933, Scham so bedeutsam war, um Hitler an die Macht zu bringen – welche Bedeutungen hat dieses Gefühl dann eigentlich in der Bundesrepublik Deutschland heute, Jahrzehnte später? Nun fielen mir immer mehr Beispiele dafür auf, wie unerkannte, unbewusste (um nicht zu sagen: unerlöste) Schamgefühle die zwischenmenschlichen Beziehungen bis in die Gegenwart hinein vergiften: etwa in unserem Umgang mit »Schwäche«, z. B. in der Unbarmherzigkeit, mit der alte Menschen hierzulande oftmals abgewertet werden oder mit der Menschen ohne Arbeitsplatz schnell als »Schmarotzer« entwertet werden.

Insbesondere das Elend an deutschen Schulen wurde mir erklärbar: Seit Jahrzehnten wird hierzulande beklagt, dass deutsche Schulen in internationalen Vergleichen nur mittelmäßig abschneiden. Aus schampsychologischer Sicht wird dies verständlich, ist doch Schule für viele Beteiligte ein Ort der Entwürdigung: für Lehrende, die hierzulande wie kaum eine andere Berufsgruppe pauschal beschämt werden, aber auch für viele Schüler, die nicht selten von Lehrkräften bloßgestellt oder lächerlich gemacht werden. Ganz anders ist dies beispielsweise in Kanada, wo Schule ein Ort der Wertschätzung ist.

Da ich selbst sehr unter einem beschämenden Schulunterricht gelitten hatte, machte ich mich auf den Weg, um nach meinen Kräften und Möglichkeiten zu einer Veränderung dieser unakzeptablen Situation beizutragen. Seither gebe ich Fortbildungen für Lehrer und Lehrerkollegien; ich werde jedoch immer häufiger auch zu Fortbildungen für andere Berufsgruppen eingeladen: etwa für Altenpflegekräfte, Sozialarbeiter, Psychotherapeuten, Seelsorger, Polizisten, Richter, Mitarbeitende im Strafvollzug, Beratende, Ärzte, Führungskräfte, Supervisoren, Ehrenamtliche in Telefonseelsorge, Hospizen und Strafgefangenenarbeit u. v. a.; kurz: für Menschen, die mit Menschen arbeiten.

Dabei mache ich immer wieder die erstaunliche Beobachtung, dass viele Teams, viele Berufsgruppen, die tagtäglich massiv mit Scham zu tun haben, sich bisher kaum oder gar nicht mit dieser Emotion auseinandersetzen. Scham ist eine gesellschaftlich in weitem Maße tabuisierte Emotion; sie ist, mit anderen Worten, ein Aspekt des kollektiven Schattens.

Nach C. G. Jung wirkt der Schatten destruktiv, solange er unbewusst ist; ihn bewusst zu machen und zu integrieren ist dagegen heilsam und gibt dem Menschen neue Entwicklungsmöglichkeiten. Dies gilt sowohl für den persönlichen als auch für den kollektiven Schatten – ihn bewusst zu machen und zu integrieren eröffnet eine neue Qualität menschlichen Zusammenlebens. Konkret gesagt: Ein bewusster Umgang mit Scham ist der Weg zu einer wahrhaft menschenwürdigen Gesellschaft. Zu einer Gesellschaft, in der Menschenwürde nicht länger nur ein abstraktes (und somit leeres) Ideal ist, sondern ganz alltagspraktisch die zwischenmenschlichen Beziehungen reguliert, ob in der Schule oder Hochschule, Ausbildung, im Berufsleben, beim Arztbesuch oder in der Pflege.

Ursprünglich dachte ich, diese Fortbildungen seien in Deutschland notwendig, ich bekomme jedoch immer mehr Einladungen auch in andere Länder, vorwiegend aus Österreich, der Schweiz und Lateinamerika. So habe ich in den vergangenen Jahren viele hunderte von Fortbildungen durchgeführt und jedes Mal mehr hinzugelernt über Scham und ihre fundamentale Bedeutung für die Arbeit mit Menschen. Vor allem wurde ihre positive Funktion als Hüterin der Menschenwürde[2] immer deutlicher.

Wer also die Würde des Menschen verstehen und achten möchte, der sollte die Scham kennen und gut mit ihr umgehen. Was dies im Einzelnen bedeutet – für den Umgang mit der eigenen Person, für die jeweilige Arbeit mit Menschen und für die Rahmenbedingungen dieser Arbeit –, dies ist Gegenstand meiner Fortbildungen und dieses Buches. Es fasst die wichtigsten theoretischen Grundlagen und Erfahrungen aus diesen Fortbildungen zusammen.

Einleitung: Ein Problem wird entsorgt

Bastian B. ist schmächtig und schüchtern. Von Mitschülern wird er seit der 7. Klasse als »Hurensohn« verhöhnt. Dann flüchtet der Junge unter die Eingangstreppe der Geschwister-Scholl-Realschule, voller Angst, Ohnmacht, Scham und Wut im Bauch. In der 8. Klasse wird er von mehreren Mitschülern auf dem Pausenhof mit einem glühenden Schlüssel gequält.

Seinem Tagebuch vertraut er seine abgrundtiefen Ängste an, die sich allmählich in Hass verwandeln: »Wenn ich einen von den Arschlöchern sehe, bin ich wie gelähmt. Ich laufe die Straße entlang und sehe welche von der Sorte, Jugendliche, HipHopper, Feinde, und ich bekomme wahnsinnige Angst.«[3] Wenn er angesprochen wird, kann er gar nicht mehr klar denken. Seine Pubertät erlebt Bastian als einzige Kränkung und Ausgrenzung, zumal er zwei Mal sitzen bleibt.

Umso mehr zieht er sich in seine Scheinwelt zurück: gewalttätige Computerspiele. Wegen seines schwarzen Trenchcoats wird Bastian von Mitschülern als »Psycho« verspottet. Nach außen hin wirkt er so, als ließe er solche abfälligen Bemerkungen an sich abprallen, innerlich jedoch brennen sich diese Sticheleien in sein Gedächtnis ein.[4]

Im Juni 2006 schließt er die 10. Klasse ab und verlässt die Schule. Später notiert er in seinem Tagebuch: »Stell Dir vor du stehst in deiner alten Schule, stell dir vor der Trenchcoat verdeckt all deine Werkzeuge der Gerechtigkeit, und dann wirfst du den ersten Molotov Cocktail, die erste Bombe. Du schickst deinen meist gehassten Ort zur Hölle!«[5]

Auf seiner Internetseite veröffentlicht er einen Brief, in dem er unter anderem schreibt:

> »Das Einzige, was ich intensiv in der Schule beigebracht bekommen habe, war, dass ich ein Verlierer bin. [...] Man musste das neuste Handy haben, die neusten Klamotten und die richtigen ›Freunde‹. Hat man eines davon nicht, ist man

es nicht wert, beachtet zu werden. Und diese Menschen nennt man Jocks. Jocks sind alle, die meinen, aufgrund von teuren Klamotten oder schönen Mädchen an der Seite über anderen zu stehen. Ich verabscheue diese Menschen, nein, ich verabscheue Menschen. [...]
Ihr habt diese Schlacht begonnen, nicht ich. Meine Handlungen sind ein Resultat eurer Welt, eine Welt, die mich nicht sein lassen will, wie ich bin. Ihr habt euch über mich lustig gemacht, dasselbe habe ich nun mit euch getan, ich hatte nur einen ganz anderen Humor!
Von 1994 bis 2003/2004 war es auch mein Bestreben, Freunde zu haben, Spaß zu haben. Als ich dann 1998 auf die GSS kam, fing es an mit den Statussymbolen, Kleidung, Freunde, Handy usw. Dann bin ich wach geworden. Mir wurde bewusst, dass ich mein Leben lang der Dumme für andere war, und man sich über mich lustig machte. Und ich habe mir Rache geschworen! [...]
Ich will meinen Teil zur Revolution der Ausgestoßenen beitragen!
Ich will R A C H E!
Ich habe darüber nachgedacht, dass die meisten der Schüler, die mich gedemütigt haben, schon von der GSS abgegangen sind. Dazu habe ich zwei Dinge zu sagen:
1. Ich ging nicht nur in eine Klasse, nein, ich ging auf die ganze Schule. Die Menschen, die sich auf der Schule befinden, sind in keinem Falle unschuldig! Niemand ist das! In deren Köpfen läuft dasselbe Programm, welches auch bei den früheren Jahrgängen lief! Ich bin der Virus, der diese Programme zerstören will, es ist völlig irrelevant, wo ich da anfange.
2. Ein Großteil meiner Rache wird sich auf das Lehrpersonal richten, denn das sind Menschen, die gegen meinen Willen in mein Leben eingegriffen haben und geholfen haben, mich dahin zu stellen, wo ich jetzt stehe; auf dem Schlachtfeld! Diese Lehrer befinden sich so gut wie alle noch auf dieser verdammten Schule! [...]
Seit meinem 6. Lebensjahr wurde ich von euch allen verarscht! Nun müsst ihr dafür bezahlen! [...] Ich bin weg ...«[6]

Bald danach, am Morgen des 20. November 2006, verlässt Bastian, der gerade 18 Jahre alt geworden ist, sein Elternhaus in Emsdetten, um ein letztes Mal zum Mittelpunkt seiner Demütigungen zurückzukehren. Er ist ganz in Schwarz gekleidet und bewaffnet mit Sprengkörpern und drei Schusswaffen. Auf dem Schulhof zündet er eine selbst hergestellte Rohrbombe und einen Rauchkörper. Scheinbar wahllos schießt er auf entgegenkommende Schülerinnen und Schüler; wegen der Pause halten sich zu diesem Zeitpunkt viele Schüler und Lehrer im Freien auf. Mit einer Gasbombe verletzt er eine schwangere Lehrerin im Gesicht. Den Hausmeister schießt er in den Bauch.

Durch den Haupteingang betritt er anschließend das Schulgebäude; in der Aula feuert er auf eine Schülergruppe und verletzt dadurch noch einen Schüler schwer. Im Treppenhaus schießt er auf weitere Schüler und verwundet zwei Mädchen. Er zündet noch mehr Sprengkörper; durch die starke Rauchentwicklung werden weitere Personen verletzt. Im oberen Flur des Schulgebäudes tötet sich Bastian anschließend mit einem Schuss in den Mund. Bastians Schreckenstat hinterließ 37, zum Teil schwer Verletzte.

Später, im Rückblick, beschreiben seine ehemaligen Mitschüler Bastian als verschlossenen Einzelgänger, der kaum mit jemandem redete und auf dem Schulhof immer allein herumgestanden sei. Dabei sei er gar nicht mit Absicht ausgegrenzt worden, vielmehr schien ihm selbst nicht daran gelegen zu sein, dazuzugehören.[7] Mit seinem Auftreten, das an die Matrix-Filme erinnerte, sei Bastian nicht mehr ernst genommen worden; er machte sich damit selbst lächerlich.[8] Bei Bastians Schulabschluss verspüren sogar die Lehrer Erleichterung, ihn endlich los zu sein[9]

Der Oberstaatsanwalt Wolfgang Schweer ist der Ansicht, dass die Tat durch allgemeinen Lebensfrust ausgelöst worden sei.[10] *Der Spiegel* schildert Bastian als jemanden, der »nach Aufmerksamkeit gierte« und sich in der Außenseiterrolle sogar gefiel. Einige Monate nach der Tat ist im *Spiegel* nur noch von Bastians »vermeintlichen Demütigungen« die Rede. Damit wurde das Problem Schritt für Schritt entsorgt: Der »Psychofreak«, so noch einmal *Der Spiegel*, habe sich die Demütigungen eben nur eingebildet, zumal er ja eine krankhafte »Gier nach Aufmerksamkeit« gehabt habe. Auch nach Meinung des *Focus* lag das Problem ganz bei Bastian: Er sei eben »unfähig« gewesen, »Niederlagen zu verkraften« und habe sich »als ewiger Verlierer« gefühlt.[11]

Regelmäßig lösen Amokläufe ein großes Rätselraten nach den Hintergründen aus, so etwa im Nachrichtenmagazin *Der Spiegel*: »Warum? Diese Frage stellen sich Lehrer und Mitschüler, stellt sich die Gesellschaft nach jedem Amoklauf. Nach Erfurt. Nach Emsdetten. Nach Winnenden. Aber meistens gibt es auf diese Frage keine Antwort.«[12] Mein Eindruck ist, dass Bastian durchaus eine Antwort gegeben hat – sie wurde und wird nur nicht zur Kenntnis genommen. Auch Jahre später bezeichnet *Der Spiegel* Amokläufe immer noch als »Rätsel«[13].

Die deutsche Sprache verfügt über ein reichhaltiges Arsenal an Formulierungen, mit denen den Opfern von Missachtung, Mobbing oder anderen Formen von Entwürdigung selbst die Schuld zugeschrieben wird: »überempfindlich«, »Weichei«, »emotional nicht belastbar«, »der wollte es ja nicht anders«, »alles nur Einbildung« u. v. a. Aus diesem Arsenal bedienten sich viele der Kommentatoren in den Wochen nach Bastians Amoklauf. Auf diese Weise wurde binnen kurzer Zeit ein grundlegendes Problem deutscher Schulen aus dem Bewusstsein gedrängt. Ähnliches ist auch nach anderen Amokläufen zu beobachten: Schon nach wenigen Tagen wird nur noch über Randphänomene debattiert wie Waffengesetze, Computerspiele oder Alarmknöpfe. An den Freiburger Schulen wurden beispielsweise in kürzester Zeit für einen hohen sechsstelligen Betrag Alarmknöpfe und spezielle Türknäufe installiert – während Lehrerfortbildungen, wie überall im Lande, nach wie vor chronisch unterfinanziert sind.

So wird ein Problem entsorgt, das von Bastian klar benannt worden war: die Tatsache nämlich, dass Schulen in Deutschland für viele Kinder und Jugendliche, aber auch für viele Lehrer »Orte des Grauens«[14] sind, wie der Mediziner und Lehrerfortbildner Joachim Bauer schreibt. Das gilt für Lehrer, weil sie in Deutschland, wie kaum eine andere Berufsgruppe, öffentlich entwürdigt werden – durch Medien, Eltern und Schüler und auch sogar durch manche Politiker (z. B. als »faule Säcke«, so Gerhard Schröder[15]).

Doch auch für viele Schüler: weil sie im Unterricht häufig von Lehrenden missachtet oder bloßgestellt werden. Annedore Prengel und Friederike Heinzel[16] schätzen, dass dies in jedem dritten oder vierten Klassenzimmer geschieht. Eine Befragung von Volker

Krumm und Kirstin Eckstein kommt zu dem Ergebnis, dass etwa 17 Prozent der befragten Schüler durch Lehrer gemobbt wurden.[17] Bei einer Befragung des Kriminologischen Forschungsinstituts Niedersachsen gab mehr als ein Viertel der Schüler an, von Lehrern lächerlich gemacht worden zu sein.[18]

Für die Studie »The Children's Worlds« der britischen York Universität und der Jacobs Stiftung aus dem Jahr 2015 wurden 56 000 Kinder in 16 Ländern verschiedener Kontinente befragt. Sie kam zum Ergebnis, dass deutsche Schüler besonders ungern zur Schule gehen; über Gewalterfahrungen berichten Schüler aus Deutschland, Estland und England am häufigsten.[19] Verschiedene Untersuchungen kommen zum Ergebnis, das jeder dritte bis siebte Schüler gemobbt wird.[20] Allerdings erscheinen mir die herrschenden Mobbing-Definitionen als zu grob: Sie übersehen, dass schon wenige verbale Entwürdigungen ihre Auswirkungen haben, und zwar nicht nur auf die jeweils betroffene Person, sondern auch auf die Zeugen dieser Handlung, d. h. auf die ganze Schulklasse. Darauf werde ich später noch weiter eingehen.

Es ist kaum verwunderlich, dass sich diese unerträgliche Situation immer wieder in körperlicher Gewalt (wie sie zum Beispiel an der Berliner Rütli-Schule 2006 bekannt wurde) entlädt und im Extremfall in Amokläufen. Um nur einige Beispiele zu nennen:

- Am 12. März 2009 erschießt der 17-jährige Tim K. an seiner früheren Realschule in Winnenden acht Schülerinnen, einen Schüler und drei Lehrerinnen. Auf seiner Flucht bringt er drei weitere Menschen um, ehe er sich selbst erschießt.
- Am 17. September 2009 verschafft sich in Ansbach ein 18-jähriger Gymnasiast mit einer Axt Zugang in seiner Schule und bringt zwei Molotowcocktails zur Explosion. Acht Schüler und ein Lehrer werden verletzt. Die Oberstaatsanwältin Gudrun Lehnberger kommt zu dem Ergebnis, dass der Täter sich ausgegrenzt und nicht anerkannt gefühlt habe. In seinem Tagebuch schildert er, wie er während einer Klassenfahrt im Bus verprügelt wurde und niemand ihm beigestanden habe.
- Am 18. Februar 2010 dringt ein 23-Jähriger in seine ehemalige Berufsschule in Ludwigshafen ein und verletzt einen Lehrer mit dem Messer tödlich. Im Hauptgebäude gibt er mehrere Schüsse ab und entzündet im ersten Stock ein Feuer.

- Am 22. Juli 2016 tötete der 18-jährige Schüler David S. im Münchener Olympia-Einkaufszentrum neun Menschen und verletzte vier weitere. Als er zweieinhalb Stunden später von der Polizei gestellt wird, erschießt er sich selbst.

Von wenigen Psychologen wird der Zusammenhang zwischen schulischen Kränkungen und Amokläufen durchaus benannt;[21] diese Überlegungen spielen aber in den politischen Konsequenzen auf die Amoktaten bisher so gut wie keine Rolle. Auch das Abschneiden deutscher Schüler in internationalen Vergleichen, wie z. B. in den PISA-Studien, hätte stärker Anlass geben können, über die andauernde Misere des deutschen Schulsystems nachzudenken: Wie könnten Lehren und Lernen gelingen, solange die Schule für so viele der Beteiligten ein Ort der Entwürdigung ist?

Doch selbst nach der aktuellen PISA-Studie von 2015 gilt das deutsche Bildungssystem als veraltet.[22] Nach wie vor werden die grundlegenden Probleme unserer Schulen weder thematisiert noch korrigiert: Anstatt die Verletzungen der Würde von Schülern und Lehrern zu benennen, wird seit Jahren weitgehend nur über Zahlen, Ausstattungen, Lehrpläne und andere Randphänomene debattiert; eine Schulreform folgt der anderen. Dabei bleibt schleierhaft, weshalb zum Beispiel die Umstellung des Schulbetriebs auf Ganztagsschulen eine Lösung darstellen soll: Für die vielen Schüler, die Schule als einen »Ort des Grauens«[23] erleben, wird dieses Grauen dadurch nur noch verlängert. Ebenso schleierhaft ist, weshalb »Milliarden für die Bildung« (wie z. B. über die Presse am 18.12.2009 angekündigt wurde) die deutsche Schule retten könnten – solange unklar bleibt, wofür diese Gelder ausgegeben werden sollen: Für ein besser finanziertes Grauen?[24] Solange die zugrunde liegenden Probleme überhaupt nicht thematisiert werden, so lange sind die Verlängerung der deutschen Schulmisere und weitere Gewalttaten vorprogrammiert.

Missachtungen der Würde sind auch in vielen anderen Bereichen unserer Gesellschaft zu beobachten – obwohl sich ohne Zweifel in den vergangenen Jahren einiges zum Positiven verändert hat und das Klima in Deutschland etwas freundlicher geworden ist. Das Grundgesetz betont gleich in Artikel 1 die Unantastbarkeit der Menschenwürde. Dieser Artikel ist großartig. Tatsächlich aber *wird* die Würde von Menschen in Deutschland tagtäglich verletzt:

so etwa im Straßenverkehr, mit den allgegenwärtigen Gesten der Verachtung. Eine französische Journalistin schrieb einmal sinngemäß, dass die Franzosen den Deutschen nicht übelnähmen, *dass*, sondern *wie* sie Mercedes fahren. Missachtungen gehören so sehr zu unserer Kultur, dass wir diese oft gar nicht bemerken: etwa wenn alte Menschen von Politikern mit »Schrott« verglichen werden. Wenn Arbeitslose als faule Schmarotzer und »Wohlstandsmüll«[25] verachtet werden, wie dies durch die Hartz-IV-Gesetze suggeriert und durch nicht wenige Medien, Politiker und Teile der Öffentlichkeit verbreitet wird. Wenn Ostdeutsche von Westdeutschen immer noch als zurückgebliebene »Ossis« verachtet werden. Wenn z. B. der damalige Bundesfinanzminister Peer Steinbrück die Schweiz mit Ougadougou vergleicht. Wenn Wolfgang Schäuble seinen Pressesprecher Michael Offer öffentlich demütigt oder beim ersten Treffen mit dem griechischen Finanzminister Yanis Varoufakis den Handschlag zur Begrüßung verweigert.

Viele Menschen scheinen kein Bewusstsein darüber zu haben, wie sie durch ihr Verhalten die Würde anderer Menschen verletzen. Etwa der Vorgesetzte, der einen zynischen Witz auf Kosten eines Mitarbeiters macht und, darauf angesprochen, nur lachend abwinkt: »War doch nur ein Scherz, nicht so gemeint, nichts für ungut.« Oder auch die Hausfrau, die ungeprüft rufschädigende Gerüchte über Nachbarn aufnimmt und weiterverbreitet: Sie würden entrüstet von sich weisen, dass sie die Würde von Mitmenschen verletzen. Oder ein Jan Böhmermann mit seinem Schmähgedicht auf Erdogan.

Erstes Anliegen dieses Buches ist es, auf einen blinden Fleck in der deutschen Gesellschaft aufmerksam zu machen. Ich möchte zeigen, dass viele unserer zwischenmenschlichen Beziehungen – gerade auch in Schule und Arbeitswelt – durch Verletzungen der Würde vergiftet werden.

Um diese Verletzungen ins Bewusstsein zu rufen, ist das vorliegende Buch unvermeidbar einseitig und unausgewogen. Indem ich zum Beispiel missachtende Kommunikation in der Schule benenne, soll nicht geleugnet werden, dass es auch viele Klassenzimmer gibt, in denen mit Wertschätzung und Freude gelernt wird.

Indem ich mich auf die deutsche Gesellschaft konzentriere, soll nicht behauptet werden, dass die Würde allein in unserem Land missachtet wird. Der Hinweis auf Würde-Verletzungen in anderen

Ländern würde jedoch nichts an den Missachtungen ändern, die hierzulande geschehen. Allerdings haben Entwürdigungen in unserer Gesellschaft ihre Wurzeln in unserer Geschichte (dies wird im zweiten Teil ausgeführt). Sie werden wesentlich durch unsere Erziehung, Schulen, Hochschulen und berufliche Ausbildung sowie unsere politisch-wirtschaftlichen Strukturen weitergegeben. Für diese sind wir, die Bundesbürger, in erster Linie verantwortlich und diese können wir verändern.

Gewiss gehen Verletzungen der Menschenwürde, die in anderen Ländern geschehen, auch uns »etwas« an: medial, insofern die Bilder ihre Wirkung auf uns, die Medienkonsumenten, entfalten, und real, indem Millionen verzweifelter Menschen weltweit sich auf die Suche nach würdevollen Lebensbedingungen machen. In dieser Hinsicht ist die Sorge für die Würde des Menschen auch eine globale Herausforderung, welche die internationale Politik, insbesondere die sogenannte Entwicklungshilfe- und Außenpolitik vor ganz neue Aufgaben stellt. Dies kann in diesem Buch allerdings nicht näher ausgeführt werden.

Man könnte auch einwenden, dass die Würde von Menschen früher noch viel massiver verletzt wurde; vor allem im Nationalsozialismus, aber auch in den vorangegangenen Jahrhunderten. Dies ändert freilich nichts daran, dass es sinnvoll und an der Zeit ist, die *heutigen* Verletzungen zu thematisieren und abzubauen. Solche Verhaltensweisen lösen sich ja nicht von alleine in Luft auf; im Gegenteil, sie können sich transgenerational über viele Jahrhunderte weitertradieren – so lange, bis wir uns ihrer bewusst werden und sie verändern.

Dies ist das zweite Anliegen des vorliegenden Buches: Ich möchte Wege aufzeigen, wie wir zu einem Menschen würdigenden Miteinander kommen können.

Dazu wird zunächst der Begriff der Menschenwürde vorgestellt und diskutiert. Dieser wird von vielen Bundesbürgern als wichtiges, aber abstraktes, »abgehobenes« Ideal empfunden. Solange Würde jedoch mit den Alltagserfahrungen der Bürger wenig verbunden ist, so lange wird ein großer Teil ihrer Wirkkraft verschenkt. Daher wird (im ersten Teil) der Begriff der Menschenwürde aus psychologischer Sicht konkretisiert und mit Leben gefüllt. Dabei ist es mir wichtig, den Bezug zu unserer Alltagswelt herzustellen – ohne Anspruch, damit alle Aspekte und Anwendungsbereiche der Menschenwürde umfassend auszuloten.

Im zweiten Teil des Buches wird die Geschichte der Deutschen in Bezug auf die Würde skizziert. Im dritten Teil wird ausgeführt, was Menschenwürde praktisch bedeutet und wie sie alltagsnah realisiert werden kann: erstens in der Beziehung mit der eigenen Person, in der Sorge für die eigene Würde. Zweitens in der Arbeit mit Menschen; dies wird an verschiedenen Berufsfeldern aufgezeigt. Drittens in Bezug auf die *strukturellen* Bedingungen, unter denen Menschen mit Menschen arbeiten.

In meinen Fortbildungen mit Berufstätigen verschiedener pädagogischer und psychosozialer Arbeitsfelder mache ich wiederholt die erschütternde Erfahrung, dass viele Menschen sich menschenwürdige Institutionen schlichtweg nicht einmal mehr vorstellen können. Auf die Frage: »Welche strukturellen Bedingungen brauchen Sie, damit Ihre Würde und die Ihrer Patienten gewahrt ist?«, antworten beispielsweise nicht wenige Pflegekräfte zunächst mit dem Ausruf: »So etwas wäre doch völlig utopisch!« Viele Lehrer, Eltern und bildungspolitisch Interessierte reagieren mit ungläubigem Erstaunen auf die Information, dass z. B. an kanadischen Schulen größter Wert auf ein respektvolles Lernklima gelegt wird.

Die deutsche Gesellschaft und insbesondere ihre Pädagogik scheint mir in folgendem Teufelskreis verfangen: Da viele Deutsche in ihrer eigenen Schulzeit mit Entwürdigungen unterrichtet wurden, können sie sich eine nicht entwürdigende Schule – und eine entsprechende Arbeitswelt – oft nicht einmal vorstellen. Dies trägt mit dazu bei, dass erfahrene Entwürdigungen häufig in der eigenen Berufspraxis *wiederholt* werden. Um diese transgenerationalen Teufelskreise[26] zu durchbrechen, ist es notwendig, den Begriff der Menschenwürde zu konkretisieren, so dass er mit den Erfahrungen der Bürger wieder verbunden ist. Daher dieses Buch.

Teil I

Scham, die Hüterin der Menschenwürde

1. Menschenwürde – eine abstrakte, leere Phrase?

Der Begriff der Menschenwürde wird häufig, auch von Experten, als abstrakt und unklar empfunden: als Leerformel, die beliebig und inflationär verwendet und dadurch entwertet werde.[27] Dieser Vorwurf ist nicht neu: Schon Schopenhauer bemängelte im Jahr 1840, dass der Ausdruck zum Kennzeichen »aller rath- und gedankenlosen Moralisten« geworden sei, die ihren Mangel an Moral »hinter jenem imponierenden Ausdruck ›Würde des Menschen‹ verstecken«[28]. Sarkastisch formuliert Jens Jessen in *Die Zeit*, dass jeder sich auf die Menschenwürde berufen könne, ohne dass er angeben müsste oder könnte, was er genau darunter verstehe.[29]

Für den Rechtswissenschaftler Lazarus Sidiropoulos besteht der Menschenwürde-Begriff aus »verschiedenen Begriffen, die inhaltlich nicht unbedingt deckungsgleich sind.[30] Der Philosoph Franz Josef Wetz nennt die Menschenwürde eine »Illusion«.[31] Der Autor und Psychologe Steven Pinker von der Harvard-Universität hält sie für ein schwammiges, nutzloses, gescheitertes und schädliches Konzept, da es banalisiert und missbraucht werde. Etwa wenn Patriarchen es für »unter ihrer Würde« halten, Geschirr abzuwaschen, oder wenn die Fatwa gegen Salman Rushdie damit begründet wurde, dessen »satanische Verse« hätten den Islam beleidigt. Pinker plädiert dafür, den Begriff der Menschenwürde ganz abzuschaffen.[32]

Dabei steht die Menschenwürde in vielen Dokumenten und Rechtswerken an zentraler Stelle. Die Allgemeine Erklärung der Menschenrechte, die am 10. Dezember 1948 von der Generalversammlung der Vereinten Nationen verabschiedet wurde, betont gleich in der Präambel »die Anerkennung der angeborenen Würde und der gleichen und unveräußerlichen Rechte aller Mitglieder der Gemeinschaft der Menschen« als die »Grundlage von Freiheit, Gerechtigkeit und Frieden in der Welt«.[33] Auch im deutschen Grundgesetz vom 8. Mai 1949 nimmt die Menschenwürde einen herausragenden Rang ein. Gleich in Artikel 1, Absatz 1, heißt es: »Die Würde des Menschen ist unantastbar. Sie zu achten und zu schützen ist Verpflichtung aller staatlichen Gewalt.«[34] Somit bildet die Menschenwürde den Mittelpunkt der Menschenrechte, auf ihr ruhe die gesamte Verfassungsordnung, so der frühere Bundesverfassungsrichter Dieter Grimm: »Sie gilt absolut.«[35]

Die beiden ersten Sätze des Artikels 1 des Grundgesetzes drücken jedoch eine Doppeldeutigkeit des Würdebegriffs aus, der sich auch durch die abendländische Philosophie und Theologie zieht:

Der erste Satz wird in der Regel dahingehend interpretiert, dass die Menschenwürde ein *Wesensmerkmal,* eine angeborene Eigenschaft des Menschen, sei: »unantastbar«. Diese Auffassung findet sich schon beim römischen Philosophen Marcus Tullius Cicero (106–43 v. Chr.) und im Christentum, das den Menschen als Ebenbild Gottes versteht. Desgleichen in der Aufklärung; so verweist etwa Immanuel Kant auf die Vernunft, Moralität, Freiheit und das Selbstbewusstsein des Menschen. Nach diesem Verständnis bestünde kein Handlungsbedarf seitens der Bürger oder des Staates, da ja die Würde unveräußerlich zum Menschsein gehört.

Im zweiten Satz wird die Menschenwürde als *Gestaltungsauftrag* verstanden: Sie ist »zu achten und zu schützen«. Sie ist demnach ein Gut, das davon abhängig ist, wie Menschen miteinander umgehen. Auch diese Auffassung hat eine lange Tradition; angefangen in der Antike, in der Würde erst durch individuelle Leistung und soziale Anerkennung erworben werden kann. Demnach können Männer (!) durch würdevolles Auftreten und hohen sozialen Rang zu »Würdenträgern« werden. Nach diesem Würde-Verständnis besteht durchaus Handlungsbedarf. So wurde im 19. Jahrhundert der Ruf nach einem »menschenwürdigen Dasein« zu einer Forderung der Arbeiterbewegung an den Staat. Handlungsbedarf bestand vor allem nach der Katastrophe des Holocaust.

Die Tatsache, dass sich die Menschenrechtserklärung wie auch das Grundgesetz ausdrücklich zur Menschenwürde bekennen, hat seinen Grund darin, dass beide unter dem Eindruck des kurz zuvor beendeten Zweiten Weltkriegs entstanden und als Gegenentwurf zum Nationalsozialismus und dessen entsetzlichen Verbrechen zu sehen sind. In diesem Sinne wird die Menschenwürde oft verstanden als Verbot von »Folter, Sklaverei, Ausrottung bestimmter Gruppen, Geburtenverhinderung oder Verschleppung, Unterwerfung, unmenschlicher oder erniedrigender Strafe oder Behandlung, Brandmarkung, Vernichtung sogenannten unwerten Lebens oder durch Menschenversuche«[36].

Somit stellen Menschenrechtserklärung und Grundgesetz mit ihrer Bezugnahme auf die Menschenwürde Gegenbegriffe gegen menschenverachtende Praktiken und Systeme wie den Nationalsozialismus dar. Dieser Bezug hat jedoch den Nachteil, dass der Würde-Begriff in Gefahr ist, für die Bürger und Bürgerinnen der Bundesrepublik zu einem zwar wichtigen, aber abstrakten Ideal zu werden, das heutzutage keinerlei Bedeutung für das eigene Leben oder Arbeiten habe: »Folter? Sklaverei? Ausrottung? Das gab es damals im ›Dritten Reich‹ und gibt es heute noch in irgendwelchen fernen Diktaturen. Aber was hat das mit uns, mit mir zu tun?«

Eine solche Bürgerferne wird durch die – vorwiegend juristische – Fachliteratur bestärkt, welche die Menschenwürde vorwiegend an Konfliktfällen wie Abtreibung, embryonaler Stammzellenforschung, Gendiagnostik, Transplantationsmedizin und Sterbehilfe diskutiert.[37] Es bleibt der Eindruck zurück, dass die Würde, von diesen Extremfällen abgesehen, für das Leben eines normalen Bundesbürgers – zwischen Geburt und Tod – weitgehend irrelevant sei. Mein Anliegen ist es, die Bedeutung der Würde für das Leben, auch im Alltag, zwischen diesen beiden Extremen zu zeigen.

Dieser Eindruck der Alltagsferne ist wohl auch unausweichlich, solange die Würde vorwiegend aus juristischer Perspektive betrachtet wird: neigt diese doch dazu, Verletzungen erst dann wahrzunehmen, wenn diese justiziabel sind, d.h. wenn sie über einer bestimmten Schwelle liegen, ab der ein Betroffener sich an ein Gericht wenden könnte. Wenn aber z. B. ein Schüler von Mitschülern als »Hurensohn« verhöhnt wird, dann dürfte dies kaum justiziabel sein. Somit werden Erfahrungen, wie sie unzählige Schüler und Schülerinnen tagtäglich machen, von einer juristischen Interpretation der Würde nicht erfasst. Sie haben dennoch erhebliche Auswirkungen für die Betroffenen.

Gewiss verbietet es sich, Mobbing auf heutigen Schulhöfen mit Konzentrationslagern zu vergleichen. Was hier und heute geschieht, erscheint geringfügig im Vergleich mit dem Nazi-Terror. Aber kann dies eine Rechtfertigung dafür sein, dass wir uns mit heutigen Entwürdigungen abfinden: weil diese weniger massiv sind als die damaligen? Und weil sie damals im Auftrag des Staates, heute aber »nur« mit dessen Duldung geschehen?

Meiner Ansicht nach haben wir, die nicht jüdischen Deutschen, gerade aufgrund unserer NS-Vergangenheit, allen Grund, besonders aufmerksam in Bezug auf die Menschenwürde und ihre Verletzungen zu sein. Inwieweit wir *aus* unserer Geschichte gelernt haben, zeigt sich nämlich nicht nur daran, wie gut wir heute kognitiv *über* den Nationalsozialismus informiert sind und wie häufig wir dessen Opfer an den betreffenden Gedenktagen und -stätten gedenken. Diese beiden Aufgaben wurden von der deutschen Gesellschaft in den vergangenen Jahrzehnten in anerkennenswerter Weise geleistet.

Lernen *aus* der Geschichte wird sich letztlich vor allem daran erweisen, inwieweit wir unsere heutigen Beziehungen in Menschen würdigender Weise gestalten. Diesbezüglich hat die bundesrepublikanische Gesellschaft noch erheblichen Nachholbedarf. *Jede* Verletzung der Würde eines Menschen ist unakzeptabel.

Die Menschenrechtspädagogin Anja Mihr schreibt, dass alle Menschenrechtskataloge und -verträge der Welt mit dem Würdebegriff arbeiteten. Doch keiner wisse dabei so recht, wie diese Würde des Menschen dauerhaft umgesetzt, geachtet oder gar gefördert werden könne. Dies sei wahrscheinlich der meist verletzte Absatz von Menschenrechtserklärungen.[38] Dies liegt m. E. auch daran, dass die Menschenwürde oft als Negativprogramm dargestellt wird, als Gegenentwurf zum Nationalsozialismus. So wird die Würde häufig in der Verneinung beschrieben: als Verbot der Folter, der Sklaverei, der Ausrottung u. a. Dies alles sind zweifellos wesentliche Forderungen, sie ergeben aber noch keine Handlungsanleitung: Jemandem zu sagen, was er alles *nicht* tun solle, erzeugt Ratlosigkeit und Unklarheit darüber, was denn positiv zu tun sei. So wie es auch wenig aussagekräftig ist, Licht als »Nicht-Dunkelheit« zu beschreiben.

Mein Anliegen ist es, die Menschenwürde zu einem positiven Begriff zu machen und zu zeigen, worin Menschen würdigendes Verhalten sich konstruktiv ausdrückt. Mit diesem Buch möchte ich Perspektiven aufzeigen, was jede und jeder Einzelne zu einer Kultur der Menschenwürde beitragen kann.

Eine weitere Schwierigkeit des Begriffs der Menschenwürde sehe ich darin, dass er ein Substantiv ist: ein Haupt- oder »Dingwort«. Dies suggeriert, die Würde sei ein Gegenstand, den man besitzen könne wie einen Tisch oder ein Auto. Im Unterschied dazu geht es mir darum, Würde in etwas zu übersetzen, was unseren Handlungen und unseren zwischenmenschlichen Beziehungen eine neue Qualität gibt.

Während Steven Pinker den Begriff der Menschenwürde aufgrund seiner Unklarheit ganz abschaffen möchte, plädiere ich mit dem Theologen Johannes Reiter dafür, ihn stärker auf die Lebenswirklichkeit der heutigen Menschen zu beziehen und ihn weiterzuentwickeln. Denn er ist ein dynamischer Begriff, der sich mit den gesellschaftlichen Veränderungen entwickelt und damit auch immer klarer erkennbar werden kann. Ich plädiere wie Reiter dafür, den Würde-Begriff zu konkretisieren, denn »vielleicht kann durch die Mehrzahl von Begründungsperspektiven die Geltung und die Akzeptanz der Menschenwürde innerhalb der pluralistischen Gesellschaft sogar noch zusätzlich gestützt werden«[39].

Betrachtet man die umfangreiche Literatur zum Thema, dann fällt auf, dass sich bisher überwiegend Juristen, Philosophen, Theologen und Politiker über die Menschenwürde geäußert haben, kaum jedoch Psychologen.[40] An diesem Defizit setzt das vorliegende Buch an: Ich möchte versuchen, den Würde-Begriff aus psychologischer Sicht mit Leben zu erfüllen; vor allem aus Sicht derjenigen Emotion, die für die Würde »zuständig« ist: Scham, so Léon Wurmser.[41]

2. Die Menschenwürde aus schampsychologischer Sicht

Grundlegende Informationen

Was kann die Scham-Psychologie zu einer Konkretisierung des Menschenwürde-Begriffs beitragen? In diesem Abschnitt fasse ich einige grundlegende Informationen über Scham zusammen, insofern ich sie als hilfreich für ein vertieftes Verständnis der Würde erachte. Für weiterführende Informationen zum Thema Scham verweise ich auf die Fachliteratur.[42]

Scham ist ein sehr peinigendes, »heimliches« Gefühl, das selten in Worte gefasst wird. Salman Rushdie vergleicht sie mit einer Flüssigkeit, die an andere Menschen weitergegeben werden kann: »Stellen Sie sich Scham als eine Flüssigkeit vor, sagen wir als ein süßes, schäumendes, Karies verursachendes Getränk, das aus Automaten gezogen wird. Sie drücken den richtigen Knopf und ein Becher plumpst unter den pissenden Strahl der Flüssigkeit«, schreibt der Autor im Roman *Scham und Schande*[43]. Diese Metapher von der Scham als einer Flüssigkeit soll im weiteren Verlauf dieses Buches dabei helfen, einige Aspekte der Scham zu veranschaulichen.

Was passiert, wenn zu viel dieser Flüssigkeit da ist? Wenn der Becher zu klein oder schon ziemlich voll ist? Dann fließt der Becher über und die Flüssigkeit ergießt sich über den Fußboden. Laut Rushdie stellt dies aber kein Problem dar: Viele Kulturen haben Vorsorge getroffen für diesen Fall; sie haben Minderheiten ausgewählt, deren Aufgabe es ist, die Scham, die zu viel ist, die keiner will, zu der sich keiner bekennt, all diese Scham aufzusaugen und zu verkörpern – »und wir haben keine sehr hohe Meinung von ihnen, obwohl sie unser Schmutzwasser aufnehmen«[44]. In hinduistischen Gesellschaften etwa sind dies die Parias, die sogenannten Unberührbaren, die so sehr der Abschaum einer Gesellschaft sind, dass nicht einmal der Schatten eines Parias auf einen »richtigen« Menschen fallen darf. In Peru sind dies die Hochlandbewohner, die für die Bewohner der Küstenstädte als diejenigen gelten, die alles Böse in ihre – ansonsten guten – Städte herunterbringen. In China werden die »Waidiren«, Menschen »von außerhalb«, ausgegrenzt usw.

Im Nationalsozialismus hatten die Juden, die sogenannten »Zigeuner« und die Osteuropäer diese Funktion. Bis heute gibt es in vielen Orten eine Straße oder einen Stadtteil, über deren Bewohner (»die«) von der Mehrheit nur verächtlich geredet wird (in Freiburg ist dies z. B. der Stadtteil Weingarten). In vielen Einrichtungen, Betrieben, Organisationen oder Gruppen gibt es einzelne Personen oder Teilteams, die ausgegrenzt werden: Sie werden häufig übersehen, zu Betriebsfeiern nicht eingeladen oder sind zum Beispiel in einem alten Gebäudetrakt untergebracht. In vielen Schulklassen gibt es einen Schüler, der gemobbt und ausgegrenzt wird; in so manchen Schulen gibt es Schüler, die sich wie Bastian oder David fühlen ... In vielen Teams herrscht die Vorstellung: »Wir wären ein tolles Team, wenn nur der Müller nicht da wäre.« Irgendwann geht Herr Müller oder »wird gegangen«; wenig später heißt es dann: »Wir wären ein super Team, wenn nur die Maier nicht da wäre«, und so geht es weiter. Es scheint immer eine Person oder Minderheit gebraucht zu werden, die als »falsch« gilt.

Indem »die« zu Trägern von Scham gemacht und ausgegrenzt werden, wird das Thema Scham entsorgt, zu einem Nicht-Thema gemacht. Dieser Mechanismus, Schamgefühle zu entsorgen, ähnelt dem alttestamentarischen Sündenbockritual: Einem Ziegenbock werden die Sünden einer Gemeinschaft symbolisch aufgebunden. Indem dieser in die Wüste gejagt wird, entledigt sich die Gemeinschaft ihrer Sünden. Hier geht es jedoch nicht um Sünde, sondern um Scham – diese ist viel existenzieller, viel schmerzhafter als nur Sünde. Um dieses Gefühl loszuwerden, wird sie auf bestimmte Personen oder Minderheiten projiziert, die dann verachtet und ausgegrenzt werden.

Tatsächlich wird Scham oft nicht thematisiert; sie ist eine häufig tabuisierte Emotion.[45] Selbst in Berufen, die tagtäglich mit Scham zu tun haben, wird sie oft übergangen: so zum Beispiel in der Altenpflege, gewiss einem Beruf, der sehr viel mit Scham zu tun hat. Dennoch gibt es nicht wenige Pflegeteams, in denen »darüber« nicht gesprochen wird. Etwa wenn eine Pflegerin mit folgendem Problem in die Teambesprechung kommt: »Immer wenn ich das

Zimmer von Herrn X betrete, macht er anzügliche Kommentare über meinen Busen oder beginnt sich selbst zu befriedigen.« Es gibt Pflegeteams, in denen die betroffene Kollegin sich daraufhin anhören muss: »Damit muss man halt professionell umgehen!« Auf diese Weise wird die Pflegerin, die soeben von einem Patienten beschämt wurde, zusätzlich noch von Kollegen als »unprofessionell« beschämt – und das Thema ist wieder vom Tisch.

Ein anderes Beispiel ist der Sportunterricht: Gewiss haben Sportlehrende tagtäglich massiv mit Scham zu tun; dies ist aber bis heute erst ansatzweise ein Thema in der Ausbildung.[46] Selbst in der Psychologie galt Scham lange Zeit als »Aschenputtel unter den Gefühlen«[47].

Die Tabuisierung von Scham hat zwei große Nachteile: Erstens ist dies sehr schmerzhaft für diejenigen, die zu Verkörperungen der Scham gemacht und ausgegrenzt werden. Zweitens verlieren wir alle, die ganze Gesellschaft, etwas Wesentliches. Denn solange Scham ein Nicht-Thema ist, geraten auch ihre positiven Aufgaben aus dem Blick. Sie ist zwar schmerzhaft, hat jedoch auch konstruktive Funktionen: Sie ist die Hüterin der menschlichen Würde. Um diese positiven Aufgaben der Scham fruchtbar zu machen, ist es notwendig, sie aus der Tabuzone herauszuholen, sie wahrzunehmen, zu verstehen, wie sie funktioniert, und sie zu nutzen, um die Würde der Menschen zu behüten: sowohl die der uns anvertrauten Menschen, mit denen wir arbeiten – als auch unsere eigene. Dazu möchte dieses Buch beitragen.

Scham ist universell, sie gehört zum Menschsein; alle Menschen kennen sie – außer in ganz wenigen Ausnahmen, wenn ein Gehirndefekt vorliegt, sei es durch Geburtsfehler, Unfall oder Altersdemenz. Das bedeutet allerdings nicht, dass die Schamgefühle anderer Menschen leicht zu erkennen sind. Vielmehr verbergen diese sich häufig hinter anderen Verhaltensweisen oder »Masken«[48]; dazu später mehr.

Wofür Menschen sich schämen und wie sie damit umgehen, dies ist individuell verschieden – abhängig von ihrer jeweiligen Familiengeschichte und ihrem gesellschaftlichen Umfeld, häufig aber auch von genetischen Faktoren: Manche Menschen sind – um bei Rushdies Metapher zu bleiben – wie große Gefäße, d. h. sie können viele schmerzhafte Gefühle wie Scham, Trauer oder Schmerz (er)tragen, (aus)halten; andere sind eher wie kleine Gefäße. Diese

Unterschiede gilt es zuallererst anzuerkennen. Es hilft nichts, Menschen, die wie kleine Gefäße sind, dies zum Vorwurf zu machen und von ihnen zu verlangen, »sich nicht so anzustellen« oder »sich nicht so zu haben«. Es ist mit anderen Worten kontraproduktiv, sie dafür noch zu beschämen.

Der Neuropsychiater Boris Cyrulnik spricht von »genetisch hypersensibel veranlagten«[49] Kindern (bei den zugrunde liegenden Experimenten mit Affen sind dies etwa 15 bis 20 Prozent aller Neugeborenen). Diese genetische Voraussetzung kann abgemildert oder verstärkt werden, je nachdem, ob ein Kind in ein Umfeld hineingeboren wird, in dem die Familienmitglieder liebevoll, respektvoll, Grenzen achtend miteinander umgehen – oder ob die Eltern (vielleicht weil sie ihrerseits traumatisiert sind) respektlos, verächtlich, gewalttätig mit den Kindern umgehen. Auch im späteren Leben, in Kindergarten, Schule, Ausbildung oder Berufsleben besteht die Gefahr bzw. Chance, dass die genetische Voraussetzung durch ein entwürdigendes Schul- oder Betriebsklima verstärkt oder andererseits durch ein menschenwürdiges Miteinander abgemildert werden kann.

Wofür Menschen sich schämen und wie sie damit umgehen, ist für Frauen und Männer verschieden und verändert sich mit Lebensalter und mit der jeweiligen persönlichen Geschichte.[50] Je nach Milieu- und Kulturzugehörigkeit ist auch verschieden, wie Scham benannt wird, wo ihre Grenzen sind, wie mit ihr umgegangen wird und inwiefern sie als wichtig erachtet wird:[51] So gilt es z. B. in manchen asiatischen Ländern als aufdringlich, jemandem in die Augen zu schauen. In manchen Kulturen gilt es als ehrenvoll, nicht arbeiten zu müssen; Männer tragen dort vielleicht lange Fingernägel als Zeichen der Ehre. Im traditionellen Kastilien war es ehrenvoll, nicht rechnen und schreiben zu können.[52] Bestimmte Gesten haben in anderen Ländern zuweilen ganz andere Bedeutung; so gilt hierzulande etwa die linke Hand als »vom Herzen« kommend – in Indien drückt sie Verachtung aus (da dies die Hand ist, mit der man sich üblicherweise den Hintern abputzt).

Diese Unterschiede gilt es zuallererst anzuerkennen. Es ist nicht hilfreich, die eigenen Schamgrenzen und den eigenen Umgang mit Scham für allgemeingültig zu erklären. Werden diese Unterschiede nicht respektiert, besteht die Gefahr von Missverständnissen, Kontaktabbruch bis hin zu massiven Konflikten. An anderer Stelle habe ich zu zeigen versucht, dass auch hinter islamistischen Selbstmordattentaten massive Scham stecken mag.[53]

Scham ist eines der schmerzhaftesten Gefühle. So sehr, dass wir im Zustand von heftiger Scham vielleicht nur noch stammeln können. Wir bekommen keine klaren Gedanken heraus; stattdessen werden körperliche Reaktionen ausgelöst wie Schwitzen, Erröten, Abwenden des Blicks oder Krümmen des Rückens.[54]

Wer sich schämt, der zieht sich radikal auf sich selbst zurück, senkt den Blick, igelt sich ein,[55] möchte im Erdboden versinken. Dieses Einigeln zeigt, dass Scham narzisstisch im Sinne von selbstbezogen macht. Beides hängt unmittelbar zusammen: Scham, so Léon Wurmser, ist »die verhüllte Begleiterin des Narzissmus«[56]. Im Zustand der Scham kreist der bzw. die Betroffene ganz um sich. Das drückt auch die deutsche Sprache treffend aus, wenn es heißt: »jemand schämt *sich*«. Zu viel Scham macht einsam, trennt, isoliert, unterbricht die Beziehung und entsolidarisiert die Menschen.

Scham kann von unterschiedlicher Dauer sein, kurzzeitig bis langfristig: Sie kann akut, ein flüchtiger Affekt sein oder zu einer Charaktereigenschaft chronifizieren. Sie kann auch verschieden intensiv sein: von leichter Verlegenheit oder Peinlichkeit bis hin zum abgrundtiefen Selbstwertzweifel, dem Gefühl, ein Nichts, unwert zu sein.

Scham ist einerseits etwas sehr Privates, Intimes – und zugleich kann sie in jeder zwischenmenschlichen Beziehung akut werden; sie ist *der* soziale Affekt: Sie reguliert Nähe und Distanz, Privatheit und Öffentlichkeit, Zugehörigkeit und Abgrenzung, Anpassung und moralisches Verhalten. Dazu später mehr.

Unverarbeitete Schamgefühle werden häufig von Generation zu Generation weitergegeben. Rushdie schildert in *Scham und Schande*, wie die Scham der Eltern in die Seele eines Neugeborenen weitergegossen wird: Der Vater, Patriarch und Militarist, blickt auf sein Erstgeborenes – voller Wut und Verachtung, als er sieht, dass es »nur« ein Mädchen ist. Daraufhin errötete das Baby, seit dem ersten Blickkontakt schämte es sich zu viel. Es wächst heran, geistig behindert und wird schließlich zur Mörderin.[57]

Wichtige Eigenschaften der Scham sind hier schon geschildert: Ihre Vorläufer beginnen bereits mit dem ersten Blickkontakt. Wenn in der Arbeit mit Menschen Schamgefühle auftauchen, ist es wichtig zu wissen, dass dies nicht irgendein Gefühl ist, sondern ein ganz existenzielles, das lebens- und menschheitsgeschichtlich ganz an den Anfang, an den Kern des Daseins rührt.

Scham hat auch mit den Erwartungen, Normen und Werten einer Familie und Gesellschaft zu tun. In Rushdies Roman ist es die Erwartung, dass das Erstgeborene »natürlich« ein Junge sein soll. Dies galt auch hierzulande bis vor wenigen Jahrzehnten: erstgeborene Mädchen wurden – buchstäblich – vom ersten »Augen-Blick« an mit Ablehnung begrüßt. Dies kann z. B. bedeutsam werden in der Arbeit mit älteren Frauen, die dies häufig von Anfang an erfahren haben: »nur« ein Mädchen zu sein. Diese existenzielle Kränkung kann sich wie ein roter Faden durch das ganze Leben ziehen und in der letzten Lebensphase, wenn Abhängigkeit, Schwäche, Pflegebedürftigkeit hinzukommen, wieder akut werden.

Erst seit wenigen Jahrzehnten werden hierzulande auch erstgeborene Mädchen mit Liebe begrüßt. Dies ist ein Beispiel dafür, wie langsam sich unser Umgang mit Schamgefühlen verändert – jedenfalls solange diese unbewusst sind. Zugespitzt gesagt: unbewusste Schamgefühle können transgenerational über hunderte von Jahren weiterwirken – in Form von Beschämung.

So ist z. B. mein Eindruck, dass die massive Entwürdigung, welche die spanischen Eroberer vor Jahrhunderten über die lateinamerikanische Urbevölkerung brachten (Männer wurden massakriert, Frauen vergewaltigt), bis heute nachwirkt und lebendig ist in der Form, dass viele Lateinamerikaner sich schämen, die »falsche« Hautfarbe zu haben (nicht zu hundert Prozent weiß), die »falschen« (indianischen) Namen und Vorfahren zu haben.

Im Falle Deutschlands lässt sich dieser Einfluss m. E. mindestens bis zum Dreißigjährigen Krieg zurückverfolgen. Wer jenes Gemetzel damals überlebt hat – in manchen Gegenden war dies nur ein Drittel der Bevölkerung oder noch weniger –, der war wahrlich traumatisiert.

Heute wissen wir aus der Traumaforschung und aus der Familientherapie, dass Überlebende traumatischer Erfahrungen (wie Folter oder Vergewaltigung, aber auch Täterschaft) häufig mit massiven Schamgefühlen zurückbleiben. Solange diese nicht aufgearbeitet werden, besteht die große Gefahr, dass diese weitergereicht werden an die folgenden Generationen. Diese Weitergabe unbewusster Schamgefühle geschieht durch Beschämungen, angefangen mit der familiären Erziehung, beginnend schon mit der frühen Eltern-Kind-Kommunikation, dann durch Schule, Militär, Arbeitswelt und die gesellschaftlichen Strukturen.

Von Aufarbeitung jener vergangenen Traumata konnte jedoch lange Zeit keine Rede sein; psychosoziale Hilfe oder Psychotherapie für Folter- oder Vergewaltigungsopfer sind ja menschheitsgeschichtlich noch sehr junge Errungenschaften. Positiv gewendet: Heute, endlich, wissen wir von diesen Zusammenhängen und heute ist m. E. die Zeit, dieses unbewusste Weiterwirken vergangener Traumata bewusst zu machen und zu transformieren, d. h. unsere zwischenmenschlichen Beziehungen in menschenwürdiger Weise zu gestalten.

Es ist grundlegend wichtig, zwischen Scham und Beschämung zu unterscheiden:

Scham ist eine *eigene Leistung* des sich Schämenden, beispielsweise eines Jungen, der etwas gestohlen hat und sich dafür schämt. Diese Scham gilt es anzuerkennen, denn in ihr steckt das Potenzial für moralisches Wachstum. Der Arzt und Pädagoge Janusz Korczak war sogar überzeugt, dass ein Kind, das nie gelogen oder gestohlen hat, später kein moralischer Mensch werden kann.[58]

Allerdings fordert unsere Erziehungstradition (die sogenannte »Schwarze Pädagogik«[59]), dass ein Kind, das ein Fehlverhalten gezeigt hat, zusätzlich noch beschämt werden müsse: geschlagen, verachtet, bloßgestellt, bestraft, lächerlich gemacht oder in die Ecke gestellt. Beschämungen kommen *von außen,* von anderen Menschen bzw. der Gesellschaft und ihren Strukturen.[60]

Schüler und Schülerinnen bringen ihre jeweiligen Schamgefühle in die Schule mit; diese gilt es anzuerkennen – und es ist nicht Aufgabe von Lehrenden, ihre eigene Scham dadurch *los*zuwerden, indem sie Schüler beschämen. Übertragen auf andere Berufe: Es ist nicht Aufgabe von Hochschullehrenden, beruflichen Ausbildnern, Medizinern, Therapeutinnen, Pflegekräften, Supervisoren, Sozialarbeiterinnen, Staatsbediensteten, Führungskräften usw., ihre eigenen Schamgefühle abzuwehren, indem ihre Studierenden, Patienten, Klientinnen, Mitarbeitende usw. beschämt werden. Wie schnell dies geschehen kann, bewusst oder unbewusst, werde ich später zeigen.

Es geht mir jedoch nicht um die Abschaffung der Scham. Denn obschon sie sehr schmerzhaft sein kann, ist sie nicht nur negativ, sondern hat auch positive Aufgaben; dies wird auch als *gesunde Scham* bezeichnet. Darunter verstehe ich ein Ausmaß an Scham, das von der betroffenen Person noch verkraftet und als Entwicklungsimpuls genutzt und integriert werden kann: Gesunde Scham ist eine Chance, eine »Tür«, hinter der sich neue Entwicklungsmöglichkeiten auftun, so die Psychotherapeutin Claudia Haarmann.[61] Oder anders gesagt: »*Weil* die Scham so unangenehm ist, stecken in ihr so viele Möglichkeiten der Änderungen«, schreibt Wolfgang Hantel-Quitmann.[62] Erst ein Zuviel an Scham ist kontraproduktiv: *traumatische Scham*. Dabei wird das Ich von Schamgefühlen überflutet; es wird von ihnen psychisch »überschwemmt«[63]. Einen Fehler *gemacht* zu haben wird dann erlebt als das umfassende Gefühl, ein Fehler zu *sein*. Diese Scham ist eine Form von existenzieller Angst, die jedoch nicht durch z. B. einen heranrasenden Büffel oder LKW, sondern etwa durch einen Fehler ausgelöst werden kann. Der Leidende, so Léon Wurmser, gerät in »abgrundtiefe Verzweiflung und Panik«, er »versinkt im Gefühl der absoluten Verworfenheit«[64].

Traumatische Scham und ihre Abwehr

Wie die Gehirnforschung beobachtet hat, befindet sich das Ich beim Erleben traumatischer Scham in einem Zustand von existenzieller Angst, d. h. von extremem Stress. Dabei werden andere, primitivere neuronale Systeme aktiviert als in Situationen, in denen wir gewürdigt werden. Das Nervensystem ist ganz darauf ausgerichtet, der Angstquelle zu entkommen. Akute traumatische Scham wirkt wie ein Schock, »der höhere Funktionen der Gehirnrinde zum Entgleisen bringt«.[65] Vernünftiges Denken ist dabei nicht möglich. Diese Erfahrung kennen alle, die schon einmal vorne an der Tafel standen und wegen einer falschen Antwort ausgelacht wurden: Nichts geht mehr! Selbst eine einfache Physikformel, vor 10 Minuten noch im Kopf präsent, kann nicht erinnert werden. Scham blockiert, genauso wie andere Formen von Angst, zumindest vorübergehend höhere Gehirnfunktionen; traumatische Scham macht das, was umgangssprachlich als »dumm« bezeichnet wird, weil Reaktionsfähigkeit und klares Denken beeinträchtigt werden.

In diesem Sinne kann beispielsweise auch Armut sogar das Gehirn schädigen, da sie häufig mit Scham verbunden ist. Wie Neurowissenschaftler belegen konnten, weisen Kinder aus armen Verhältnissen einen deutlich höheren Spiegel des Stresshormons Kortisol auf. Dadurch wird die Entwicklung ihres Gehirns beeinträchtigt; besonders betroffen sind die Fähigkeiten zur Lösung von Problemen, logisches Denken, Steuerung der Aufmerksamkeit und kognitive Flexibilität.[66]

Wie bei jeder Form von extremem Stress wird bei traumatischem Schamerleben das zentrale Nervensystem in den Hintergrund gedrängt. Die höheren, komplexeren Gehirnfunktionen werden überlagert durch das sogenannte primitive »Reptilienhirn«. Dies erklärt auch die charakteristischen körperlichen, emotionalen und kognitiven Reaktionen auf Scham: Angreifen, Fliehen oder Verstecken bzw. Verschwinden (dem Wunsch, » im Erdboden versinken« zu wollen).

Gehirnforscher haben auch untersucht, was im Zustand von akuter Scham auf der Ebene von Sympathikus und Parasympathikus geschieht. Dies sind die beiden grundlegenden Nervensysteme, die Anspannung und Entspannung, aktiv und passiv regulieren; beide Systeme arbeiten normalerweise abwechselnd. Im Zustand von akuter Scham jedoch sind beide Systeme extrem hochgefahren; dies kann man sich vorstellen wie einen fehlregulierten Zustand: extrem aktiv und zugleich extrem passiv.[67]

Da dieser Zustand so schmerzhaft, kaum auszuhalten ist, wird Scham häufig *abgewehrt*; dies geschieht meistens unbewusst (jedenfalls solange wir keinen bewussten Umgang mit Schamgefühlen erlernt haben). Abwehr von Scham bedeutet, dass sie durch andere, weniger unerträgliche Gefühle oder Verhaltensweisen ersetzt wird. Damit versucht das Ich sich davor zu schützen, von Schamgefühlen erdrückt oder psychisch überschwemmt zu werden.

Ein Beispiel aus dem Sportunterricht: Die Schüler spielen Fußball, einer der Jungen spielt einen schlechten Pass und wird daraufhin von den anderen ausgelacht. Einige Momente später tritt der Ausgelachte einem Mitschüler brutal gegen das Schienbein. Wenn diese Szene vom Sportlehrer beobachtet und thematisiert würde, könnten alle Schüler sehr viel lernen: Sie könnten lernen, dass es die Scham gibt (bisher tut unsere Gesellschaft ja so, als gäbe es sie gar nicht), wie Scham sich anfühlt und was sie auslösen kann. Die Klasse könnte sich damit auseinandersetzen: Wie wollen wir mit Fehlern und den damit zusammenhängenden Schamgefühlen umgehen? Durch Auslachen und Gewalt? Oder, konstruktiv, nach welchen Regeln möchten wir mit Fehlern umgehen?

Häufig bleibt diese Chance jedoch ungenutzt: entweder aufgrund der Rahmenbedingungen, etwa wenn die Klasse so groß ist, dass die Lehrkraft die Situation nicht bemerkt hat. Oder wenn die Sportlehrkraft die Situation zwar beobachtet hat, aber nicht versteht, was hinter dem Verhalten des gewalttätigen Schülers steckt. Denn Scham gehört ja bisher in der Regel nicht zum Lehrplan der Sportlehrerausbildung (hinzu kommt, dass diejenigen, die als Schüler die schmerzhafte Erfahrung gemacht haben, im Sportunterricht ausgelacht zu werden, später nur selten Sportpädagogik studieren). Oder wenn die Lehrkraft die Schamszene bemerkt und den ausgelachten Schüler zusätzlich noch verspottet.

Durch solchen Unterricht lernen die Heranwachsenden, Schamgefühle durch verbale oder körperliche Gewalt (Auslachen, Spott, Treten) zu ersetzen. Wenn sich solche Situationen wieder und immer wieder ereignen, kann dies zum *heimlichen Lehrplan* dieses Unterrichts werden: Die Schüler und Schülerinnen lernen, Schamgefühle durch Gewalt zu ersetzen – in der *akuten* Situation und vielleicht auch *dauerhaft*. Sie lernen, von vornherein mit Gewaltbereitschaft durch die Schule, durch das Leben zu gehen, so dass sie erst gar nicht in Gefahr geraten, Scham zu erleben oder beschämt zu werden. Dies kann sich z. B. in einer Körperhaltung ausdrücken, die unter Jugendlichen häufig zu beobachten ist: breitbeinig und durch angewinkelte Arme (wie wenn Rasierklingen unter den Achseln wären) wird die Körperfläche vergrößert. Zweck dieser Verhaltensweise ist es, die Scham nicht zu erleben, nicht zu spüren, sondern zu vermeiden, abzuwehren, *los*zuwerden: Scham*losig*keit.

Wir alle haben dies gelernt, *weil* in unserer Gesellschaft Scham kein Thema ist und wir stattdessen gewöhnt sind, sie durch andere Verhaltensweisen (»Masken«, so Léon Wurmser[68]) zu ersetzen. Je nach dem Umfeld, in dem wir aufwachsen, werden die einen oder anderen Abwehrformen erlernt. Einige verbreitete Mechanismen sind etwa folgende:

Projektion bedeutet, dass andere mit den Eigenschaften ausgestattet werden, für die man sich selbst schämt, z. B. Schwäche oder homosexuelle Phantasien, und mit den entsprechenden Ausdrücken beschimpft werden: »Du Schwächling«, »diese schwule Sau«. Im Roman *Der Vorleser* beschreibt Bernhard Schlink den Mechanismus, wie Schamgefühle auf andere projiziert, weitergegeben werden, um sie abzuwehren, sie *los*zuwerden: »Der Fingerzeig auf die Schuldigen befreite nicht von der Scham. Aber er überwand das Leiden an ihr. Er setzte das passive Leiden an der Scham in Energie, Aktivität, Aggression um.«[69]

Um die eigene Scham nicht fühlen zu müssen, werden andere gezwungen, sich zu schämen: durch *Beschämung* und *Verachtung:* Dazu werden sie verhöhnt, bloßgestellt, gemobbt, lächerlich gemacht, entwürdigt, schikaniert, verachtet, mit Tieren verglichen, wie Luft behandelt, ignoriert, zu Zahlen oder Objekten gemacht, zu Werkzeugen degradiert, missbraucht, ausgegrenzt oder vernichtet – insbesondere diejenigen, die als »schwach« betrachtet werden. Verachtung kann sich auch gegen das eigene Kind richten, etwa wenn dieses mit unerwünschter Geschlechtszugehörigkeit geboren wurde (»nur ein Mädchen«).

Auch *Sarkasmus* und *Zynismus* sind Formen von Verachtung, die sich gegen Werte und damit letztendlich auch gegen Menschen richten. Häufig fehlt das Bewusstsein für die vernichtende Wirkung, die schon von wenigen zynischen Worten ausgehen kann. Wo Menschen eben noch offen und kreativ zusammenarbeiteten, herrscht nur Sekunden später eisige Erstarrung und Vereinzelung. Für die Zusammenarbeit in Teams, für das Zusammenleben in einer Familie oder Gesellschaft ist die Gegenwart eines Zynikers äußerst destruktiv und kräftezehrend.

Mit *Negativismus* ist eine ablehnende, negative Grundhaltung gemeint, die häufig mit Kritik verwechselt wird. Wer sich immer nur negativ äußert, glaubt sich auf der »sicheren Seite«. Diese Haltung zeigt sich etwa daran, dass ein zu 99 Prozent gefülltes Glas so kommentiert wird: »Da fehlt ja ein Prozent!«

Arroganz, protziges Machoverhalten, Rechthaberei, betont lärmendes oder »zickiges« Auftreten sind oft eine Fassade, um Selbstsicherheit vorzutäuschen. Im Gegensatz zum bekannten Sprichwort kommt Hochmut häufig *nach* dem Fall: Man versucht,

Scham und Selbstwertzweifel hinter einer Fassade von Großartigkeit zu kaschieren.

Eine subtile Variante davon ist die *Schwerverständlichkeit*, die z. B. in deutschen Behörden und an Hochschulen oft zu beobachten ist, wenn Lehrende sich schwerverständlich ausdrücken. Die Botschaft lautet etwa: »Indem ich mich unverständlich ausdrücke, mit vielen Fremdwörtern und perfekten Schachtelsätzen, mache ich mich unangreifbar.« Stattdessen werden die Zuhörer eingeschüchtert und gezwungen, sich dumm zu fühlen. Entsprechend bewirken unverständliche Formulierungen im »Behördendeutsch« nicht selten, dass Bürger und Bürgerinnen sich inkompetent, klein und unbedeutend vorkommen.

Eine weitere Variante, Schamgefühle *los*zuwerden, besteht in Verhaltensweisen, die umgangssprachlich als *»Schamlosigkeit«* bezeichnet werden. Léon Wurmser nennt sexuelle Provokation und Exhibition als Beispiele, verbunden mit einem »unverschämten, schamlosen Mißbrauch anderer Menschen« und einem Auftreten, das scheinbar keine Angst vor Spott und Hohn kennt. Die Machtverhältnisse scheinen auf diese Weise umgekehrt – »eine trotzige Zurschaustellung von ›Macht‹ in verschobener Form«[70]. Offenkundig dominieren diese Verhaltensweisen zunehmend in Kultur, Werbung, Medien, Wirtschaft und Politik, so dass man geradezu von einem »Zeitalter der Schamlosigkeit«[71] sprechen kann. Es liegt nahe, dies als »Schamverlust«[72] zu deuten. Häufig liegt jedoch genau das Gegenteil vor: ein traumatisches Zuviel an Scham, das durch demonstrative Schamlosigkeit überdeckt wird – mit der Folge, dass die Mitmenschen gezwungen werden, peinlich berührt zu sein.

Durch *Trotz*, *Wut*, *Rache* und *Gewalt* wird Ohnmacht in Macht gewendet. Das passive Gefühl der Scham wird in etwas Aktives umgedreht. Man ist lieber ein Täter als ein Nichts. Bei jugendlichen Gewalttätern geht es nicht selten um Blick, also buchstäblich *Ansehen*, und Ehre. So berichtet etwa Aykut Anhan, der sich als Rapper Haftbefehl nennt, über Schlägereien am Wochenende auf einem Parkplatz in Offenbach: Dabei geht es: »Um nichts. Um Scheiß. Es geht um: Du hast blöd geschaut.«[73] Offenbar kann schon der Blick eines anderen als beschämend erlebt werden. Ähnlich berichteten Wachleute eines Gefängnisses in einer Fortbildung: »Manchmal, wenn wir über den Gefängnishof gehen, fühlen wir uns wie zwischen Bomben. Da genügt ein falsches Wort oder ein falscher Blick und uns fliegt der ganze Laden um die Ohren.« Anhan weiter: »Wenn man einen Status hat auf der Strasse, kannst du das Risiko nicht eingehen, dass irgendein 18-jähriger sich vor dich stellt, sich profilieren will, zufällig Kampfsport beherrscht und dir dann eine Bombe gibt und dich k.o. haut. Dann ist dein Ruf versaut. Deswegen haben die Leute Messer dabei.«[74] Unter Umständen sind Menschen lieber Mörder, als vor Umstehenden als feige dazustehen! Was tun Menschen nicht alles, um Scham oder Schande zu vermeiden! Generationen von Männern sind hierzulande in den Krieg gezogen oder haben sich für die Ehre duelliert.

Ehrenmorde gab es bis in die 1950er Jahre auch im griechisch-orthodoxen Kreta in abgelegenen Bergdörfern: Wenn die Tochter vorehelichen Geschlechtsverkehr hatte, geriet die ganze Familie in Schande und wurde aus der Dorfgemeinschaft ausgeschlossen. Um die Ehre wiederherzustellen, musste das Mädchen von ihrem Bruder erstochen werden, während sie von der Mutter gehalten wurde. Ehrenmorde sind kein islamisches Phänomen. Es wird geschätzt, dass bis heute jährlich weltweit mindestens 5 000 sogenannte Ehrenmorde geschehen, auch in Deutschland.

Schamgefühle werden abgewehrt und in Gewalt verwandelt: Dieser psychische Mechanismus wird in militaristischen Organisationen systematisch benutzt. Charakteristischerweise beginnt die Initiation von Neulingen in der Grundausbildung damit, dass die Rekruten intensiv mit Scham erfüllt werden. Dazu werden sie ihrer Privatheit beraubt (durch erzwungene Nacktheit, Unterbringung in Massenquartieren usw.), ihrer Individualität entledigt (uniformiert), schikaniert, erniedrigt, beleidigt und zu Tätigkeiten gezwungen, die als »weiblich« und somit erniedrigend gelten (Betten bauen, putzen, Kleiderappelle u. v. a.).

Diese Beschämungen schüren die Bereitschaft der Rekruten, ihre Ehre wiederherzustellen – nach den Verhaltensmustern, welche das Militär ihnen dazu bereitstellt: durch »soldatisches« Auftreten und die Bereitschaft zu Gewalt. Insbesondere die Angst um die eigene Existenz wird als »Feigheit« verachtet und soll durch das Ideal von Mut und Rücksichtslosigkeit bekämpft werden. Diese Bereitschaft kann von der militärischen Führung dann quasi »geerntet« und instrumentalisiert werden: »Ehre oder Tod, die Alternativen des heroischen Militarismus«, bringt Till Briegleb diesen Mechanismus auf den Punkt, »[...] sind Ausdruck eines maßlos übersteigerten Schambegriffs, der die ganze militärische Geschichte der Menschheit durchzieht. Lieber das Leben zu geben, als das Gesicht zu verlieren, lieber Rache zu üben, als in Schande zu leben.«[75]

Micha Hilgers[76] weist auf die Gefahr hin, dass schammotivierte Straftäter in einen Teufelskreis von Scham – Delinquenz – Scham – Delinquenz usw. geraten: Wenn sie Verhaftung, Verhöre, Gerichtsverhandlung und Gefängnis als beschämend erleben, verlassen sie den Strafvollzug mit noch mehr Schamgefühlen, die wiederum abgewehrt werden müssen. Erneute Straftaten führen zu erneuter Bestrafung, die noch mehr Scham hervorruft, und so geht es weiter. Eindrücklich wird dieser Teufelskreis in den Geschichten um *Pinocchio* von Carlo Collodi geschildert: eine schwer erträgliche Aufeinanderfolge von Beschämungen und Delinquenz.

Die bisher genannten Abwehrformen sind mehr nach außen gerichtet: *Andere* werden arrogant, zynisch oder gewalttätig angegangen. Diese Verhaltensweisen gehören eher zum traditionellen Männerbild; offenkundig steht hier der Sympathikus im Vordergrund. So lernen Jungen häufig, ihre Unsicherheiten durch eine Fassade von Coolness, Dominanz und Aggressivität zu kaschieren. Eine Bühne dafür bietet ihnen hierzulande z. B. der traditionelle Sportunterricht, in dem diese Verhaltensweisen gefördert werden. Verlieren gilt als Zeichen von Unmännlichkeit. Berührung, Mitgefühl und Verständnis werden als »schwul« und Tanzen als »Weiberkram« verachtet.[77] Diese »männlichen« Verhaltensweisen sind genau diejenigen, die in unserer Gesellschaft vorherrschen und mit denen wir die Schöpfung ruinieren.

Andere Abwehrformen sind stärker gegen die eigene Person gerichtet. Sie passen eher zur traditionellen Frauenrolle; hier dominiert eher der Parasympathikus.

Zum Beispiel berichtete eine Seminarteilnehmerin, wie sie einmal als Schülerin vorne an der Tafel stand, ausgelacht wurde und daraufhin kollabierte. Es gibt auch Schüler, die »nur« *innerlich kollabieren*, beispielsweise im Kunstunterricht. Die Botschaft an sich selbst lautet etwa: »Wenn ich kein Bild male, kann ich auch nicht vorgeführt werden, ich bin ja nicht kreativ.« Lehrer berichten nicht selten von Schülern, deren Namen sie im Klassenbuch lesen, aber nicht wissen, wer sich hinter dem Namen verbirgt. Diese Menschen haben schon von klein auf gelernt, sich möglichst *unsichtbar* zu machen:

»Ihr wisst ja, manche Leute werden leicht unsichtbar, wenn man sie oft genug erschreckt«, so schildert die finnische Schriftstellerin Tove Jansson, die Schöpferin der Mumintrolle, in der *Geschichte vom unsichtbaren Kind*, wie die kleine verschreckte Ninni unsichtbar wird, weil sie durch ihre Tante bisher nur Spott und emotionale Kälte erfahren hat: »Die Tante hatte Ninni zu sich genommen, ohne sie gern zu haben. Ich hab die Tante getroffen, sie war schrecklich. Wisst ihr – nicht etwa böse, so was kann man ja noch verstehen. Sie war nur eiskalt und ironisch [...]. Sie war von früh bis spät ironisch, bis die Kleine schließlich immer blassere Umrisse bekam und allmählich unsichtbar wurde.«[78] Erst in dem fröhlichen, warmherzigen Umfeld der Muminfamilie, wo sie sich willkommen und angenommen fühlen kann, bekommt das Mädchen nach und nach wieder Konturen und schließlich auch ihr Gesicht zurück, das sie in der spöttischen, missachtenden Gegenwart der Tante buchstäblich verloren hatte.

Menschen, die im Musik- oder Sportunterricht ausgelacht wurden, werden in Folge vielleicht über Jahrzehnte nicht öffentlich singen oder tanzen. Deutsche Krankenkassen fordern, gut gemeint, ihre Mitglieder auf, Sport zu treiben, dies sei gesund. Wer jedoch einen beschämenden Sportunterricht erfahren hat, wird dies kaum tun. Um Beschämungen zu vermeiden, stellen wir »unser Licht unter den Scheffel«, machen uns unsichtbar, verbergen unsere Talente, engagieren uns nicht, *resignieren*.

Durch *Anpassung*, *Disziplin*, *Unterwürfigkeit* bis zur *Selbstaufgabe* versucht man, Schamgefühle zu vermeiden, doch vermehrt sie auf diese Weise nur, weil man zulässt beschämt zu werden. Salman Rushdie beschreibt auf literarische Weise, wie Scham unter einer äußerlich perfekten Fassade (vergeblich) verhüllt wird: »Man findet Scham in jedem Haus; sie brennt im Aschenbecher, hängt gerahmt an der Wand, liegt als Decke auf dem Bett. Doch niemand nimmt sie mehr wahr. Und alle sind wohlerzogen.«[79]

Weitere Abwehrformen sind etwa *Größenphantasien*, mit denen man sich aus einer erniedrigenden Existenz herausträumt.[80] Oder durch *Idealisierung* einer Person, Gruppe oder Nation, mit der man sich identifiziert und dadurch in der Phantasie an deren Größe teilhat.

Wenn Verlieren, Versagen oder Fehler als existenziell bedrohlich erlebt werden (»ein Fehler *sein*«), dann müssen diese verleugnet, verschwiegen, verheimlicht, vertuscht, durch *Schuldzuweisungen* an andere oder durch *Rechtfertigungen* »wegerklärt« werden. Oder sie müssen um jeden Preis vermieden werden, sei es durch Abschreiben, Schummeln, Lügen oder *Betrügen*.

Ehrgeiz – in gesundem Maße – kann ein konstruktiver Versuch sein, sich vor Scham und Beschämung zu schützen. Die Botschaft lautet etwa: »Wenn ich mich anstrenge und noch mehr übe, dann vermeide ich künftig die Peinlichkeit, eine falsche Antwort zu geben.«

Zu viel an Ehrgeiz steht jedoch in Gefahr, in selbstdestruktiven *Perfektionismus* oder absolut gesetztes *Leistungsdenken* umzuschlagen. Etwa wenn die Botschaft ist: »Nur wenn ich perfekt bin, kann mich keiner angreifen. Nur dann werde ich geliebt und nicht zurückgewiesen, wenn ich absolute Spitzenleistung bringe, einen idealen Körper und makellose Haut habe, Top-Kleidung trage, einen perfekten Ehemann, erfolgreiche Kinder usw. habe.« Hinter manchem Burnout mag ein perfektionistisches Getriebensein stehen. Fatalerweise führt Perfektionismus zu noch mehr Scham, da die höher und immer höher geschraubten Erwartungen immer weniger erreichbar sind.

Durch *emotionale Erstarrung* versucht ein Mensch, sich aus einer emotional gefährlichen Situation zu retten, indem er sich innerlich in einen Eisblock verwandelt. Man zeigt keine »schwachen«, verletzlichen Gefühle (wie z. B. Scham, Liebe, Hoffnung, Trauer, Schmerz, Mitgefühl, Freundlichkeit oder Kompromissbereitschaft), um nicht Gefahr zu laufen, ausgelacht zu werden. Erstarrung drückt sich in einer starren, hölzernen Maske oder eisigen Kälte aus; man ist »cool«.

Der Extremfall von emotionaler Erstarrung wird in der Traumaforschung als *Alexithymie* bezeichnet. Diese geht auf körperliche Prozesse zurück, mit denen z. B. während einer traumatischen Situation (z. B. an der Kriegsfront) die Verarbeitung von Gefühlen abgeblockt wird. Dadurch sind die Betroffenen fähig, einen kühlen Kopf zu bewahren und sich aus der Lebensgefahr zu retten. Problematisch wird es jedoch, wenn durch fortgesetzte Extremsituationen die Verarbeitung von Gefühlen dauerhaft blockiert wird. Dies kann zur Folge haben, dass die Betroffenen zwar körperlich überleben, ihr Gefühlsleben aber chronisch wie zu einem Eisblock erstarrt bleibt.[81] Häufig wird emotionale Erstarrung an die eigenen Kinder weitergegeben, etwa wenn Väter ihre Söhne als »Heulsuse«, »Weichei« oder »Schwächling« verachten, sobald diese Gefühle zeigen, welche die Väter im Krieg ausschalten mussten: »schwache« Gefühle wie Scham, Trauer, Angst oder Schmerz.

Emotionale Erstarrung kann zu einer alles durchdringenden, chronischen Langeweile werden, die zu Depression und Suizid führen kann. Wenn Rot die Farbe der Scham ist, dann gilt häufig: »Lieber tot als rot.« Im Roman *Das fliegende Klassenzimmer* schildert Erich Kästner einen Schüler, der mit einem Regenschirm von einer hohen Leiter springt, um seinen Mitschülern zu beweisen, dass er kein Feigling ist.[82] Zahllose Männer riskieren Kopf und Kragen, um zu demonstrieren, dass sie nicht »weibisch« sind: Sie nehmen häufiger Alkohol und andere Drogen als Frauen; sie fahren schneller Auto u.v.a. Briegleb bringt es auch hier auf den Punkt: »Konfrontiere die Menschen mit ihrer Unvollkommenheit, und sie werden aus Schamgefühl tun und kaufen, was du ihnen als Heilmittel anbietest.«[83] Offenkundig basieren die herrschende Überflussökonomie und ihre Werbung, aber auch populistische Politik auf diesem Mechanismus.

Das tiefverwurzelte Gefühl bei der Scham, ungeliebt zu sein, kann auch zu einer Art chronischem Hunger führen: zu einem gierigen, *süchtigen Verhalten* in Bezug auf Essen, Tätigkeiten, Erfolg, Macht, Besitz oder anderen Suchtmitteln. Doch macht dieser Konsum nicht wirklich satt, denn im Grunde besteht ein Hunger nach Liebe und Anerkennung, der durch kein Suchtmittel zu stillen ist. Daher muss immer noch mehr konsumiert werden. Diese Flucht vor der inneren Leere kann z.B. auch das ruhelose Erfolgsstreben antreiben, wie es charakteristisch für den herrschenden Erfolgskult ist.[84] Der Teufelskreis von Scham und Sucht ist auch in der Suchtforschung bekannt. In *Der kleine Prinz* von Antoine de Saint-Exupéry[85] sagt der Alkoholiker zusammengefasst: »Ich trinke, weil ich mich schäme, und ich schäme mich, weil ich trinke.«

Die letztgenannten Beispiele zeigen, wie selbstdestruktiv Schamabwehr sein kann: Das eigene Leben wird vergiftet durch »sich klein machen«, Depression, Sucht, emotionale Erstarrung.

Destruktive und selbstdestruktive Abwehrformen können auch zusammenfallen, etwa in Selbstmordattentaten oder Amoklauf: der ultimativen Gewalt gegen andere und zugleich gegen sich selbst. Dies zeigen auch die Geschichten von Bastian B., von Tim K., von David S. und anderen Amokläufern.

Was tun? Traditionellerweise wird häufig versucht (z. B. von Lehrkräften in der Schule), die genannten Verhaltensweisen zu entfernen; etwa die Gewalt von Schülern »abzuschaffen«. Aus schampsychologischer Sicht wird deutlich, dass dies nicht so ohne Weiteres funktionieren kann: Denn Abwehrmechanismen sind Verhaltensweisen, mit denen ein Mensch im Laufe seines Lebens erlernt hat, sich vor unerträglichen Schmerzen – das ist traumatische Scham – zu schützen. Diese schützende Maske herunterzureißen würde für den Betroffenen völlige Schutzlosigkeit bedeuten.

Daher kann die Lösung nur darin bestehen, die Betroffenen darin zu begleiten, dass ihre destruktiven bzw. selbstdestruktiven Schutzmechanismen sich verwandeln können; dass sie lernen, in konstruktiver Weise für ihre Würde zu sorgen. Dies setzt allerdings ein entwicklungsförderndes Umfeld voraus, in dem die Leidenden nicht noch zusätzlich beschämt werden. Dies wird im dritten Teil dieses Buches ausgeführt.

Scham reguliert Zwischenmenschlichkeit

Abgewehrte Schamgefühle, so wurde gesagt, vergiften die zwischenmenschlichen Beziehungen. Dies hat Auswirkungen für die Arbeit mit Menschen, vor allem dann, wenn bei dieser Arbeit Schamgrenzen tangiert oder überschritten werden: in sozialen, beratenden, therapeutischen, pädagogischen, pflegenden oder anderen helfenden Berufen. Denn nicht selten richtet sich die Schamabwehr von Klienten gegen die Helfenden; etwa in der Altenpflege, wenn Pflegekräfte von Patienten beleidigt, gekratzt, beschimpft, bespuckt oder geschlagen werden.

Dies ist schmerzhaft, aber unter Umständen noch zu verkraften, solange die helfende Person in guter Tagesform, ausgeruht, gesund ist und nicht unter Zeitdruck steht. Schwierig wird es jedoch, wenn sie selbst massiv unter Stress steht oder (um auf Rushdies Metapher von Glas und Flüssigkeit zurückzukommen) wenn ihr

Gefäß bereits randvoll mit Scham gefüllt ist. In diesem Fall besteht die Gefahr, dass die helfende Person ihrerseits von Schamgefühlen überflutet wird und in Abwehrmechanismen zurückfällt und damit in Verhaltensweisen, die vielleicht in der eigenen Schulzeit durch deren heimlichen Lehrplan erlernt wurde.

In ihrem wichtigen Buch *Entweihung und Scham* (2013) beschreibt Katharina Gröning, wie dies zu Gewalt in der Pflege führen kann: wenn beide, Patient *und* Pflegekraft, von Schamgefühlen überflutet werden, in das Reptilienhirn zurückrutschen und ihre jeweiligen Abwehrmechanismen aktiviert werden. Wie schnell dies geschehen kann, wird in den folgenden Abschnitten gezeigt.

Schamgefühle können durch ganz unterschiedliche Situationen ausgelöst werden. Etwa wenn wir missachtet, bloßgestellt, ausgegrenzt werden oder wenn wir schuldig geworden sind; dazu später mehr.

Scham kann auch ausgelöst werden, wenn wir *Zeuge* der Scham anderer Menschen sind, etwa wenn diese sich selbst erniedrigen oder erniedrigt werden. Denn es gehört zur menschlichen Natur, dass wir die Schamgefühle von Mitmenschen empathisch mitfühlen (»*empathische Scham*, umgangssprachlich auch »fremdschämen«: »sich *für* jemanden schämen«), ob wir dies bewusst wahrnehmen oder nicht. Gehirnforscher erklären dies mit Hilfe der sogenannten Spiegelneuronen. Gerade für die Scham trifft zu, was Joachim Bauer in seinem Buch *Warum ich fühle, was du fühlst* (2005) beschreibt, nämlich dass Menschen die Schamgefühle von Mitmenschen empathisch mitfühlen. Hilge Landweer spricht von »stellvertretender Scham […] und Mit-Scham, der Scham anläßlich der wahrgenommenen Scham eines anderen«[86].

Gerade die Scham birgt die Gefahr, psychisch ansteckend zu wirken, wie C. G. Jung formulierte; andere tiefenpsychologischen Schulen bezeichnen diese Wirkung als *Gegenübertragung.*[87] Ein Seminarteilnehmer (er macht Körperarbeit) hat beobachtet, dass er die Scham seiner Patienten daran spürt, dass er seine Pobacken zusammenkneift. Andere Teilnehmer haben festgestellt, dass ihre Gesichtshaut sich anspannt oder dass sie anfangen, viel zu reden und Tipps zu geben, wenn sie empathisch die Schamgefühle ihrer Patienten und Patientinnen mitfühlen.

Diese zwischenmenschliche Qualität der Scham kann Gefahr oder Chance sein: Ihre *Gefahr* besteht darin, dass Helfende unbewusst zu viel Scham ihrer Klienten/-innen empathisch aufnehmen und dadurch dann gefährdet sind, ihrerseits von diesem Gefühl überflutet zu werden. Daher ist Psychohygiene, ein bewusster Umgang mit diesem Gefühl, für Helfende von besonders großer Bedeutung. Sehr gravierend wirkt sich empathisch mitgefühlte Scham auf kleine Kinder aus: Wenn diese in einer schamerfüllten Familie, Gruppe oder Gesellschaft aufwachsen, dann saugen sie die Scham ihrer Umgebung wie ein Schwamm auf.[88] Ulla Hahn beschreibt im Roman *Das verborgene Wort,* wie ein Familienmitglied zum Träger der Scham des Systems Familie gemacht wird: »Onkel Adolf stand, anwesend oder nicht, stets im Mittelpunkt. Er war das schwarze Schaf der Familie. Die Person, die es der Verwandtschaft erlaubte, sich in ihrer Rechtschaffenheit zu räkeln, und all die Onkel und Tanten in einem Gefühl der Überlegenheit zusammenschmiedete.«[89] Das zusehende Kind nimmt all diese Regungen und Mechanismen von Projektion und Abwehr wahr und nimmt sie auf.

Auf gesellschaftlicher Ebene kann eine Auswirkung empathisch mitgefühlter Scham z. B. darin bestehen, dass die Betrachter von Fernseh-Nachrichtensendungen zu Zeugen massiver Entwürdigungen aus allen Teilen der Welt werden und von Scham überflutet werden. Um diese Gefühle abzuwehren, flüchten nicht wenige Zuschauer in emotionale Erstarrung und politische Lähmung, Arroganz oder Verachtung (z. B. der sogenannten »Dritten Welt«).[90] Unbewusste Schamgefühle machen einsam; sie isolieren und entsolidarisieren. In der Folge verwahrlost der öffentliche Raum; die Gesellschaft zerfällt in eine Ansammlung narzisstischer Individuen, gemäß den Werbeslogans »Mach Dein Ding« bzw. »do your thing«.

Die *Chance* empathisch mitgefühlter Scham besteht darin, dass sie zu einer Tür zum tieferen Verständnis der Klienten/-innen und ihrer Scham werden kann. Dies setzt freilich voraus, dass Helfende ihrerseits die Scham kennen, sie verstehen und bewusst mit ihr umgehen. Auf gesellschaftlicher Ebene besteht die Chance darin, dass empathisch mitgefühlte Scham uns zu einer anderen, solidarischen Mitmenschlichkeit motiviert. Denn die empathische Scham erinnert uns daran, dass es nicht gleichgültig ist, wenn ein Mitmensch entwürdigt wird.

Die vier Grundformen der Scham

Scham ist nicht gleich Scham; sie kann durch verschiedene Erfahrungen ausgelöst werden. Ich unterscheide folgende vier Grundformen der Scham:

Erstens können Schamgefühle ausgelöst werden, wenn wir missachtet, ignoriert, übergangen, wie Luft behandelt werden. Wie schmerzhaft dies sein kann, zeigt die deutsche Sprache anschaulich mit dem Ausdruck »jemanden schneiden«. Der Friedensforscher Johan Galtung unterscheidet zwischen *personaler* und *struktureller* Gewalt.[91] Letztere wird von den Betroffenen oft gar nicht mehr bewusst wahrgenommen, weil sie zu einem selbstverständlichen Teil der Kultur und der eigenen Biographie geworden ist. Analog dazu unterscheide ich bei allen vier Grundformen der Scham zwischen der *personalen* und *strukturellen* Ebene:[92]

Eine *personale* Form von Missachtung ist es zum Beispiel, wenn ein Arzt seinen Patienten nicht anblickt, sondern nur auf den Bildschirm schaut. Oder wenn ein Gesprächspartner während einer Besprechung nebenbei SMS schreibt.

Ein Beispiel für *strukturelle* Missachtung schildert das Nachrichtenmagazin *Der Spiegel*: ein Gespräch zwischen einer Arbeitsvermittlerin von der Agentur für Arbeit und einem Flüchtling aus Syrien.[93] Sie ist freundlich, engagiert, zugewandt; er ist Zahnarzt und hat Abiturzeugnis, Curriculum seiner universitären Ausbildung, Promotionsurkunde und weitere Unterlagen mitgebracht. Es fehle nur noch sein polizeiliches Führungszeugnis, sagt die Vermittlerin. Der Zahnarzt fragt, wo er das bekommen könne. Im Ministerium, lautet die Antwort. »In Berlin?« – »Nein, ich meine das Ministerium in Damaskus.«[94] Dem Zahnarzt wird jetzt klar, dass er wahrscheinlich lange Zeit in Deutschland nicht als Arzt arbeiten wird. Durch formale Anforderungen werden hier die Kompetenzen eines Menschen vom Tisch gewischt, auch wenn die Sachbearbeiterin freundlich und hilfsbereit ist.

Missachtungen sind so schmerzhaft, weil ein unverzichtbares Grundbedürfnis verletzt wird: das nach *Anerkennung*. Ohne Anerkennung geht der Mensch zugrunde wie eine Pflanze ohne Sonnenlicht.[95] Verschiedene psychologische Experimente belegen, dass selbst gesunde, erwachsene Menschen Anerkennung brauchen. So benötigen etwa Vortragsredner die Aufmerksamkeit ihres Publikums; auch geschulte Redner können aus dem Konzept geraten, wenn die Zuhörer sie nicht anschauen, nicht zuhören, sondern untereinander tuscheln.

Erst recht benötigen Menschen in Zeiten persönlicher Verunsicherung oder Krisen Anerkennung; etwa wenn alte Menschen sich in ein Altenheim abgeschoben fühlen und plötzlich Abhängigkeit und Pflegebedürftigkeit erleben. Kinder und Jugendliche benötigen positive Beziehungen, um Motivation entwickeln zu können. Joachim Bauer erklärt den neurologischen Prozess, der dahintersteht: »Wahrgenommen-Werden, soziale Unterstützung, Wertschätzung und die Erfahrung von Gemeinschaft veranlassen die Nervenzell-Netzwerke des Motivationssystems Dopamin (ein Botenstoff für psychische Energie), körpereigene Opioide (Wohlfühlbotenstoffe) und Oxytozin (ein Vertrauens- und Kooperationsbereitschaft förderndes Hormon) zu produzieren.«[96]

Ganz besonders bedeutsam ist Anerkennung für Säuglinge. Diese, so Heinz Kohut, suchen nach dem liebevoll spiegelnden »Glanz im Auge« der Eltern.[97] Wenn Kleinkinder angelächelt werden, reagieren sie mit Freude, sie jauchzen und strampeln. Dies ist nicht nur irgendein Wohlfühlfaktor für das Baby. Vielmehr führt die Freude, die durch das Angelächeltwerden ausgelöst wird, zur vermehrten Produktion wichtiger Hormone, die das Gehirnwachstum fördern – vor allem derjenigen Regionen, die zuständig sind für Lernen und Gedächtnis, für die Regulierung der Affekte und die Entwicklung eines kohärenten Selbsterlebens.

Wenn Kleinkinder jedoch zu häufig nicht angelächelt werden, besteht die Gefahr, dass ihr Gehirnwachstum zurückbleibt. Dies beobachteten etwa Psychologen, die rumänische Waisenkinder untersuchten, die über Jahre nur gefüttert wurden, ohne Bezugspersonen zu haben, die sie in die Arme nehmen und anlächeln.[98] Die Forscher schreiben, dass sie oft mit ihren Tränen kämpfen mussten, als sie diese Kinder sahen und untersuchten. Dabei stellten sie fest, dass diese allesamt massive Gehirnwachstumsdefizite hatten mit einem IQ von weit unter dem Durchschnittswert von 100.

Für 72 Kinder konnten die Forscher Pflegefamilien finanzieren; danach wurden diese Kinder untersucht und mit anderen verglichen, die nach wie vor ohne Bezugspersonen aufwuchsen. Dabei zeigte sich, dass die Kinder in Pflegefamilien deutlich nachgereift waren; ihr IQ machte einen Sprung von durchschnittlich 73 auf 103. Vor allem konnten die Kinder, die vor ihrem zweiten Lebensjahr in Pflege kamen, einige ihrer Fähigkeiten zurückgewinnen.[99] Dies ist die Chance für würdevolle Arbeit mit Menschen: Sie kann unter Umständen dazu beitragen, dass ganz frühe Defizite ein wenig ausgeglichen werden und früh geschädigte Gehirnregionen ein Stück weit nachreifen können.

Die Bedürftigkeit von Säuglingen nach dem liebevollen Blick wird deutlich im sogenannten »still face experiment«; ein kurzer Film darüber ist bei YouTube verfügbar:[100] Der Film beginnt mit einem liebevollen Kontakt zwischen Mutter und einem etwa einjährigen Säugling. Beide beziehen sich aufeinander und lächeln sich an. Nach einiger Zeit sagt der Versuchsleiter zur Mutter, sie solle sich kurz umdrehen und mit einem starren Gesicht zurückkommen. Das Kind reagiert fast sofort, es stutzt und wirft sich zurück, wie um sich zu sammeln. Kurz darauf versucht der Säugling auf verschiedene Weisen, das Lächeln der Mutter zurückzubekommen: Er lächelt, klatscht in die Hände, zeigt auf etwas, streckt die Arme aus. Als keine dieser Bemühungen eine Veränderung der mütterlichen Mimik bewirken, kommen – schon nach zwei Minuten – verschiedene Schmerzreaktionen: Das Kind erstarrt, verkrampft die Hände, beißt sich in die Faust, schreit und dreht sich schließlich weg. So stürzt das Baby schon in zwei Minuten in einen Abgrund von Panik und Verzweiflung. In diesem Alter kann das Kind sich noch nicht sagen: »Ich bin liebenswert, wir sind gerade in einem komischen Spiel.« Vielmehr hat der Blick in diesem Alter eine existenzielle Dimension: Erst das Angesehenwerden konstituiert das eigene Dasein: »Es gibt dich, weil Augen dich wollen, dich ansehen und sagen, dass es dich gibt«[101], so drückt Hilde Domin dies in einem Gedicht aus. In diesen Versen wird deutlich, wie existenziell wichtig Gesehenwerden ist, umso mehr für einen Säugling, der sein ganzes Dasein in diesem Blick erfährt.

Diesen kurzen Film zu sehen tut richtiggehend weh; Joachim Bauer nennt das Experiment »Mobbing an der Wiege«[102]; ich halte es für ethisch fragwürdig. Jedoch gibt es etwas, was dabei tröstet: Dieses Experiment findet immerhin auf der Grundlage einer guten Mutter-Kind-Beziehung statt. Dies zeigt sich daran, dass der Säugling rasch bereit ist, sich wieder auf die Beziehung zur Mutter einzulassen, sobald diese, nach besagten zwei Minuten, wieder zu lächeln beginnt.

Aber wie viele Kinder machen nicht die Erfahrung, dass nach zwei, drei oder fünf Minuten wieder eine liebevoll lächelnde Bezugsperson kommt?! Etwa Kinder, deren Eltern depressiv, suchtkrank oder traumatisiert sind und daher gar nicht fähig sind, zu lächeln. Das nach liebevoller Spiegelung suchende Kind blickt in die stumpfen Augen der innerlich abwesenden Bezugsperson.

Dies muss jedoch kein individuelles Versagen der Eltern sein, dies kann auch gesellschaftliche oder historische Ursachen haben. Etwa wenn die Eltern entfremdet oder weit entfernt arbeiten müssen, um die Familie zu ernähren: In diesen Fällen sind sie abends vielleicht zu kaputt oder können gar nicht anwesend sein.

Traditionell wird diese Rolle des Abwesenden in unserer Gesellschaft eher den Vätern zugewiesen. Alexander Mitscherlich wies 1963 auf die Gefahren der »vaterlosen Gesellschaft« hin.[103] Hierzulande waren ganze Generationen von Vätern körperlich oder seelisch »im Krieg geblieben«. Soweit sie überhaupt zurückkehrten, waren viele von ihnen traumatisiert; das Lächeln war ihnen buchstäblich »vergangen«.

Es kann jedoch auch eine Säuglings-Erziehungstradition sein, die den Eltern nahelegt, ihre Kinder nicht anzulächeln, sondern in einen getrennten Raum abzuschieben und dort zu isolieren. Dies wird insbesondere im Ratgeber von 1934 *Die deutsche Mutter und ihr erstes Kind* von Johanna Haarer empfohlen. Nur alle vier Stunden soll demnach der Säugling kurz hervorgeholt und gestillt werden – und danach wieder isoliert für die nächsten vier Stunden. Mit diesem Buch wurde eine ganze Generation künftiger Mütter geschult: in der weiblichen Hitlerjugend, BDM. Leicht verändert wurde dieses Buch bis 1987 mit einer Auflage von weit über 1,2 Million Exemplaren verlegt. Es hatte einen massiven Einfluss auf die Säuglingserziehung in Deutschland; so gehörte es bis mindestens in die 1970er Jahre zur Routine in Krankenhäusern, dass die Neugeborenen zunächst von den Müttern getrennt wurden.

In allen solchen Fällen ist der Säugling noch nicht in der Lage, zwischen den Lebensumständen seiner Eltern und deren Auswirkungen auf sich selbst zu unterscheiden. Er ist noch nicht fähig, sich klarzumachen: »Meine Eltern können mich zwar nicht liebevoll spiegeln, weil sie selber traumatisiert sind (oder weil sie entfremdet arbeiten müssen oder durch die deutsche Säuglingserziehungstradition geprägt sind oder dergleichen) – dennoch bin ich liebenswert.« Vielmehr wird das Kind sich abgelehnt fühlen und die Botschaft verinnerlichen: Ich *bin* nicht liebenswert.

Das »still face experiment« zeigt eindrücklich, wie schmerzhaft es für einen Säugling sein kann, wenn das Lächeln der Mutter nur für zwei Minuten fehlt. Dies lässt erahnen, welch ein abgrundtiefer Hunger nach Gesehenwerden systematisch erzeugt wird, wenn Stunde um Stunde um Stunde um Stunde überhaupt niemand da ist – nur kurz unterbrochen durch das Stillen und danach wieder Stunde um Stunde der Isolation.

Diese Erziehungstradition ist schon viel älter als der Nationalsozialismus. Sie wurde im »Dritten Reich« massiv gefördert und instrumentalisiert[104] – und wirkt noch bis in die Gegenwart nach. Etwa wenn Eltern mit ihrem Smartphone statt mit ihrem Kind beschäftigt sind; oder wenn moderne Kinderwagen so konstruiert sind, dass das Baby nicht die Eltern erblicken kann, sondern nach vorne schauen muss und der totalen Reizüberflutung z. B. einer Fußgängerzone ausgesetzt ist. Solches zu sehen tut weh.

Zusammengefasst: Wenn wir einen Menschen beschämen möchten, genügt es, sein Bedürfnis nach Anerkennung zu verletzen, z. B. durch Missachtung. Dies ist ein uraltes Machtinstrument, das besonders in vielen totalitären Systemen Anwendung findet: Etwa, wenn ein leibeigener Bauer zum Feudalherren bestellt wurde, musste er zunächst Stunde und Stunde warten. Wurde er dann – endlich! – vorgelassen, fand das Gespräch nicht auf Augenhöhe statt.

Dieselbe Praxis findet sich beispielsweise auch unter der NS-Herrschaft im »Dritten Reich«. Primo Levi schildert die Verachtung, die er als KZ-Häftling durch den SS-Arzt Doktor Pannwitz erfuhr: Dieser »thront fürchterlich hinter einem wuchtigen Schreibtisch. Ich, Häftling 174517, stehe in seinem Arbeitszimmer, einem richtigen Arbeitszimmer, klar, sauber und ordentlich, und mir ist, als müsste ich überall, wo ich hinkomme, Schmutzflecken hinterlassen. Wie er mit Schreiben fertig ist, hebt er die Augen und sieht mich an. [...] Zwischen Menschen hat es einen solchen Blick nie gegeben. [...] Der jene blauen Augen und gepflegten Hände beherrschende Verstand sprach: ›Dieses Dingsda vor mir gehört einer Spezies an, die auszurotten selbstverständlich zweckmäßig ist.‹«[105]

Hier zeigt sich abermals die existenzielle Dimension des Angesehenwerdens, diesmal ins Negative gewendet, indem durch den Blick der Verachtung dem Häftling seine Existenz, das Menschsein selbst abgesprochen wird. Der Kommandant des Vernichtungslagers Treblinka, Franz Stangl, beschreibt seine Wahrnehmung der KZ-Häftlinge mit diesen Worten: »Ware, sie waren nichts als Ware.«[106]

Etwas von dieser Tradition der Missachtung wirkt bis in die Gegenwart nach; etwa wenn Menschen zu Zahlen, zu Objekten gemacht werden; z. B. der Fußballtrainer, der von »Spielermaterial« spricht. Warten ist ein erprobtes Mittel, um Menschen zu zermürben. Einmal auf personale Weise: Eine Arzthelferin berichtet in einer Fortbildung von einem Patienten, der unbequeme Fragen gestellt hatte: »Den haben wir warten lassen, bis er schwarz wurde.« Oder, zum anderen, auf strukturelle Weise: Zehntausende von Asylbewerbern müssen Monate warten, ehe sie überhaupt einen Asylantrag stellen dürfen; über Jahre sind sie »zum Nichtstun verurteilt«[107], so Ingo Kramer, Präsident der Bundesvereinigung der Arbeitgeber (während die Wirtschaft händeringend Arbeitskräfte sucht).

Positiv gewendet: Wir ersparen einer Person vermeidbare, überflüssige (!) Scham, wir beschämen nicht, wenn wir ihr Anerkennung geben.

Zweitens können Schamgefühle ausgelöst werden, wenn etwas öffentlich wurde, was privat, intim ist – körperlich oder seelisch. Wenn das Grundbedürfnis nach *Schutz* verletzt wurde. Diese *Intimitätsscham* behütet »die Grenzen der Privatheit und Intimität«, den »Kern der Identität« eines Menschen, so Léon Wurmser.[108] Sie achtet darauf, wie viel wir von dem, was uns essenziell wichtig ist, in einer jeweils gegebenen Situation anderen Menschen zeigen können oder vor ihnen verbergen müssen. Sie reguliert z. B., welche unserer Fähigkeiten oder Fragen wir jeweils in eine Gruppe oder Gesellschaft einbringen oder zurückhalten. Dabei hängt es auch von der jeweiligen Kultur ab, was als privat zu schützen ist und was gezeigt werden kann. Zum Beispiel tragen Tuareg-Männer traditionell einen Gesichtsschleier; ohne ihn fühlen sie sich in der Öffentlichkeit, als seien sie gezwungen, nackt auf die Straße hinauszutreten.[109]

Schamgefühle bleiben zurück, wenn unsere seelischen oder körperlichen Grenzen verletzt wurden. *Aktiv*, durch uns selbst: Wenn wir uns in einer gegebenen Situation zu weit geöffnet haben (z. B. seelisch oder körperlich); wenn wir uns zu wenig »bedeckt« gehalten und intime Gedanken oder Gefühle offenbart haben. Oder *passiv*, durch andere: Wenn wir etwas von uns gezeigt haben, was uns sehr wichtig ist (z. B. unsere Kreativität) und dies lächerlich gemacht wurde. Wenn wir in unserem Ausdruck zurückgewiesen wurden (z. B. in einer körperlichen Bewegung, der Stimme oder in etwas, was wir geschaffen haben). Oder wenn durch andere etwas von uns enthüllt, in die Öffentlichkeit gezerrt wurde, was wir lieber verborgen gehalten hätten.[110]

Massive oder vielfach wiederholte (traumatische oder kumulativ-traumatische) Grenzverletzungen können traumatische Intimitätsscham zur Folge haben. Dies ist die Scham der *Opfer*; etwa von Überlebenden von massiven Grenzverletzungen wie sogenanntem »Missbrauch«, Folter oder Vergewaltigung; etwa Überlebende des Holocaust oder vergewaltigte Frauen wie etwa in den Jugoslawienkriegen.

Schützende Grenzen können auf *personale* Weise verletzt werden. Etwa wenn der Lehrer im Kunstunterricht das Bild eines Schülers hochhält und verächtlich kommentiert. Hier wurde etwas Privates, Intimes, Schützenswertes – die kreative Leistung eines jungen Menschen – in die Öffentlichkeit gezerrt und lächerlich gemacht.[111]

Es gibt jedoch auch *strukturelle* Schutzverletzungen, etwa architektonisch durch gläserne Gebäude oder durch mangelnden Schutz im Umgang mit persönlichen Daten. Der Kulturwissenschaftler Franz Kasperski spricht treffend vom »Terror totaler Transparenz«[112].

Zusammengefasst: Wenn wir einen Menschen beschämen möchten, genügt es, sein Bedürfnis nach Schutz zu verletzen – ebenfalls ein uraltes Machtinstrument. Positiv gewendet: Wir ersparen einem Menschen Beschämung, wenn wir Schutz geben.

Drittens können Schamgefühle ausgelöst werden durch Peinlichkeit, das heißt durch »die Nichterfüllung einer verinnerlichten sozialen Norm oder einer gesellschaftlichen Erwartung«, so Christian Saehrendt[113]. Dieses Gefühl bleibt zurück, wenn wir etwas getan haben, was sich nicht »gehört«, was »peinlich« ist, was »man« nicht tut; wenn unser Grundbedürfnis nach *Zugehörigkeit* verletzt wurde. Diese Scham reguliert unser Verhalten im Zusammenleben mit anderen Menschen und deren Erwartungen, Normen und Werten. Sie achtet darauf, dass man sich angemessen, nicht peinlich verhält, so dass man nicht schief angeschaut, ausgelacht oder ausgegrenzt wird. Denn *Zugehörigkeit* ist ein menschliches Grundbedürfnis. Hier geht es um die Blicke der anderen: von Angehörigen der Familie, Gruppe oder Gesellschaft. Traditionell ist diese Scham mit dem Begriff der »Schande« verbunden (»wenn das die Leute sehen!«).

Wie schmerzhaft es sein kann, ausgegrenzt zu werden, dies belegen Experimente von Gehirnforschern[114] und Beobachtungen von Völkerkundlern: Bei sogenannten »primitiven Stämmen« gibt es die Strafe des Stammesverweises; nicht konforme Mitglieder werden aus dem Stamm verbannt. Nicht selten sterben diese Menschen, auch wenn sie eben noch kerngesund waren. Die Forschung spricht vom »sozialen Tod«. Übertragen auf die Gegenwart: Auch Ausgrenzungen im Betrieb, Mobbing, können bei den Opfern zu lebensbedrohlichen Herzerkrankungen führen. Daher ist die Angst vor Ausgrenzung, vor Peinlichkeit, eine machtvolle Motivation für konformes Verhalten.

Wie muss man sein, wie muss man sich verhalten, um in Deutschland dazuzugehören? Traditionell gelten hierzulande körperliche, aber auch soziale Schwäche als schändlich. Léon Wurmser beschreibt, dass in vielen Kulturen und Subkulturen – und das gilt besonders für jene germanischen Ursprungs – allein das Zeigen von Gefühlen, »besonders von Gefühlen der Zärtlichkeit und von Gemütsbewegungen, wie das Weinen«, schon zu Demütigung und Scham führen können: »Es wird als besonders unmännlich und unpassend erachtet, Weichheit und Güte zu zeigen.«[115] Bis heute kann diese Scham hierzulande durch Erfahrungen ausgelöst werden, die als »Schwäche« interpretiert werden, etwa durch Krankheit, Armut, Arbeitslosigkeit, Abhängigkeit, Verlieren, Fehler, mangelnde Bildung, Stottern, geringen beruflichen Status, Sprechen eines Dialekts oder körperliche Schmächtigkeit; »Opfer« ist gegenwärtig ein häufiges Schimpfwort unter Jugendlichen.

Diese Scham kann sich auf den eigenen Körper beziehen; etwa wenn dieser nicht dem herrschenden Schönheitsideal zu entsprechen scheint (z. B. durch »Übergewicht«, zu kleinem oder zu großem Busen bei Mädchen oder einen schmächtigen Körperbau bei Jungen).

Diese Scham bleibt zurück, wenn wir den Normen und Erwartungen unserer Mitmenschen nicht gerecht wurden und ausgegrenzt werden. Diese Erwartungen wurden in den vergangenen Jahrzehnten höher und immer höher geschraubt. Werbung, Illustrierte, Filmplakate bombardieren uns tagtäglich mit der Botschaft: »Sei immerzu jung und schön und schlank und gesund und sportlich und erfolgreich und stark und potent und gut gekleidet und immerzu gut gelaunt.« Wer all dies nicht ist, der soll sich schämen und muss damit rechnen, beschämt zu werden. Daher schämen sich hierzulande Menschen dafür, alt zu sein (in manchen Betrieben wird von einem älteren Kollegen als »Auslaufmodell« gesprochen), geringe Bildung oder keinen Arbeitsplatz zu haben, kurz: »anders« oder »schwach« zu sein. Massiv, von klein auf erleben dies etwa Kinder, die innerhalb ihrer Familie als »schwarzes Schaf« gelten, vielleicht weil sie anders als von den Eltern gewünscht sind, weil sie häufig krank sind, als »Kuckuckskind« gelten oder homosexuell orientiert sind. Sie erleben ständig, beschämt und ausgegrenzt zu werden, als weniger wert oder »Belastung« zu gelten, so der Facharzt für Psychiatrie und Psychotherapeut Peter Teuschel.[116]

Zusammengefasst: Wenn wir einen Menschen beschämen möchten, genügt es, sein Bedürfnis nach Zugehörigkeit zu verletzen – auch dies ist ein uraltes Herrschaftsmittel. Etwas davon ist in unsere Gegenwart eingeflossen; in personaler Form: durch Ausgrenzungen und Mobbing in Schulen oder Betrieben. Oder in struktureller Form: durch ausgrenzende Strukturen wie das deutsche Schulsystem oder das Sozialsystem. Viele Antragsverfahren sind so kompliziert, dass viele Hilfsbedürftige kapitulieren.

Positiv gewendet: Wir ersparen einer Person Beschämung, wenn wir ihr Zugehörigkeit vermitteln.

Viertens gibt es moralische oder Gewissensscham; diese hat die Aufgabe, unsere moralische *Integrität* zu behüten. Dieses Wort kommt vom lateinischen *integritas*: »Unversehrtheit«, »Echtheit«, »Reinheit«. Als integer soll hier – mit Bezug auf Arnd Pollmann[117] –

eine Person verstanden werden, die »ganz«, »unversehrt« ist, insofern sie ihre moralischen Werte lebt und vertritt, unbestechlich und sich selbst treu ist. Integrität ist ein menschliches Grundbedürfnis, das durch die Gewissensscham reguliert wird. Es sorgt dafür, dass wir uns selbst treu bleiben und unserer Verantwortung gerecht werden. Dass wir in Übereinstimmung mit unseren ethischen Grundwerten handeln, so dass wir uns auch künftig im Spiegel in die Augen schauen können. Bezugspunkt sind hier nicht Erwartungen der anderen (wie bei der dritten Schamform), sondern die eigenen Werte.

Diese Schamgefühle bleiben zurück, wenn wir schuldig geworden sind. Dies ist die Scham der *Täter*; so haben z. B. seit Ende des Vietnamkrieges mehr US-Kriegsveteranen ihr Leben durch Suizid verloren, als im Krieg selbst getötet wurden. Ähnliches ist gegenwärtig unter Veteranen des Irak-Krieges zu beobachten.[118]

Dies ist auch die Scham der Zeugen von Unrecht: In der Gewaltforschung standen lange Zeit Täter und Opfer im Mittelpunkt; dabei wurde übersehen, dass Gewaltszenen (z. B. etwa wenn in einer Fußgängerzone ein Passant zusammengeschlagen wird) auch Auswirkungen auf die *Zeugen* hat: Diese bleiben häufig mit Schamgefühlen zurück, mit quälenden Gedanken: Warum habe ich nicht geholfen? Eindrücklich wird diese Scham etwa von Khaled Hosseini[119] im Roman *Der Drachenläufer* geschildert: Ein Junge wird Zeuge, wie sein Freund vergewaltigt wird. Aus Angst steht er ihm nicht bei – wofür er sich so schämt, dass die Freundschaft darüber zerbricht.

Schamgefühle können auch zurückbleiben, wenn wir in erweitertem Sinne uns selbst gegenüber schuldig geworden sind. Wenn wir uns selbst »etwas schuldig geblieben« sind, indem wir unseren Lebenssinn versäumen.[120] Oder wenn wir in erniedrigenden Strukturen arbeiten und diese dadurch am Leben erhalten.

Zusammengefasst: Wenn wir einen Menschen beschämen möchten, genügt es, ihn zu zwingen, seine eigenen Werte zu verletzen, etwa indem man ihn nötigt, Zeuge von Unrecht zu sein. Dies ist ein uraltes, perfides Machtmittel; aus diesem Grund waren Hinrichtungen traditionell häufig öffentlich. Etwas von dieser Tradition wirkt bis in die Gegenwart nach, etwa wenn Vorgesetzte einen Mitarbeiter in der Öffentlichkeit einer Teamsitzung erniedrigen. So weit die *personale* Ebene.

Es gibt jedoch auch *Strukturen*, die Menschen zwingen, ihre eigenen Werte zu verletzen; einige Beispiele: Viele Pflegekräfte schämen sich, weil sie durch das Pflegesystem genötigt werden, alte Menschen in einer Weise schnell abzufertigen, die ihrem Gewissen widerspricht (»Ich schäme mich, weil ich eigentlich so nicht mit Menschen umgehen möchte«). Ich kenne viele Lehrer, die sich vor ihrem eigenen Gewissen schämen, dass sie eine verfehlte Schulpolitik vertreten müssen. Der Medizinethiker Giovanni Maio[121] zeigt, wie durch die Ökonomisierung der Medizin (z. B. durch die Fallpauschale) die Ärzte in Gewissenskonflikt gezwungen werden. Viele Berufstätige müssen sich »verbiegen« (!), um ihren Job zu behalten; viele müssen »katzbuckeln« »sich krummmachen« – das ist ja genau die charakteristische Körperhaltung der Scham.

Positiv gewendet: Wir ersparen vermeidbare Scham, wir beschämen einen Menschen nicht, indem wir seine Werte respektieren.

Raum der Würde

Zusammengefasst können Schamgefühle ausgelöst werden, wenn die Grundbedürfnisse nach Anerkennung, Schutz, Zugehörigkeit und Integrität verletzt werden. Wir Menschen sind verletzbar,[122] wir sind abhängig davon, dass diese Bedürfnisse respektiert werden. Die Würde eines Menschen zu achten bedeutet, ihm einen »Raum« zur Verfügung zu stellen, in dem diese vier Grundbedürfnisse gewahrt werden – einen »Raum der Würde«. Diesen Begriff möchte ich mit Bezug auf Rushdies Metapher von Gefäß und Flüssigkeit erläutern:

Am Anfang einer Fortbildung stellen Teilnehmende zuweilen die Frage: »Was kann ich tun, um die Schamgefühle meiner Klienten wegzuschlürfen?« Dies können wir nicht tun, dies ist m. E. auch nicht notwendig, wie ich am Beispiel einer Beratung skizzieren möchte:

Stellen wir uns vor, der Patient fühlt sich vom Beratenden nicht gesehen, nicht geschützt und in seinen Werten nicht respektiert. In diesem Fall wird der Klient sich buchstäblich »eng« machen; er wird vielleicht sogar die Arme schützend um den Körper legen, die Beine überschlagen usw. Wenn ein Gefäß enger wird, dann steigt der Pegel der Scham-Flüssigkeit und diese bekommt erst recht ihre überflutende, traumatische Qualität.

Wenn jedoch die Beratungssituation wie ein großes Gefäß ist, in dem der Patient sich gewürdigt weiß und mit seiner Scham sein darf, dann sinkt der Pegel. Es bleibt dieselbe Menge an Scham, aber diese verliert ihre überflutende, traumatische Qualität – und beide, Patient und Berater, können gemeinsam neugierig sein, worin die Botschaft der Scham besteht. Ein solches Gefäß[123] ist es, was ich als »Raum der Würde« bezeichne.

Bisher war von der Scham bzw. Würde der Klienten und Klientinnen die Rede. Allerdings ist beides auch für diejenigen bedeutsam, die mit Menschen arbeiten: für Beratende, Lehrende, Pflegekräfte, Sozialarbeiter, Seelsorgende usw., für alle Menschen, die mit Menschen arbeiten. Auch sie benötigen Anerkennung, Schutz, Zugehörigkeit und Integrität – auf personaler wie auch struktureller Ebene.

Die Schule als Raum der Würde ist demnach ein Gefäß, in dem alle Beteiligten, Schüler wie Lehrer, mit ihren Eigenarten, Fehlern, Erfahrungen von Scheitern oder »Anderssein« und den damit verbundenen Schamgefühlen sein dürfen, ohne dafür zusätzlich ausgelacht, ausgegrenzt oder anderweitig beschämt zu werden. Die Pflege als Raum der Würde ist ein Ort, in dem Patienten wie Pflegende mit ihrer »Schwäche«, Abhängigkeit, Bedürftigkeit und den damit verbundenen Schamgefühlen sein dürfen.

Das Würde-Mobile

Ich stelle mir die vier Aspekte der Würde wie ein Mobile vor, das in jeder Situation neu ausbalanciert werden muss. Um dies an einem alltäglichen Beispiel aus der Schule zu illustrieren: Ein Schüler hat eine Idee oder Frage.

Zum einen möchte er mit diesem Anliegen anerkannt, gesehen und gehört werden. Die Botschaft lautet etwa: »Seht doch her! Seht meine Idee!«

Zum Zweiten möchte der Heranwachsende sich zugleich schützen. Die Botschaft an sich selbst heißt: »Wenn ich mich mit dieser Idee oder Frage zeige: werde ich dafür ausgelacht oder verachtet? Sollte ich das, was mir so wichtig ist, dann besser nicht zeigen?«

Zum Dritten möchte der Schüler dazugehören: »Gehöre ich noch zur Klassengemeinschaft, wenn ich mein Anliegen vorbringe? Oder werde ich als Streber ausgegrenzt?«

Zum Vierten möchte der junge Mensch sich treu bleiben: »Wenn ich aber meine Frage oder Idee nicht einbringe: bin ich mir selbst dann untreu geblieben? Wie wichtig ist es mir, dazuzugehören? Oder sage ich möglicherweise etwas, nur um dazuzugehören, um mich der Gruppe anzubiedern?«

Sich zeigen oder schützen, dazugehören oder seinem eigenen Weg folgen – diese vier Bedürfnisse müssen in jeder Situation aufs Neue gegeneinander abgewogen werden.

Allerdings gibt es – äußere und innere – Faktoren, die es Menschen erschweren, ihr Würde-Mobile in gesunder Weise auszubalancieren. Etwa wenn Menschen geködert werden, ihr Bedürfnis nach Schutz selbst zu verletzen. So bieten z. B. Krankenversicherungen (wie z. B. Discovery) ihren Kunden Boni, wenn sie körperbezogene Daten (zu Vorsorge, Sport, Fitness, Ernährung usw.) zur Verfügung stellen. Weltweit gibt es schon über 100 000 Gesundheits-Apps, mit denen Menschen sich vermessen lassen. Versicherungen und Pharmaunternehmen »gieren nach Gesundheitsdaten«, wie Rosenbach, Schmergal und Schmundt schreiben.[124]

Medien wie Facebook, Younow u. v. a. ködern mit dem Versprechen, per Mausklick virtuell Anerkennung und Zugehörigkeit zu erlangen: »Je mehr Jugendliche von sich preisgeben, desto größer ist die Wahrscheinlichkeit, dass sie dafür von anderen Nutzern ›belohnt‹ werden«, so Axel Dürr, Sprecher der Landesanstalt für Kommunikation Baden-Württemberg.[125] Die mögliche Zukunft einer total transparenten Welt wird im Roman *Der Circle* von Dave Eggers geschildert.[126]

Solche äußeren Anreize sind erfolgreich, solange sie *innere* Faktoren – die emotionalen Defizite ihrer Kunden bzw. Teilnehmenden – zu instrumentalisieren vermögen. Etwa den Hunger nach Anerkennung von Menschen, die massive Missachtungen erlebt haben. Sie tun dann vielleicht alles, um – endlich! – einmal gesehen zu werden. Zum Beispiel junge Menschen, die sich in Fernsehformaten wie »Deutschland sucht den Superstar« exponieren durch Vorsingen, Einblicke in ihr Privatleben u. v. a. Dies zu sehen ist hochgradig peinlich; viele dieser jungen Menschen dürften völlig blamiert sein, wenn sie in ihren Heimatort zurückkehren. Aber vermutlich ist ihr Bedürfnis danach, endlich einmal gesehen zu werden, ins Fernsehen zu kommen, so groß, dass darüber ihr Bedürfnis nach Schutz vollkommen über Bord geworfen wird.

Emotionale Defizite sind auch politisch instrumentalisierbar. So tun Menschen, deren Bedürfnis nach Zugehörigkeit massiv verletzt wurde, vielleicht alles, um dazuzugehören, um jeden Preis. Ein Beispiel dafür ist Joseph Goebbels: Anerkennung ist nicht sein Problem; er ist hochintelligent und erhält sehr viel Anerkennung von seinen Lehrern, seinen Eltern, vor allem von seiner Mutter; zeitlebens flirtet er mit Frauen, wo immer dies möglich ist.

Was er jedoch lange Zeit nicht erlebt, ist Zugehörigkeit. In der Schule wird er als »Mamasöhnchen«, »Streber«, »Schwächling« und »Krüppel« ausgegrenzt. Um dazuzugehören, meldet er sich freiwillig zum Ersten Weltkrieg – wieder wird er abgelehnt. An der NSDAP ist Goebbels lange Zeit nicht interessiert, bis ihn 1924 ein Bekannter zum Besuch einer NS-Versammlung überredet. Hier erlebt er zum ersten Mal Zugehörigkeit; hier ist er »zum ersten Mal glücklich unter Gleichgesinnten«, wie er überwältigt seinem Tagebuch anvertraut. Er schreibt Liebesbriefe an Hitler (»Adolf Hitler, ich liebe Dich!«) und widmet sein Leben der Nazi-Bewegung. Als Hitler Suizid begeht, bringt auch Goebbels sich selbst mit seiner ganzen Familie um: Das Leben ist ihm nicht mehr lebenswert.[127]

Wie massiv Würde-Verletzungen politisch instrumentalisierbar sind, zeigen auch aktuelle Beispiele wie die Erfolge rechtspopulistischer/neonazistischer Bewegungen in diversen Ländern sowie des Islamischen Staates. Dessen Anführer Abu Bakr al-Baghdadi spricht in seiner Rede vom 29.6.2014, in der er das Kalifat ausruft, »Muslime allerorts« an, die er »zu eurer Würde, Macht, Rechts und Herrschaft zurückbringen wird«[128]. Nach Jan Buschbom sehen verschiedene Studien einen Zusammenhang zwischen islamistischer Radikalisierung und vorgelagerten Erfahrungen des Scheiterns in anderen Lebensbereichen (z. B. Arbeitslosigkeit, Scheidung, Kriminalität), Gefühlen von Benachteiligung, Entfremdung und Marginalisierung in der Gesellschaft.

Das Würde-Mobile ist für jeden Menschen anders gewichtet. Wenn eines der vier Elemente besonders »schwer« ist, kann das ganze Mobile aus dem Gleichgewicht geraten. Wenn z. B. das Bedürfnis nach Anerkennung massiv beschädigt ist, kann dies zu Verhaltensweisen führen, die den Zweck haben, um jeden Preis Anerkennung zu erzwingen, sei es auf Kosten anderer oder auf Kosten der eigenen Integrität.

Einige Beispiele wurden im Abschnitt über die Schamabwehrmechanismen schon genannt; etwa protziges Auftreten oder Arroganz. Die Botschaft lautet etwa: »Ich möchte nie mehr übersehen werden! Durch mein herrisches Auftreten, durch mein machohaftes Imponiergehabe, durch meine Gewalt sorge ich dafür, dass ich gesehen, gehört und respektiert werde.« Oder, in selbstdestruktiver Weise: »Wenn ich tot bin, dann werden meine Eltern mich endlich sehen.«

Menschen, deren Bedürfnis nach Schutz sehr stark ist, sind vielleicht zurückhaltender (»schüchtern«) im Kontakt mit anderen Menschen; daran sind möglicherweise auch genetische Voraussetzungen beteiligt.[129] Wenn das Schutzbedürfnis übermächtig ist, tun Betroffene vielleicht alles, um sich zu schützen, um jeden Preis. Dies kann im Extrem bis zum sogenannten Hikikomori-Syndrom führen: Der japanische Begriff *Hikikomori* bezeichnet Menschen (vorwiegend junge Männer), die über Monate bis Jahre nicht aus dem Haus gehen.[130] Hier ist das Verlangen nach Schutz so übermächtig, dass dafür die Chance, gesehen und anerkannt zu werden, aufgegeben wird.

Im Kapitel über Abwehrmechanismen wurden weitere Verhaltensweisen genannt, hinter denen sich möglicherweise das Bemühen um Schutz verbirgt: »Ich möchte nie mehr beschämt werden! Deshalb beschäme, verachte, schikaniere ich andere, um sie auf Abstand zu halten und ihnen zuvorzukommen.« Oder: »Ich igle mich ganz ein und zeige nichts von mir. Dann kann mich keiner mehr verletzen.«

Wenn das Bedürfnis nach Zugehörigkeit sehr machtvoll ist, lautet die Botschaft etwa: »Ich möchte nie wieder ausgegrenzt werden! Deshalb tue ich alles, um dazuzugehören. Ich passe mich an, unterwerfe mich bis zur Selbstaufgabe. Um nicht als Feigling ausgegrenzt zu werden, bin ich sogar zum Töten bereit.«[131]

Kann auch das Bedürfnis nach Integrität in destruktiver Weise übermächtig werden? Vielleicht ließe sich die Geschichte des Pferdehändlers Michael Kohlhaas interpretieren als verselbstständigten Versuch, um jeden Preis, ohne Rücksicht auf seine Familie, Gerechtigkeit zu ertrotzen: Gegen das ihm angetane Unrecht greift er zur Selbstjustiz.

Hinter manchen der oben genannten Abwehrmechanismen mag sich vielleicht das Bedürfnis verbergen, einen allerletzten Rest von Autonomie oder Selbstachtung zu bewahren. Etwa durch Trotz (»und wenn ich dabei zugrunde gehe«) oder Amoklauf: »Ich habe so viele Erniedrigungen schlucken müssen. Um nicht auch noch die Achtung vor mir selbst zu verlieren, muss ich jetzt all diese Leute erschießen.«

So gesehen, können Schamabwehrmechanismen auch als – mehr oder weniger (selbst)destruktive – Versuche verstanden werden, die eigene Würde zu retten. Beispiel Schule: Solange diese kein Raum der Würde ist, so lange sind Schüler und Lehrer gezwungen, auf ihre Weise für Anerkennung, Schutz, Zugehörigkeit und Integrität zu sorgen – auch wenn dadurch die Beziehungen vergiftet und Lernen erschwert wird. Lehrer und Schüler sind dann auf ihre Abwehrmechanismen zurückgeworfen – auf Verhaltensweisen, die sie etwa während der eigenen Kindheit oder Schulzeit als deren heimlichen Lehrplan erlernt haben.

Diese Gefahr der *Wiederholung* kam während einer eintägigen Fortbildung mit dem Kollegium eines Gymnasiums zur Sprache. Das Thema lautete: »Von Scham und Beschämung zu einer Pädagogik der Anerkennung und Menschenwürde«. Nach etwa einer Stunde meldete sich einer der mehr als 50 Teilnehmenden, ein älterer Lehrer, zu Wort und sagte: »Als ich vom Thema dieses Seminars hörte, war ich sehr skeptisch. Aber eben ist mir bewusst geworden, wie sehr ich als Schüler unter dem beschämenden Verhalten meiner Lehrer gelitten habe und dass ich dasselbe die ganzen Jahrzehnte als Lehrer mit meinen Schülern wiederholt habe.«

In den vergangenen Kapiteln wurde hoffentlich deutlich, dass Scham – dieses heimlichste, intimste aller Gefühle – keine Privatsache ist. Sie ist *der* soziale Affekt. Sie reguliert das zwischenmenschliche Verhalten: Nähe und Distanz, Privatheit und Öffentlichkeit, Zugehörigkeit und Ausgrenzung, Anpassung und Integrität.

Unser jeweiliger Umgang mit Scham und den vier dazugehörenden Grundbedürfnissen hat immer auch Auswirkungen auf die Mitmenschen und die Gesellschaft. Und umgekehrt wirkt sich die Qualität einer Gruppe oder Gesellschaft auch auf die Schamgefühle ihrer einzelnen Mitglieder aus. Diese Wechselwirkung zwischen Gesellschaft einerseits sowie Scham und Würde (mit ihren vier Grundbedürfnissen nach Anerkennung, Schutz, Zugehörigkeit und Integrität) andererseits soll im folgenden Teil am Beispiel der deutschen Geschichte und Gegenwart aufgezeigt werden.

Dabei gehe ich zurück bis zum Dreißigjährigen Krieg, dem großen Trauma der Deutschen, dessen unbewusste Auswirkungen bis in die Gegenwart nachklingen. Denn das Unbewusste, so Sigmund Freud, ist »zeitlos«[132]. Das trifft in besonderer Weise auf die kollektiv verdrängte Emotion der Scham zu, und so ist unsere Geschichte immer gegenwärtig. William Faulkner bringt dies mit den Worten zum Ausdruck: »Das Vergangene ist nicht tot, es ist nicht einmal vergangen.«[133]

Teil 2
Der blinde Fleck in unserer Gesellschaft – die Deutschen und die Menschenwürde

»Die Tradition aller toten Geschlechter lastet wie ein Alp auf dem Gehirne der Lebenden.«

KARL MARX[134]

Eine umfassende Geschichte der Menschenwürde in Deutschland kann an dieser Stelle nicht dargestellt werden; nicht zuletzt angesichts der Verschiedenheiten der einzelnen Regionen, die heute die Bundesrepublik Deutschland ausmachen. Daher können hier nur einige Grundzüge umrissen werden, ohne Anspruch auf Vollständigkeit.

Der Fokus liegt auf den vier Aspekten der Würde: Anerkennung, Schutz, Zugehörigkeit und Integrität. Folgende Fragen versuche ich skizzenhaft zu beantworten: Welche Erfahrungen machen die Deutschen im Verlauf ihrer Geschichte mit diesen vier Grundbedürfnissen? Inwieweit werden ihre Bedürfnisse nach Anerkennung, Schutz, Zugehörigkeit und Integrität gewahrt oder verletzt?

Der folgende Blick auf die deutsche Geschichte und Gegenwart ist einseitig. Denn ohne Zweifel gab und gibt es auch in Deutschland Frauen und Männer, die Anerkennung, Schutz, Zugehörigkeit und Integrität erfahren und praktizieren. Das ist großartig und belegt die bemerkenswerte Fähigkeit des Menschen, trotz einer belastenden Geschichte ein menschenwürdiges Leben zu entwickeln.

Vorherrschend in unserer Geschichte sind jedoch Verletzungen der Würde, wie ich zunächst an der Zeit zwischen dem Mittelalter und dem Jahr 1945 skizzieren möchte.

I. Land der Mobber und Henker

Ein traumatisiertes Volk

»Deutsche Eigenschaften bleiben allerdings das mangelnde Gefühl für die ›liberalitas‹ des von innen her souveränen Menschen und das mangelnde Gefühl für ›dignitas‹«, schrieb der Historiker Friedrich Oertel 1947 in einem Brief an Thomas Mann. Bezeichnenderweise weisen die »Eigenschaften«, die er nennt, auf etwas Mangelndes, Fehlendes hin – erstens die Freundlichkeit, Großzügigkeit, zweitens das Gefühl für Würde. Es ist also ein Mangel daran, der den Deutschen zu »eigen« ist. Wann und wie ist dieser entstanden? Oertel führt dies auf die Langzeitwirkungen des Dreißigjährigen Krieges zurück: »Die Nachwirkungen des 30-jährigen Krieges lasten eben noch in tragischer Weise auf der Geschichte unseres Volkes und haben den Reifeprozess aufgehalten. Wann werden die Schatten endlich weichen, wird das Versäumte nachgeholt sein?«[135]

Zwischen den Jahren 1618 und 1648 werden ganze Landstriche Deutschlands verheert. Von ca. 17 Millionen Menschen kommen schätzungsweise drei bis vier Millionen ums Leben; in Süddeutschland überlebt nur jeder Dritte. Diese fast nicht endende Aufeinanderfolge mordender, plündernder, brandschatzender und vergewaltigender Heere und Söldnertrupps, verbunden mit Hunger und Seuchen, ließ eine traumatisierte Bevölkerung zurück. Traumata hinterlassen massive Schamgefühle, die – solange sie nicht aufgearbeitet werden – transgenerational weiterwirken und die zwischenmenschlichen Beziehungen bis heute vergiften.

In struktureller Weise werden die Deutschen jahrhundertelang durch den Feudalismus traumatisiert. Diese Gesellschaftsform, die vom frühen Mittelalter über Jahrhunderte die deutsche Gesellschaft prägt, besteht psychologisch betrachtet wesentlich in einer Struktur von Verachtung, Ohnmacht und Scham: Verächtlich ist die Haltung der oberen Stände (Klerus, Feudalherrn, städtische Bürger) gegenüber den Bauern. Diese gelten als dumm, plump, bösartig, minderwertig, dreckig und faul – obwohl sie es sind, die den Wohlstand der Feudalherrn erarbeiten; über Jahrhunderte mehrheitlich als Leibeigene.

Diese sind weitgehend rechtlos und verpflichtet zu hohen Abgaben. Ihren Herren gegenüber sind sie hörig; häufig müssen sie deren Religionszugehörigkeit übernehmen. Wie Objekte »gehören« sie zu dem Grund und Boden, den sie bearbeiten und den sie ohne Erlaubnis nicht einmal verlassen dürfen. Nicht selten »gehört« in gewissem Sinne dem Feudalherrn auch die Ehefrau des unfreien Bauern: Als ein Sinnbild für die Willkür, der die Abhängigen unterworfen sind, gilt das »Recht der ersten Nacht«, wonach der Feudalherr das Recht hat, bei der Hochzeit »seiner« Bauern deren Bräute zu vergewaltigen. Dieses Recht ist seit dem 13. Jahrhundert vielfach belegt (wie oft es tatsächlich praktiziert wurde, ist unter Historikern heute umstritten).[136] Es zeigt die Ohnmacht der Abhängigen, die Machtmissbrauch und Übergriffe durch ihre Herren hinnehmen müssen.

In den meisten deutschen Staaten wird die Leibeigenschaft erst zwischen der zweiten Hälfte des 18. und Beginn des 19. Jahrhunderts aufgehoben (z. B. in Baden 1783, in Preußen 1810 und in Württemberg 1817). Angestoßen wird die Bauernbefreiung durch die Aufklärung und nicht zuletzt durch die Einsicht, dass freie Bauern für Gutsbesitzer vorteilhafter wirtschaften.

Auch für die Industrialisierung werden zunehmend Arbeitskräfte benötigt. Dort werden die Arbeiter in anderer Weise entwürdigt, strukturell und personal: einerseits durch entfremdete Arbeitsbedingungen, die sie zu Werkzeugen degradieren; und andererseits dadurch, dass sie als dumme, minderwertige »Proleten« verachtet werden. Diese Vorurteile sind bis in die Gegenwart lebendig.

Wie ist es möglich, dass das Feudalsystem über Jahrhunderte aufrechterhalten werden kann? Warum führt das schreiende Unrecht nicht häufiger zu Revolten der Unterdrückten? Diese Frage ist m. E. allein durch die Grausamkeit der Bestrafungen nicht hinreichend zu erklären. Denn diese sind zwar gewiss eindrücklich und daher von großer Wirkung (darüber gleich mehr); aber sie sind nicht Alltag.

Alltäglich und viel grundlegender für die Aufrechterhaltung des Feudalsystems ist seine *psychologische* Wirkung auf die Unterdrückten: Durch Verachtung wird Scham ausgelöst, die wiederum wie erwähnt die geistigen Fähigkeiten der Verachteten blockiert, sie lähmt und vereinzelt, entsolidarisiert. Durch die tagtäglich erlittene Verachtung werden die Unterdrückten gezwungen, Scham und immer noch mehr Scham zu akkumulieren. So wird die erfahrene Verachtung verinnerlicht. Mit der Folge, dass viele der Unterdrückten sich ihrer selbst schämen, überzeugt von ihrer eigenen Dummheit, Minderwertigkeit und Unfähigkeit.

Der Mechanismus, durch den die Unterdrückung verinnerlicht wird, wurde in der Psychologie vielfach beschrieben als sogenannte »Identifikation mit dem Aggressor«, auch in der Kolonialismus-Forschung. So schildert Frantz Fanon in *Die Verdammten dieser Erde* das Verhalten des Kolonialisierten: »Er wirft sich vor dem Kolonialherrn und vor dem Schicksal auf den Bauch und gelangt durch eine Art innere Wiederherstellung des Gleichgewichts zu steinerner Gelassenheit.«[137] Er korrumpiert sich, gibt seine Integrität auf. Er internalisiert die Werte und Normen der Kolonialisatoren und deren Demütigungen. Weil er als dumm verachtet und entsprechend behandelt wird, fühlt er sich minderwertig und schämt sich seiner selbst. Er handelt »unbewußt im Sinne der ›self-fulfilling prophecy‹«[138]. Die Beschämung durch die Unterdrücker wird internalisiert zur Scham.

Statt an sich selbst glaubt er an die kirchlichen und weltlichen Autoritäten, denen er sich untertänig unterwirft und gehorsam folgt. Diese Scham wird über Jahrhunderte erzeugt; diesem Zweck dienen Erziehung, Schule, Militär, Religion, Rechtssystem und die gesellschaftlichen Strukturen. Bekräftigt wird dies noch durch öffentlich inszenierte Folterungen, Entwürdigungen, Hinrichtungen und Ächtungen.

Verletzungen von Zugehörigkeit

Soweit sich die Entwürdigung der Bauern in gewaltsamen Befreiungsversuchen entlädt – durch eher wütende Aktionen Einzelner (wie z. B. Michael Kohlhaas) oder durch sozialrevolutionäre Aufstände (wie etwa unter Thomas Müntzer) – werden diese brutal unterdrückt und geahndet. So kommen beispielsweise bei den Bauernkriegen im süddeutschen Raum ab 1524 etwa 100 000 Bauern ums Leben. Die überlebenden Aufständischen werden grausam bestraft, hingerichtet oder geächtet.

Mit der uralten Strafpraxis der Ächtung (auch Acht, Reichsacht, Friedlosigkeit oder Bann genannt) wird der Verurteilte aus der menschlichen Gemeinschaft ausgestoßen. Es ist verboten, ihm beizustehen. Der Geächtete verliert seine Rechtsfähigkeit; er wird vogelfrei, jedermann kann ihn straflos töten. Seine Ehefrau gilt von nun an als Witwe, seine Kinder als Waisen; sein Lehen geht wieder an den Lehnsherrn.

Ächtung ist über Jahrhunderte eines der wesentlichen Bestrafungsmittel. So sind z. B. in Frankfurt im 17. Jahrhundert 97 Prozent aller Strafen mit Landesverweis kombiniert. In Nürnberg werden z. B. 1575 jugendliche Diebe drei Tage hintereinander für einige Zeit am Pranger ausgestellt, dann zur Hinrichtung ihres älteren Komplizen geführt und anschließend lebenslänglich der Stadt verwiesen. Nicht selten wirkt die Ächtung wie ein Todesurteil, da der Betreffende den Schutz der Gemeinschaft verliert. So wird im Winter 1692 in Nürnberg eine arme Besenbinderin (sie hatte einen Korb mit Geschirr, Kupfer und Stoffen gestohlen) zu halbstündigem Pranger, Auspeitschung und Stadtverbot verurteilt. In der folgenden Nacht erfriert sie im tiefen Schnee.[139]

Erst 1743 wird in Preußen die Bestrafung durch Landesverweisung abgeschafft. Im Nationalsozialismus wird sie wieder eingeführt, indem jüdische Mitbürger ab 1933 zunehmend isoliert, schikaniert, in das Exil gedrängt und deportiert werden.

Bestrafung durch Grenzverletzung

Spätestens ab dem Mittelalter verbreitet sich die Folter rasch über die deutschen Gebiete und andere Teile Europas. Kein Körperteil wird ausgelassen, um Menschen möglichst große Schmerzen zuzufügen, um sie zu Geständnissen zu zwingen oder hinzurichten: vom Abhacken von Körperteilen, Absengen der Haare, Abziehen der Haut, Aufschlitzen, Ausstechen der Augen, Aufhängen bis zur Zahnfolter und Zangentortur.[140] Viele deutsche Kleinstaatfürsten demonstrieren ihre Eigenständigkeit durch eigene Foltermethoden; daher die Redensart »jedem Ländchen sein Tormentchen«: »Bambergische Tortur«, »Dessauer Trog«, »Dresdner Schnürung«, »Mecklenburgisches Instrument«, »Paderbornische Folter«, »Pommersche Mütze« u. v. a.[141]

Lange Zeit wird willkürlich gefoltert. Im Jahr 1532 stimmt der Reichstag in Regensburg der »Peinlichen Gerichtsordnung Kaiser Karls V.« zu; von nun an soll »ordentlich«, nach bestimmten Regeln, gefoltert werden. Einen ersten – halbherzigen – Versuch, die Folter in Preußen zu beenden, unternimmt Friedrich der Große im Jahr 1740. Es dauert noch Jahrzehnte, bis die Folter in Deutschland abgeschafft wird (zuletzt 1828 in Coburg-Gotha und 1831 in Baden).[142] Aber auch danach wird auf verschiedenen Wegen versucht, das Verbot zu umgehen, etwa durch Androhung von Folter, Prügel, Auspeitschen, Isolation, Nahrungsentzug oder andere Schikanen. Im Nationalsozialismus wird wieder massiv gefoltert, vor allem durch die Gestapo und in Konzentrationslagern.

Im Mittelalter wird vorwiegend dadurch bestraft, dass die Verurteilten körperlich verletzt und beschämt werden: Verbreitet sind Schläge, Auspeitschen (z. B. lediger Mütter), Abschneiden der Haare oder Brandmarkung, wobei ein Zeichen in das Gesicht eingebrannt wird. Oder Verstümmlungen, etwa durch Abhauen der Hand, eines Fußes, einzelner Finger oder Fingerglieder; Ausreißen der Zunge (z. B. bei »Gotteslästerung«); Ausstechen der Augen, Abschneiden oder Verstümmlung von Nase oder Ohren (z. B. bei Diebstahl), daher auch der Begriff »Schlitzohr«. Dies alles mit dem Zweck, den Verurteilten kenntlich zu machen.

Große Bedeutung haben öffentliche Demütigungen. Der Verurteilte muss barfuß oder in einem besonderen Büßergewand durch den Ort gehen und dabei einen Gegenstand tragen, der ihn lächerlich macht (z. B. einen Hund oder »Lasterstein«). Mancherorts müssen Frauen, die einen Juden lieben, einen sogenannten »Judenhut« aufsetzen. Ab dem 13. Jahrhundert richten viele Städte auf öffentlichen Plätzen Pranger ein: Dies ist z. B. ein Schandpfahl, an den der Verurteilte angekettet wird; ein eiserner Käfig, in dem der Betreffende ausgestellt wird; oder ein hölzernes Gestell, auf dem der Verurteilte sitzen muss. Oft ist der Pranger ein erhöhtes Podest, welches das Opfer wie auf einer Bühne exponiert, um der Menge eine bessere Sicht zu bieten. Am weitesten verbreitet sind zwei parallel angeordnete Bretter mit Öffnungen für Hals und Handgelenke (»Halsgeige«), z. B. als Strafe für »schwatzhafte Frauen«.

Häufig werden die Exponierten gezwungen, sich selbst zusätzlich lächerlich zu machen, z. B. indem sie ein Musikinstrument spielen müssen, das sie nicht beherrschten. Sie werden, vorzugsweise an Sonn- und Markttagen – oft für etwa ein oder zwei Stunden, manchmal auch mehrfach –, ausgestellt und von der Menge verhöhnt, beleidigt, bespuckt, getreten, geschlagen oder mit Urin, Kot, Tierkadavern, Dreck, faulen Eiern oder Steinen beworfen.

Adelige und ehrbare Bürger sind vom Pranger ausgenommen. Meistens werden nur einfache oder fremde Leute auf diese Weise bestraft,[143] etwa für »unehrliche« Delikte wie Arbeitsscheu, Trunksucht, Zänkerei, nächtliche Ruhestörung, Diebstahl, Betrug oder Meineid. Oft wird dem Verurteilten ein Schild umgehängt, auf dem seine Tat beschrieben oder dargestellt ist.

Erst im 19. Jahrhundert kommt der Pranger außer Gebrauch – um im Nationalsozialismus wieder eingeführt zu werden: Schon bald nach der Machtübernahme durch die Nationalsozialisten 1933 werden jüdische und kritische Bürger durch Innenstädte getrieben und gezwungen, Schilder mit ehrverletzenden Texten zu tragen (wie z. B. »Ich habe ein Christenmädchen geschändet!«). Ab 1941 müssen Juden in Deutschland einen »Judenstern« an ihrer Kleidung tragen. Frauen, denen Liebesbeziehungen mit Zwangsarbeitern vorgeworfen werden, werden auf öffentlichen Plätzen auf erhöhten Podesten an Pfosten festgebunden und mit Schildern (»Polendirne«) und Abschneiden der Kopfhaare entwürdigt.[144]

Die Todesstrafe gilt im Mittelalter für eine große Zahl von Verbrechen und wird mit verschiedenen Methoden ausgeführt, etwa durch Abreißen der Haut, Herausreißen von Körperteilen mit glühenden Zangen, Hängen, Enthaupten, Vierteilen oder Rädern. Oder durch Lebendigbegraben, Pfählen, Ertränken (oft in einem Sack, zusammen mit einem Tier), Verbrennen oder Sieden in Wasser oder Öl. Verschärfend werden Verurteilte nicht selten auch zur Richtstätte geschleift oder wird ihr Körper unterwegs mit glühenden Zangen gequält. Oft werden noch die Leichen geschändet, gefleddert und öffentlich zur Schau gestellt. So wird der Kopf des 1525 hingerichteten Thomas Müntzer auf eine hohe Stange gespießt und zur Schau gestellt.

Ab dem 16. Jahrhundert werden auch Arbeitsstrafen verhängt; etwa indem die Verurteilten vor aller Augen Bau- oder Straßenreinigungsarbeiten verrichten müssen; dabei sind sie durch bestimmte Kleidung und zuweilen Glöckchen gekennzeichnet.[145] Erst ab dem 17. und 18. Jahrhundert setzen sich in Deutschland langsam weniger inhumane Methoden der Bestrafung durch: Freiheitsstrafen (Gefängnis) oder »Erziehung durch Arbeit« (Zuchthaus). Die Verstümmlung von Straftätern wird im 18. Jahrhundert abgeschafft. Die körperliche Züchtigung von Verurteilten wird ab dem 19. Jahrhundert zurückgedrängt (und zugleich in die Erziehung eingeführt: als gesetzlich verankertes Recht des Vaters gegenüber seinen Kindern).

Die Zahl der Todesstrafen geht zurück. Erste Ansätze, sie ganz abzuschaffen, gibt es in einzelnen Ländern nach der Märzrevolution von 1848/49. Für das Deutsche Reich bleibt sie ab 1871 als Strafe für Mord und für Mordversuche am Landesherrn vorgeschrieben. Während der Weimarer Republik sinkt die Zahl der Hinrichtungen, da sie auf wenige spektakuläre Fälle beschränkt wird.

Im Nationalsozialismus wird die Zahl der Tatbestände, die mit dem Tod zu bestrafen sind, in inflationärer Weise ausgeweitet. Sie droht z. B. »Volksschädlingen«, »gefährlichen Gewohnheitsverbrechern«, »Sittlichkeitsverbrechern« und »Minderwertigen«; ab 1944 kann die Todesstrafe sogar für Taten verhängt werden, die gegen das »gesunde Volksempfinden« verstoßen.[146] Etwa 12 000 Todesurteile werden vollstreckt; hinzu kommen über 20 000 Todesurteile von Kriegsgerichtshöfen. Sehr viel größer ist die Zahl der Tötungen ohne Gerichtsurteile: von mehr als 100 000 psychisch und körperlich Behinderten; von 6 Millionen vorwiegend jüdischen Menschen in Konzentrations- und Vernichtungslagern; sowie von schätzungsweise 15 bis 18 Millionen Osteuropäern durch Einsatzgruppen, SS und Wehrmacht.

Die meisten dieser Morde sind ausgelagert, sie werden außerhalb des Blickfeldes der deutschen Öffentlichkeit durchgeführt, in eroberten Gebieten bzw. Konzentrationslagern in Osteuropa. Insofern setzt der Nationalsozialismus die Entwicklung der vergangenen Jahrhunderte fort, wonach Hinrichtungen zunehmend vor der Öffentlichkeit verborgen werden.[147]

Andererseits werden Deserteure oft vor den Augen ihrer Kameraden exekutiert. In den letzten Kriegsmonaten werden auf Reichsgebiet monatlich etwa 500 Todesurteile von Standgerichten gefällt und oft sofort vollstreckt; häufig an Angehörigen des Volkssturms und an Zivilisten, welche die unsinnige Zerstörung ihrer Heimat verhindern wollen. Damit greift der Nationalsozialismus eine alte Tradition wieder auf.

Zur Funktion der Öffentlichkeit

Über Jahrhunderte werden Bestrafungen und Exekutionen in der Öffentlichkeit vollzogen; häufig sind sie Hinrichtungsfest und Volksschauspiel. Im Barock werden sie als pomphafte Umzüge gestaltet: Richter, Verurteilter, Scharfrichter und Schulmeister mit den Schulkindern ziehen mit geistlichen Gesängen zum Richtplatz. Nicht selten werden Todesurteile so inszeniert, dass sie für die Betrachter noch grausamer wirken, als sie tatsächlich vollstreckt werden (indem die Opfer vor dem Rädern heimlich erdrosselt werden oder Betäubungsmittel erhalten). Erst ab Ende des 19. Jahrhunderts werden Hinrichtungen in den Innenraum von Gefängnissen verlegt; die letzte öffentliche Hinrichtung findet 1908 in Sachsen statt – dann wieder im Nationalsozialismus.

Die große Brutalität und Öffentlichkeit der Bestrafungen wird in der Forschung oft damit begründet, dass dem schaulustigen, von Gewalt faszinierten Volk ein Vergnügen bereitet werde:[148] worin dieses »Vergnügen« besteht, wird gleich zu klären sein. Eine andere Interpretation lautet, dass das zuschauende Volk abgeschreckt und somit diszipliniert werden solle; etwa wenn aufständische Bauern hingerichtet werden. Nach diesem Verständnis wird der Zeuge mit abgrundtiefer Angst erfüllt vor dem, was ihm selbst geschehen *könnte*, falls er sich nicht konform und gesetzestreu verhalten sollte. Seine Angst bezieht sich auf eine mögliche *Zukunft* und soll bewirken, dass der Zeuge seine Anstrengungen zur Konformität vervielfacht.

Hinzu kommen meines Erachtens noch weitere, viel tiefer gehende Wirkungen: Die Teilnehmenden – *alle* Teilnehmenden – einer öffentlichen Bestrafung oder Hinrichtung werden intensiv mit Scham erfüllt: einerseits die Verurteilten, indem sie bloßgestellt, erniedrigt, verhöhnt werden – andererseits aber auch die Zeugen. Diese Scham (sie wurde oben als »fremdschämen« oder »empathische Scham« bezeichnet) wirkt auf die Zuschauer: Sie blockiert ihr Denken, lähmt, vereinzelt und entsolidarisiert.

Ohne diese Lähmung, wenn die Zeugen klar denken könnten, wären sie eher fähig, an Widerstand zu denken und solidarische Aktionen zu planen. Durch die Scham werden sie jedoch in das Reptilienhirn zurückgeworfen, wo es nur narzisstisch um das eigene nackte Überleben geht. So lassen sie ihre entwürdigten Mitmenschen im Stich; dafür, dass sie ihnen nicht beigestanden haben, schämen sie sich. So werden sie in ihrer Integrität gebrochen und vereinzelt.

Der Auschwitz-Überlebende Primo Levi gibt ein Zeugnis dieser ihm »wohlbekannten Scham«: »die uns nach den Selektionen und immer dann überkam, wenn wir Zeuge einer Misshandlung sein oder sie selber erdulden mussten: jene Scham, die die Deutschen nicht kannten, die der Gerechte empfindet vor einer Schuld, die ein anderer auf sich lädt, und die ihn quält, weil sie existiert, weil sie unwiderruflich in die Welt der existenten Dinge eingebracht ist und weil sein guter Wille nichts oder nicht viel gilt und ohnmächtig ist, sie zu verhindern.«[149] In einem Punkt möchte ich Primo Levi widersprechen: Ich bin überzeugt, dass wir Deutschen diese Scham besonders gut kennen. Wir haben sie über Jahrhunderte intensiv erlernt und verinnerlicht, wesentlich durch öffentliche Bestrafungen, wie sie in diesem Kapitel dargestellt sind. Tragischerweise haben wir jedoch kein Bewusstsein für diesen Teil unserer Geschichte, mit der Folge, dass wir diese Entwürdigungen häufig an unseren Mitmenschen wiederholen.

Damit komme ich zu einer weiteren, pädagogischen Funktion öffentlicher Entwürdigungen: Die Zeugen werden nicht nur intensiv mit Scham erfüllt, sondern lernen zugleich die gesellschaftlich erwünschte Methode, mit ihr umzugehen. Sie lernen, Schamgefühle dadurch gleich wieder *los*zuwerden (abzuwehren), indem man sie an anderen Menschen ablädt, etwa durch Häme, Spott, Verachtung oder Gewalt gegen gesellschaftliche Außenseiter, hier: gegen die Hingerichteten (aber auch im Alltag gegen Schwächere: Frauen, Kinder oder Tiere). Dies ist der heimliche Lehrplan öffentlicher Hinrichtungen.

In dieser Schamaufladung und -abwehr besteht das besondere »Vergnügen«, das viele Zuschauer einer öffentlichen Erniedrigung oder Hinrichtung erleben: Sie werden intensiv mit Scham erfüllt und in ihrer Integrität gebrochen – und bekommen zugleich die Gelegenheit, diese Scham nach außen abzuführen. Scham und ihre

Abwehr, dies ist die zweifache Lektion der öffentlich inszenierten Entwürdigung.

Der entscheidende Punkt ist: Diese Lektion kennen die Zuschauer, das einfache Volk, bereits zur Genüge. Denn die Erfahrung, verachtet, beschämt, entwürdigt zu werden, ist ihr Alltag. Insofern erkennt der Zeuge in der öffentlich inszenierten Entwürdigung das wieder, was er seelisch bereits erlitten hat und täglich erleidet. Er hat, so Jorge Icaza, »unbewusst den traurigen Eindruck, das eigene Schicksal vor sich zu sehen«[150]. So zielen öffentlich inszenierte Entwürdigungen nicht nur auf eine abschreckende Wirkung für die Zukunft, sondern treffen und bekräftigen auch die seelische *Gegenwart*.

Pädagogik der Beschämung

Scham und ihre Abwehr, diese zweifache Lektion wird schon den Kindern von klein auf in die Seele gebrannt. Wesentliche Erziehungsmittel dieser »Schwarzen Pädagogik« sind Ausgrenzung, Brechung der Integrität, Beschämung sowie seelische und körperliche Grenzverletzungen, wie Katharina Rutschky und Alice Miller anhand zahlreicher pädagogischer Schriften aus dem 18. bis frühen 20. Jahrhundert zeigen.[151]

In diesen Erziehungsratgebern werden verschiedenste Grausamkeiten gegenüber Kindern empfohlen: demütigen, verachten, verspotten, beschämen, kränken, erniedrigen, schlagen, ängstigen, verunsichern, schimpfen, ausgrenzen, wegschließen, mit Blicken strafen, ohrfeigen, auspeitschen, foltern sowie Härte, Kälte und militärischem Drill aussetzen. Die Botschaft, die dem Kind durch diese Pädagogik eingebläut wird, lautet: »Schäm dich! Du bist von Grund auf schlecht und musst durch Erniedrigung erst noch zu einem guten Menschen gemacht werden.« Noch in den 1970er und 80er Jahren prügelt der spätere Bischof Walter Mixa Kinder mit den Worten: »In dir ist der Satan, den werde ich dir schon austreiben.«[152]

Im Ratgeber *Über den Kinderfehler des Eigensinns* fordert z. B. ein H. Grünewald im Jahr 1899, die Individualität der Kinder, ihr »Eigensinn«, müsse schon »in den früheren Jahren durch das Gefühl entschiedener Übermacht gebrochen werden. Später wirkt Beschämung nachhaltiger, namentlich auf kräftige Naturen.«[153]

Ein pädagogisches Handbuch aus dem Jahr 1887 führt aus: »Auf den eigentlichen Höhepunkt der Strafen gelangen wir mit der energischsten Straftat, der körperlichen Züchtigung. Wie die Rute als Symbol der väterlichen Zucht im Haus gilt, so der Stock als das Hauptwahrzeichen der Schulzeit.« Für eine »wahrhaft christliche Pädagogik« seien körperliche Züchtigungen unerlässlich. »Dieselbe ist für manche Verfehlungen gerade die angemessene Strafe: sie demütigt und erschüttert, sie bezeugt tatsächlich die Notwendigkeit der Beugung unter eine höhere Ordnung und gibt dabei doch die ganze Energie der väterlichen Liebe zu erkennen.«[154]

Auch Hinrichtungen gelten als pädagogisch wertvoll. So verlangt etwa C. F. Weisse im Erziehungsratgeber *Der Kinderfreund* von 1792 von seinen Söhnen, an Hinrichtungen teilzunehmen, denn »eine Mannsperson muß fürs erste weniger weichlich sein. Mut und Tapferkeit ist des Mannes Anteil, seine vorzügliche Tugend, und nicht selten Pflicht.« Jeder Beruf bringe es mit sich, dass man »blutige Auftritte« nicht nur sehen, sondern auch auszuüben habe: »Als Geistlicher, als Richter oder Sachwalter, als Arzt, als Soldat fordert ihn oft sein Beruf dazu auf, selbst Blut zu vergießen.« Daher sei es ratsam, dass ein Junge schon früh »seinem Herzen Gewalt antut, mit einer gewissen Standhaftigkeit ein solches Schauspiel anzusehen; so spart man sich gewiß manche Qual auf seine Lebenszeit«[155].

Zwar gab es auch in der Vergangenheit schon Ansätze zu einer humanen Pädagogik; vor allem Ende des 19. und Anfang des 20. Jahrhunderts. Dass diese nicht mehrheitsfähig werden konnten, lag an den engen Wechselwirkungen zwischen »Schwarzer Pädagogik« und Militär, einer entsprechenden Interpretation des Christentum und den gesellschaftlichen Bedingungen: Autoritäre Gesellschaftssysteme wie Feudalismus, Kaiserreich und Nationalsozialismus benötigen keine selbstbewussten, integren (»eigensinnigen«) Bürger, sondern schamerfüllte, unkritische (»dumme«), unsolidarische Untertanen.

Folgerichtig greift auch die Pädagogik im Nationalsozialismus in starkem Maße auf die Tradition der beschämenden und ausgrenzenden Pädagogik zurück; das gilt auch für die frühkindliche Erziehung. So rät etwa Johanna Haarer in ihrem schon erwähnten

Erziehungsratgeber von 1934 *Die deutsche Mutter und ihr erstes Kind*, Säuglinge handwerklich korrekt zu versorgen, sie ansonsten jedoch vollkommen in Ruhe zu lassen; am besten werde der Säugling in einem eigenen Zimmer untergebracht, in dem er auch allein bleibe.[156] Vor allem wenn das Kind trotz Schnuller schreit, soll es möglichst »an einen stillen Ort abgeschoben« und allein gelassen werden bis zur nächsten Mahlzeit. Oft komme es nur auf »einige wenige Kraftproben zwischen Mutter und Kind an – es sind die ersten! – und das Problem ist gelöst!«[157] Demnach wird schon der Säugling mit Ächtung bestraft, wenn er Angst, Schmerz oder Trauer ausdrückt: genau dann also, wenn er in größter Not ist.

Durch soziale Ausgrenzung, die der Säugling als existenziell bedrohlich erlebt, wird er von klein an darauf konditioniert, sein wahres Selbst zu verleugnen und ein angepasstes, »pflegeleichtes« Verhalten zu entwickeln. So wird seine Ganzheit früh gebrochen. Diese Erziehung ist vor allem fatal, da *frühe* Traumatisierungen besonders schwierig bewusst zu machen und zu heilen sind, weshalb sie erst recht langfristig wirksam sind, auch über viele Generationen.

Zur Rolle von Militär und Religion

Bis Ende des 19. Jahrhunderts bestehen die Heere in Mitteleuropa in der Regel aus Söldnern. 1813 wird in Preußen die allgemeine Wehrpflicht eingeführt; von nun an werden breite Schichten der Bevölkerung durch die militärische Erziehung geprägt und militarisiert. Deren Auswirkungen auf die betroffenen Männer werden noch potenziert, wenn diese in Kriege befohlen werden (in Preußen z. B. 1864 gegen Dänemark; 1866 gegen Österreich, 1870/71 gegen Frankreich und gegen die halbe Welt in den beiden Weltkriegen). Das Trauma, das diese jungen Männer durch die »schwarze Pädagogik« und die militärische Ausbildung erlitten haben, wird durch Erfahrungen an der Front oft noch vertieft. Diese sind vielleicht nicht für alle, aber doch für viele Soldaten traumatisch, ohne dass sie nach Kriegsende die Chance bekämen, ihre seelischen Verletzungen zu verarbeiten: Der Gedanke, Kriegsveteranen (z. B. durch Psychotherapie) bei der Verarbeitung ihrer Kriegstraumata zu unterstützen, entwickelt sich erst sehr spät, ab den 1980er

Jahren, ausgehend vom Leiden US-amerikanischer Vietnamveteranen.

In aller Regel tragen die Kriegsveteranen ihre seelischen Wunden in die Zivilgesellschaft zurück und geben so etwas davon an die nächste(n) Generation(en) weiter: als Väter und Erzieher, aber auch als Ausbilder, Lehrherren, Vorgesetzte, Seelsorger oder Lehrer. Immerhin ist der Lehrerberuf lange Zeit eine Männerdomäne.[158] Im Nationalsozialismus werden Frauen aus dem Lehrberuf gedrängt: 1935 sind 83 Prozent der hauptamtlichen Lehrkräfte an öffentlichen Schulen männlich. Jungen werden ausschließlich von männlichen Lehrkräften unterrichtet: somit von Männern, die mehrheitlich durch Schwarze Pädagogik, Militär und den Albtraum des Ersten Weltkriegs geprägt und nicht selten traumatisiert sind.[159] Dies ist einer der transgenerationalen Teufelskreise, durch die erlittene Erniedrigungen von Generation zu Generation weiter und immer weiter delegiert werden.

Legitimiert wird die Pädagogik der Beschämung auch durch die herrschende Interpretation des Christentums, wonach der Mensch von Grund auf schlecht sei (die Lehre von der Ursünde bedeutet im Grunde Urscham). Entwürdigung wird verklärt und überhöht, bezugnehmend auf eine fragwürdige Interpretation des Satzes aus dem Neuen Testament: »Wer sich selbst erhöht, der wird erniedrigt, und wer sich selbst erniedrigt, wird erhöht.«[160]

Diese Verklärung wird auch durch die unzähligen Kruzifixe vermittelt, die in vielen Gegenden Deutschlands alle paar Kilometer an Straßenrändern zu sehen sind. Dieser Anblick mag uns Deutschen, aufgrund unserer Vergangenheit, vertraut sein; für einen außenstehenden Beobachter muss dieser Anblick furchtbar sein. Desgleichen die Innenräume zahlloser Kirchen mit den Darstellungen gekreuzigter, durchbohrter, gedemütigter, verbrannter oder anderweitig gefolterter Menschen. Noch unverständlicher muss es einem Außenstehenden erscheinen, dass dieser Anblick auch vielen Kindern zugemutet wird, Sonntag für Sonntag.[161]

Über Jahrhunderte werden katholische Gottesdienste in lateinischer Sprache abgehalten, somit für Laien unverständlich. Auch die kirchliche Architektur und viele Gebete (z. B. »Herr ich bin nicht würdig …«) sowie sprachlich unverständliche Kirchenlieder vermitteln dem Einzelnen die Botschaft: »Du bist dumm, schlecht, unwürdig, unbedeutend und klein!« Eine bedrückende Veranschaulichung eines so verstandenen Christentums und seiner Pädagogik bietet der Film *Das weiße Band. Eine deutsche Kindergeschichte* von Michael Haneke.[162] Er schildert die religiöse, häusliche und strukturelle Gewalt in einem deutschen Dorf am Vorabend des Ersten Weltkriegs. Gegenüber der gezeigten seelischen Verelendung muss der Kriegsbeginn wie eine Erlösung gewirkt haben.

Ein traumatisierendes und retraumatisiertes Volk

Der Erste Weltkrieg hinterlässt die Deutschen mit massiven Schamgefühlen:[163] Nach Kriegsende 1918 besteht fast ein Fünftel der deutschen Bevölkerung aus Kriegsveteranen, von denen viele massivste Verletzungen ihrer seelischen und körperlichen Grenzen erfahren haben. Sie kehren nicht als strahlende Helden, sondern als schändlich Geschlagene zurück. Der Versailler Vertrag verpflichtet Deutschland zu hohen Reparationen, Gebietsabtretungen sowie Beschränkungen seines Militärs; dies wird als weitere schändliche Schwächung erlebt. Die verbreitete Armut, Arbeitslosigkeit, Geldentwertung sowie die politische Schwäche der Weimarer Republik, die von großen Teilen der Bevölkerung als Zeit der Schande erlebt wird – eine Wahrnehmung, die durch die Propaganda der Rechten massiv gefördert wurde –, kommen hinzu, zudem die Gewissensscham der Millionen Deutschen, die diesen Krieg enthusiastisch begrüßt und mitgetragen hatten.

Um all diese Scham anzunehmen und aufzuarbeiten, gibt es in der Weimarer Gesellschaft keinerlei Voraussetzungen, weder im wilhelminisch-militaristischen Wertesystem, noch in der (geringen) psychosozialen Versorgung der Kriegsveteranen. Viel näher liegt es, die Scham abzuwehren: daher die wachsende Popularität der NSDAP mit ihrer Politik der Verachtung, Ausgrenzung und Vernichtung gegenüber Juden, Behinderten, »Schwachen« und »Minderwertigen«; mit ihrer Idealisierung Hitlers und der Deutschen (»Herrenrasse«); mit ihren größenphantastischen Ansprüchen auf Weltherrschaft; mit ihrem zynischen Weltbild der Härte und Gefühlskälte; und mit ihrem Versprechen, die »Ehre« Deutschlands wiederherzustellen. Schamabwehr ist eine wesentliche Voraussetzung für das »Dritte Reich« und damit den Zweiten Weltkrieg, Holocaust und die Verbrechen der Wehrmacht.

2. Ein Land gebaut aus Schutt und Scham

Die Kapitulation der deutschen Wehrmacht am 8. Mai 1945 wird gerne als »Stunde Null« und »Neubeginn« bezeichnet. Dies kann aus schampsychologischer Sicht nicht bestätigt werden: Die »deutsche Scham«, die schon Voraussetzung für den Nationalsozialismus war, wurde durch dessen Ende eher noch vermehrt; ich komme auf die Grundformen der Scham zurück:

Scham folgt aus der Tatsache, dass Millionen nicht jüdischer deutscher Männer und Frauen Hitler und die NSDAP gewählt und sich für das »Dritte Reich« begeistert und engagiert hatten.[164] Millionen waren dafür in den Krieg gezogen; viele von ihnen hatten sich an den Verbrechen des Holocaust und der Wehrmacht beteiligt. Damit haben große Teile der deutschen Bevölkerung ungeheure Verletzungen grundlegender ethischer Werte mit zu verantworten; sie haben ihre Integrität in massivster Weise verletzt.

Scham ist auch eine Konsequenz aus dem katastrophalen Scheitern des nationalsozialistischen Versuchs, die »Ehre« Deutschlands wiederherzustellen und von der Welt anerkannt zu werden. Wir, die Deutschen, haben unsere Zugehörigkeit zur Menschheit massiv aufgekündigt. Spätestens seit 1945 ist das Bild der Deutschen in der Welt für Jahrzehnte, vielleicht für immer, untrennbar mit dem größten Verbrechen in der Menschheitsgeschichte verknüpft; Adolf Hitler ist Synonym für »das Böse« schlechthin.

Und noch mehr Scham: Zweiter Weltkrieg, Holocaust und Wehrmachtsverbrechen sind in erster Linie traumatisch für deren Opfer; aber auch für die Angehörigen des Tätervolks: Millionen deutscher Kinder, Frauen und Alte durchleben die Schrecken der Bombennächte. Schätzungsweise 14 Millionen Kinder wachsen zwischen Tod, Verstümmlung, Kriegslärm, Trümmern und Asche auf. Etwa zwei Millionen deutsche Frauen werden gegen Kriegsende vergewaltigt, nicht selten mehrfach, nicht selten vor den Augen ihrer Kinder. Ungefähr 12 bis 14 Millionen Deutsche müssen fliehen oder werden vertrieben, oft unter schrecklichen Bedingungen; dabei kommen etwa 2 Millionen ums Leben.[165] Millionen deutscher Soldaten durchleben den Krieg; mehr als zehn Millionen geraten in Kriegsgefangenschaft. Von den 3,3 Millionen Männern, die in sowjetische Gefangenschaft kommen, kehren nur knapp 2 Millionen nach Deutschland zurück, die Letzten 1956. Sie sind gezeichnet von Zwangsarbeit, Hunger und Krankheit.

Viel von dieser Scham wurde kaum bewusst gemacht und verarbeitet: Scham ist ja (bisher) kein Thema in unserer Gesellschaft. Dies hat erhebliche Auswirkungen auf die folgenden Jahrzehnte und Generationen. Diese möchte ich in den nächsten Abschnitten an einigen Themen skizzieren, ohne Anspruch auf Vollständigkeit oder Ausgewogenheit (z. B. in Bezug auf die verschiedenen Entwicklungen in West- und Ostdeutschland).

Ver-wahr-losung

Jahrzehntelang stellt sich die große Mehrheit der Deutschen nicht der Schuld und moralischen Scham, die sie durch ihre Beteiligung am Nationalsozialismus auf sich geladen hat; »die Sache« wird totzuschweigen versucht.[166] Es ist eine Zeit der Verwahrlosung, im buchstäblichen Sinne von »Wahrheits-los«, »ohne Wahrheit« sein. Es dauert Jahrzehnte, bis die Details der NS-Verbrechen geschichtswissenschaftlich erforscht werden und Eingang in das Bewusstsein der Deutschen finden, zumindest: in das *öffentliche* Bewusstsein.

Was die millionenfachen Verbrechen der Wehrmacht in Osteuropa anbetrifft, so sind diese, trotz der Wehrmachtsausstellung, bis heute kaum ein Thema. Nur etwa 1 200 Männer und Frauen wurden wegen NS-Tötungsdelikten verurteilt; die überwiegende Mehrheit der NS-Täter wurde strafrechtlich nicht zur Verantwortung gezogen. Der Tod von Millionen sowjetischer Kriegsgefangenen und bis zu 18 Millionen sowjetischen Zivilisten ist juristisch ungesühnt.[167] Dieser Nicht-Umgang mit unvorstellbar großer Schuld und Scham hat Konsequenzen für unsere Gesellschaft:

Integrität ist in Deutschland außerordentlich rar. Millionen von Kindern und Jugendlichen wachsen in einem Umfeld auf, in dem mit Schuld nicht umgegangen wird, in der sich keine Kultur des Umgehens mit ihr entwickeln kann. In der nur wenige glaubhafte Vorbilder (wie z. B. Willy Brandt) zu erkennen sind: Integre Menschen waren entweder von den Nazis ermordet oder aus dem Land vertrieben worden.

Stattdessen tragen Politiker und Prominente wie Hans Globke, Kurt Georg Kiesinger, Werner Höfer und Hans Filbinger, um nur einige zu nennen, zu einer Kultur der Leugnung und Heuchelei bei, die bis in die Gegenwart wirkt; z. B. in der langen und schmutzigen Geschichte der Parteienfinanzierung, der Korruption und Betrügereien durch den Deutschen Fußballbund, Deutsche Bank, Volkswagen u. v. a. Bezeichnenderweise stellte z. B. Winterkorns Nachfolger Matthias Müller den Abgasskandal in den USA als »technisches Problem« dar. Auf die Frage eines Reporters, ob es nicht ein ethisches Problem sei, antwortete er: »Ethisches Problem? Ich kann nicht verstehen, warum Sie das sagen.«[168] Eben!

Wie sollen Eltern und Lehrer in so einem Umfeld ihre Kinder zu integren Menschen erziehen?

Umso wertvoller ist der Schritt, den etwa Klaus Mertens, Rektor des Berliner Canisius-Kollegs Anfang 2010 macht: Er informiert die Öffentlichkeit über Fälle von sexuellem Missbrauch in seiner Einrichtung und ermöglicht dadurch eine seit Jahrzehnten überfällige Auseinandersetzung. Wertvoll ist auch der Rücktritt von Margot Käßmann, ebenfalls Anfang 2010: Sie bekennt sich zu ihrer Schuld, in alkoholisiertem Zustand Auto gefahren zu sein, und tritt zurück. Genau dadurch hat sie »ihre Würde behalten«, wie *Der Spiegel* kommentiert und die Hoffnung hinzufügt, dass »damit ein neues Kapitel in der langen Geschichte im Umgang mit Schuld« beginnen möge.[169] Das ist auch dringend notwendig:

Wie der Psychoanalytiker Matthias Hirsch herausarbeitet, wird uneingestandene Schuld häufig von den Schuldigen unbewusst an die folgenden Generationen weitergereicht. Dort verursacht sie neue Schuldgefühle und Scham: »Die Nachgeborenen schämen sich, Deutsche zu sein, können mit Juden nicht unbefangen umgehen.«[170] Sie fühlen sich schuldig für Verbrechen, die vor ihrer Geburt geschahen. Und zwar, so Hirsch weiter, »gerade dann, wenn die Eltern eben diese Gefühle nicht haben können, da sie sich mit ihrer Verantwortung und ihrer Schuld nicht auseinandergesetzt hatten. Wenn sie es konnten, waren sie auch in der Lage, mit ihren Kindern darüber zu sprechen – und mit ihnen zu trauern.«[171]

Dies erklärt die Ergebnisse einer Untersuchung von 1989, wonach 65 Prozent der befragten Jugendlichen Scham empfinden für die Verbrechen, die Jahrzehnte vor ihrer Geburt von ihren Vorfahren während des »Dritten Reiches« begangen wurden.[172] Einiges deutet darauf hin, dass sich daran weitere zwanzig Jahre später wenig geändert hat: Die Psychologin Silviana Stubig befragte Schüler zum Thema Holocaust und stellte fest, dass viele sich plötzlich schämen, deutsch zu sein, und kein »positives Nationalgefühl« mehr haben[173]. In einer Pilotstudie führte Manuel Vaulont[174] im Jahr 2009 Interviews mit Schülern im Alter von 17 und 18 Jahren, d. h. mit Angehörigen der dritten oder vierten Nachkriegsgeneration,[175] die eine große Zahl von Unterrichtseinheiten zu Nationalsozialismus absolviert hatten. Befragt nach ihren Gefühlen über ihr Land und seine Geschichte, nannten fast alle Schüler und Schülerinnen Scham. Diese wurde von den Befragten stets in Abgrenzung und in einem Atemzug mit ihrem Gegenpol, Stolz, genannt: Stolz auf Deutschland wird vehement abgelehnt. Schon das Zeigen der bundesrepublikanischen Flagge wird als Zeichen neonazistischer Gesinnung missbilligt. Es entsteht der Eindruck, als seien Scham und Stolz die einzigen Gefühle, die ein Mensch empfinden könne.

Aufgrund ihrer Scham für Deutschland und seine Geschichte können sich auch nur die wenigsten der befragten jungen Menschen mit ihrem Land identifizieren. Zum Beispiel äußert eine Schülerin: »Ich könnte genauso gut Teil eines anderen Landes sein.« Trotz ihres fehlenden Bezugs zu Deutschland wird jedoch zwischen den Zeilen spürbar, dass die Befragten ganz erfüllt vom Thema Nationalsozialismus sind: Deutsche Geschichte besteht in ihrer Wahrnehmung fast ausschließlich aus den 12 Jahren zwischen 1933 und 1945 – so als ob die Jahrzehnte danach und Jahrhunderte davor nicht stattgefunden hätten, auch nicht im Geschichtsunterricht. Es ist, als ob Hitlers Vision eines »tausendjährigen Reiches« in psychologischer Weise Wirklichkeit geworden wäre.

Auffällig ist auch, dass viele der interviewten Schüler und Schülerinnen betonen, »eigentlich« keine Schuld zu haben, da sie »damals« (wie es oft vage heißt) noch nicht geboren waren. Diese Einsicht ist richtig: Die befragten jungen Menschen sind nicht schuldig für Verbrechen, die von anderen Menschen und Jahrzehnte vor ihrer Geburt begangen wurden. Diese Einsicht vermögen die Interviewten aber nicht durchzuhalten, wie schon das

Wörtchen »eigentlich« andeutet. Es gelingt ihnen nicht, sich klar von Schuld abzugrenzen. Vielmehr scheinen sie unter einem starken Erwartungsdruck zu stehen, Scham und Schuldgefühle haben zu sollen. So antwortet etwa eine Schülerin: »Wir müssen uns schämen.«

Fatalerweise wird die transgenerationale Weitergabe von Scham durch manchen Schulunterricht noch verstärkt. Es gibt sogar Geschichtsdidaktiker, die explizit das Lernziel Scham formulieren:[176] So fordert etwa Joachim Rohlfes in seinem Buch *Geschichte und ihre Didaktik* noch im Jahr 2005, bereits in der dritten Auflage, für den Unterricht zum Thema Nationalsozialismus: »Solcher Unterricht soll [...] Betroffenheit, Entsetzen, Scham erzeugen.«[177] Ähnlich schreibt Gerhard Henke-Bockschatz im Jahr 2004: Die Schüler »sollen [...] begreifen, welche Ungeheuerlichkeiten Menschen in dieser Zeit anderen Menschen angetan haben und darüber Betroffenheit, Entsetzen und Scham empfinden.«[178]

Ich halte das Lernziel Scham für unverantwortlich, da der Unterricht damit ungewollt einem neuen Rechtsextremismus den Boden bereitet. Neonazistische Agitatoren brauchen die Schamgefühle der jungen Menschen nur noch aufzugreifen, um sie für ihre Zwecke zu instrumentalisieren. Etwa indem sie, wie damals die NSDAP, Schamabwehr anbieten, z. B. durch Gewalt gegen Ausländer und durch Versprechen, die »Ehre« Deutschlands bzw. der Großväter zu retten. So wirbt z. B. die NPD 2004 mit Plakaten: »Für die Ehre der Deutschen Wehrmacht! Wir verachten Euch nicht!«

Zwar ist es unvermeidlich, dass wir Scham empfinden, sobald wir auch nur an den Nationalsozialismus denken. Dies kann aber nur der *Anfang* des Unterrichts sein, nicht sein *Ziel*. Lernen aus unserer Geschichte muss meines Erachtens darin bestehen, Scham in Verantwortung zu verwandeln. Die Schüler dürfen nicht mit Scham zurückgelassen werden, denn diese vereinzelt, entsolidarisiert und entpolitisiert: Wer sich für sein Land schämt, der distanziert sich von der Gesellschaft, der er angehört. Der bringt seine Kritik, sein Engagement, seine Kreativität und seine Fähigkeiten nicht in die Gesellschaft ein. Der übernimmt nicht seine gesellschaftliche Verantwortung. Dem ist es auch gleichgültig, wie die Menschen miteinander umgehen, ob in Menschen würdigender oder in verächtlicher Art und Weise. In diesem Sinne verwahrlost unser Land.

Ein Symptom dafür ist es, dass unsere Gesellschaft keine Kultur des Umgangs mit Fehlern entwickelt hat. So zählen z. B. Fehler im Krankenhaus zu den zehn häufigsten Todesursachen in Deutschland, noch vor Verkehrsunfällen, Aids oder Brustkrebs.

Fehler werden in der Regel vertuscht, weil sie oft als existenziell bedrohlicher Zusammenbruch des Selbstwerts erlebt werden und weil unser Umgang mit Fehlern so erbarmungslos ist: Der Betreffende muss mit Hohn und Gespött rechnen. Beispielsweise ein wagemutiger Unternehmer, der Bankrott gemacht hat: Er erfährt hierzulande keineswegs die gesellschaftliche Akzeptanz, die er z. B. in den USA für seinen Pioniergeist erfahren würde.[179]

Viele depressive oder suchtkranke Menschen versäumen es, über ihre seelische Not zu sprechen und sich psychotherapeutische oder ärztliche Hilfe zu holen, weil sie sich schämen und befürchten, als »verrückt«, »schwach« oder »unzuverlässig« beschämt zu werden. Dies trug vermutlich auch zum Suizid von Robert Enke, dem Torhüter der deutschen Fußball-Nationalmannschaft, im Jahr 2009 bei.

Die grundsätzliche Fehlerhaftigkeit des Menschen wurde durch eine Illusion von Perfektionismus verdrängt. Diese wird zunehmend auch von einer fehlerfeindlichen Technostruktur erfordert: »menschliches Versagen«, z. B. im Umgang mit Atomkraft, hat gleich katastrophale Auswirkungen.[180]

Wenn Fehler vertuscht werden, kann aus ihnen nichts gelernt werden – mit der Folge, dass sie wieder und wieder gemacht werden. Eine Umfrage der Deutschen Gesellschaft für Chirurgie ergab, dass nur in jeder fünften Klinik, in der junge Chirurgen ausgebildet werden, Krankheits- und Todesfälle analytisch diskutiert werden. Das Unterlassen solcher Fehlerkonferenzen wäre, so Manfred Osten,[181] in angelsächsischen Ländern ein Grund, einem Klinikchef die Ausbildungsermächtigung zu entziehen. Lohnenswert ist der Vergleich mit anderen Ländern, in denen man konstruktiver mit fehlerhaftem Hinfallen umgeht: »Zur Kunst, Fehler zu machen, zählt dort vielmehr, ob man wieder aufgestanden ist. Stolpern hilft. Geschätzt wird die Kunst des Aufstehens. Der Fehler des Hinfallens gilt als menschliche Selbstverständlichkeit.«[182] In vielen deutschen Einrichtungen und Unternehmen werden stattdessen hohe Ressourcen in das Vermeiden von Risiken verschwendet. Mit der Gefahr, dass man neuen, unbekannten Entwicklungen und Möglichkeiten gegenüber wenig offen ist. In einer Gesellschaft, in der Fehler geleugnet werden, kann sich auch keine Kultur des Umgehens mit Konflikten und des Lernens aus Fehlern entwickeln. Die Gesellschaft stagniert. So fehlte z. B. bei VW eine Kultur der Selbstkorrektur. Stattdessen, so ein Entwickler, »herrscht ein Klima der Angst. Wenn der Chef sagt, das müsst ihr hinkriegen, dann traut sich keiner zu sagen, das geht aber nicht.«[183] Um die unrealistischen Zielvorgaben trotzdem zu erreichen, wurde per Software betrogen.

Das Beschämen, Verachten und Ausgrenzen geht weiter

Auch nach Ende des »Dritten Reiches« setzen viele Deutsche die vertraute Tradition des Beschämens, Verachtens und Ausgrenzens durchaus fort. In aller Regel werden jedoch nicht die heimkehrenden Täter – die SS-Männer und Wehrmachtssoldaten – als Mörder beschimpft und ausgegrenzt, wie dies z. B. viele US-Kriegsveteranen nach Ende des Vietnamkriegs erlebten.

Entwürdigung erfahren eher die überlebenden Opfer des Nationalsozialismus: So wird zum Beispiel Maria K., zurück von einem KZ-Außenlager, in ihrem Heimatort beim Kirchgang als »Polenhure« und »Polenliebchen« beschimpft. Tausende von Frauen waren im Nationalsozialismus der »Rassenschande«, sexueller Beziehungen mit Zwangsarbeitern, beschuldigt worden. Häufig waren sie, wie Frau K., von Nachbarn oder Kollegen denunziert, oder von prügelnden Gestapobeamten zu falschen Geständnissen gezwungen und öffentlich angeprangert worden. Danach war Frau K. in verschiedene Erziehungsheime und in das »Jugendschutzlager Uckermark« eingeliefert worden, das von der SS für junge Delinquentinnen eingerichtet und an das KZ Ravensbrück angegliedert war. Maria K. wurde zur Häftlingsnummer degradiert und mit Prügel, Hunger und Demütigungen gequält.

Viele dieser Frauen leiden noch Jahrzehnte nach Kriegsende. Bis heute sind diese NS-Opfer nicht in der bundesrepublikanischen Öffentlichkeit anerkannt. Einen wichtigen Schritt aus dieser Ausgrenzung leistet die Historikerin Gisela Schwarze, die das

Schicksal dieser Frauen erforschte und in ihrem Buch *Es war wie Hexenjagd* (2009) beschreibt. Im Gespräch mit der Autorin hält die 82-jährige Maria K. vor Scham die Hände vor ihr Gesicht, als sie von dem damaligen erzwungenen Geständnis spricht.[184]

»Nicht der Mörder, der Ermordete ist schuldig«, so der Titel einer Erzählung von Franz Werfel (1920). Dieser Satz charakterisiert auch die Entschädigungsverfahren, die für viele Überlebende des Holocaust mit erneuten Entwürdigungen verbunden sind: Sie werden wie Bittsteller behandelt und von Gutachter zu Gutachter geschickt; die Verfahren dauern Jahre und erfordern ein Durchhaltevermögen, das viele der Traumatisierten nicht aufbringen können.[185] Wieder und wieder müssen sie ihre schrecklichen Erfahrungen berichten – in Situationen, die wie Polizeiverhöre wirken und einschüchtern. Zumal vor Zuhörern, die nicht der Schmerz über das verlorene Kind interessiert, sondern die nach Widersprüchen in den Aussagen suchen. Solche werden gegen die Antragsteller ausgelegt – obwohl Störungen des Gedächtnisses und des Zeiterlebens zu den charakteristischen Folgen traumatischer Erfahrungen gehören. Das Entwürdigende dieser Verfahren charakterisiert der Psychoanalytiker Kurt Eissler 1963 in einem Psyche-Artikel mit der sarkastischen Überschrift: »Die Ermordung von wievielen seiner Kinder muß ein Mensch symptomfrei ertragen können, um eine normale Konstitution zu haben?«[186]

Während des Kriegs waren über 100 000 Wehrmachtssoldaten desertiert; über 35 000 Todesurteile wegen Fahnenflucht wurden ausgesprochen, davon mehr als 22 000 vollstreckt. Noch Jahrzehnte nach Kriegsende werden die Betreffenden als »Vaterlandsverräter« und »Feiglinge« verachtet. Erst 2002 werden die Urteile der NS-Militärjustiz gegen Deserteure, Kriegsdienstverweigerer und »Wehrkraftzersetzer« pauschal aufgehoben; erst ab jetzt gelten sie nicht mehr als vorbestraft.[187] Ausdrücklich ausgespart sind dabei sogenannte »Kriegsverräter«; ihnen wird bis heute unterstellt, sie hätten möglicherweise deutschen Soldaten oder Zivilisten geschadet. Dabei galt schon als Kriegsverräter, wer sich im privaten Gespräch oder in seinem Tagebuch regimekritisch äußerte.[188]

Hohn, Spott und Verachtung erfährt auch Willy Brandt. Während des Wahlkampfes 1961, als Kanzlerkandidat der SPD, wird er wiederholt von Konrad Adenauer als »Brandt alias Frahm« tituliert: Anspielungen auf Brandts nicht eheliche Geburt und seine

Zeit im Exil. Letztere wird immer wieder zum Vorwurf des Landesverrats benutzt. Etwa in Franz Josef Strauß' höhnischem Angriff im Jahr 1961: »Eines wird man Herrn Brandt doch fragen dürfen: Was haben Sie zwölf Jahre lang draußen gemacht? Wir wissen, was wir drinnen gemacht haben.«[189]

So machen viele Heimkehrer, zugespitzt formuliert, die Erfahrung: Heimat ist da, wo ich verhöhnt, verachtet und ausgegrenzt werde. Nicht besser ergeht es jüngeren Deutschen, die während des Krieges oder nach dessen Ende geboren wurden: Soweit sie kritische Fragen stellen, werden sie von Älteren häufig als »Nestbeschmutzer« beschimpft. Ihnen wird Arbeitslager (»schafft lieber was!«) und Ausgrenzung anempfohlen (»geht doch rüber!«).

Vielleicht ist die Scham der Älteren über ihre Beteiligung am Nationalsozialismus und seinen Verbrechen zu groß, so dass sie vehement abgewehrt werden muss?

Hörig – gehörig – zugehörig?

Schätzungsweise 12 Millionen Deutsche werden vertrieben oder müssen fliehen. Nicht genug, dass sie den Verlust ihrer Heimat und die häufig traumatische Flucht verkraften müssen. Oft werden sie von ihren Landsleuten im Westen unfreundlich empfangen. Da die »Zugereisten« aus den deutschen Reichsgebieten östlich von Oder und Neiße, aus dem Sudetenland und osteuropäischen Siedlungsgebieten kommen, werden sie mit Osteuropäern in Verbindung gebracht. Beide galten vor allem im Nationalsozialismus als »minderwertig«, entsprechend werden viele Flüchtlinge behandelt: »Polacken«, »Hurenflüchtlinge«, »Gesindel«. So wachsen Millionen von Kindern in einer feindseligen Umgebung auf, ausgegrenzt, als Außenseiter.[190]

Freilich: An welche Tradition hätten die Deutschen auch anknüpfen können, als sie vor der Herausforderung standen, Millionen von Menschen in ihrer Mitte aufzunehmen und ihnen Zugehörigkeit zu geben? Statt wirklicher, lebendiger Gemeinschaft hatten die Deutschen über Jahrhunderte überwiegend pathologische Formen von Zugehörigkeit erfahren: Hörigkeit (als Leibeigene gegenüber ihren Feudalherren); »Gehörigkeit« (insofern die unfreien Bauern zwangsweise »zu« dem Grund und Boden des

Feudalherrn und dessen Religion »gehörten«); Gehorsam (als Untertanen in autoritären, obrigkeitsstaatlichen Regimes); Zerstrittenheit (der Kleinstaaten untereinander, fortgesetzt nach Ende des Zweiten Weltkriegs, da West- und Ostdeutschland sich feindselig gegenüberstehen[191]); nationalsozialistische »Volksgemeinschaft« der Gleichgeschalteten (unter Ausgrenzung ihrer »schwachen«, jüdischen, osteuropäischen Mitmenschen) und männerbündische Kameradschaften mit einem Ehrenkodex, wonach gemeinsam verübte Verbrechen gemeinsam zu verschweigen sind.

Nach den Vertriebenen und Flüchtlingen kommen schon ab den 1950er Jahren weitere Millionen von Menschen, überwiegend in die Bundesrepublik:

- Zunächst Gastarbeiter, vor allem aus Italien, Spanien, Jugoslawien, Griechenland, Portugal und der Türkei. Im Jahr 1962 sind dies über 600 000, 1973 bereits mehr als zweieinhalb Millionen Menschen. Auch die DDR beschäftigt Gastarbeiter, allerdings sind deren Verträge in der Regel auf fünf Jahre begrenzt.
- Darüber hinaus ziehen, vor allem ab 1993, etwa viereinhalb Millionen Spätaussiedler in die Bundesrepublik, vorwiegend aus der ehemaligen Sowjetunion, Polen, Rumänien u.a.
- Hinzu kommen Asylbewerber, vor allem in den Jahren zwischen 1990 bis 1993. Ihre Zahl erreicht 1992 fast 440 000 und sinkt auf rund 43 000 im Jahr 2005 – um seit 2013 wieder stark anzusteigen. Hunderttausende von Männern, Frauen und Kindern, die ihr Leben riskieren auf der Suche nach menschenwürdigen Lebensbedingungen.

Heute leben in Deutschland etwa 17 Millionen Menschen mit Migrationshintergrund.[192] Viele von ihnen wurden mit Verachtung empfangen. Was wir vielen dieser Menschen angetan haben und bis heute antun, ist bittere Entwürdigung. Bis heute sind große Teile der Bevölkerung feindselig gegenüber »Ausländern« eingestellt; viele Bundesbürger werfen ihnen vor, Arbeitsplätze wegzunehmen, das Sozialsystem zu belasten und kriminell zu sein. Trotz aller Bemühungen um Integration gehören Entwürdigungen von Ausländern und Ausländerinnen zum deutschen Alltag. Dabei leben viele, die als »Ausländer« betrachtet werden, schon in der zweiten oder dritten Generation in Deutschland und besitzen deutsche Pässe: Sie *sind* Deutsche.

Dennoch werden sie oft feindselig behandelt und benachteiligt. So bekommt etwa ein türkischstämmiger Unternehmensberater vom Leiter eines großen Unternehmens zu hören: »Sie können drei deutsche Pässe haben, für mich bleiben Sie ein Türke.«[193] Schon ein türkischer Name ist bei Bewerbungen gewöhnlich ein Nachteil, wie durch eine Studie des Instituts zur Zukunft der Arbeit (IZA) belegt wurde.[194]

Der Schriftsteller Navid Kermani beschreibt das Lebensgefühl, immer als Fremder betrachtet zu werden – auch wenn der oder die Betreffende in Deutschland geboren und aufgewachsen ist: Man bleibt immer ein Migrant, gehört nie dazu, kann nie ein Deutscher werden.[195] Dies dürfte dazu beigetragen haben, dass bei der Abstimmung über die Verfassungsreform der Türkei im Frühjahr 2017 etwa 63 % der in Deutschland lebenden Türken bzw. Deutschtürken für Erdogan gestimmt haben.

Dabei bräuchte die deutsche Wirtschaft, um den Wohlstand zu erhalten, laut einer OECD-Berechnung jährlich 400 000 Arbeitskräfte aus dem Ausland. *Der Spiegel* fordert eine »neue Aufnahmekultur«, bisher seien selbst qualifizierte Einwanderer »herzlich unwillkommen«: Botschaften im Ausland wimmeln Interessenten eher ab; Hochschulzeugnisse werden oft nicht anerkannt; das Aufnahmeverfahren ist kompliziert; Beratungsstellen fehlen häufig und Neuankömmlinge müssen oft einen langwierigen Kampf führen.[196]

Die bittere Ironie ist, dass auch viele Deutsche mit traditionell deutscher Herkunft sich im eigenen Land nicht heimisch fühlen. Wie zum Beispiel die zuvor schon zitierte Schülerin, die im Interview mit Vaulont zu Protokoll gibt: »Ich könnte genauso gut Teil eines anderen Landes sein.«[197]

Wie schwer wir Deutschen uns mit Zugehörigkeit tun, dies zeigt die Tatsache, dass Nachbarschaftskonflikte die größte Zahl aller Gerichtsfälle darstellen. Üble Nachrede, Tratsch, Mobbing bis hin zu körperlicher Gewalt ist vielerorts Alltag. Dies illustriert auch der Konflikt, der 2005 unter dem Stichwort »Maschendrahtzaun« bundesweit öffentlich wird. Wie schwer wir uns mit Zugehörigkeit tun, wird auch durch aktuelle fremdenfeindliche Bewegungen wie »Pegida« deutlich.

Eine Kultur der Grenzverletzungen

Seit Anfang des Jahres 2010 beginnt eine wachsende Zahl von Fällen bekannt zu werden, bei denen Kinder und Jugendliche von katholischen Geistlichen und Internatslehrern sexuell missbraucht und misshandelt wurden. Nicht wenige Kommentatoren zeigen sich überrascht über das Ausmaß solcher Grenzverletzungen und darüber, dass diese so lange nicht öffentlich thematisiert wurden. Vor dem Hintergrund der deutschen Geschichte ist dies jedoch wenig überraschend: Wann hätten die Deutschen die Achtung vor den körperlichen und seelischen Grenzen ihrer Mitmenschen erlernen können? Denn unsere lange Tradition der Grenzverletzungen zieht sich bis in die Gegenwart:

Das Ende des Zweiten Weltkriegs ist für Millionen deutscher Kinder, Frauen und Männer mit massiven Grenzverletzungen verbunden. Das Leid der schätzungsweise 2 Millionen vergewaltigten Frauen ist bis heute kaum aufgearbeitet. Erst seit Anfang des neuen Jahrtausends wird das Tabu langsam überwunden: Durch die Wiederveröffentlichung der Tagebuchaufzeichnungen einer vergewaltigten Berlinerin (*Anonyma*, 2003) und deren Verfilmung *Anonyma – Eine Frau in Berlin*.[198]

Millionen von Kindern wachsen zwischen Trümmern auf, mit »Asche im Herzen«[199]. Sie erleben Bombenangriffe und oft den Verlust der Wohnung, Evakuierung oder Kinderlandverschickung, den lang anhaltenden oder dauernden Verlust des Vaters, Hunger, Unterernährung, Verarmung, Krankheiten und oftmals Vertreibung oder Flucht.[200] Auf den Schmerz und die Trauer dieser Generation machen Gertrud Ennulat (*Kriegskinder*, 2008) und Sabine Bode (*Die vergessene Generation*, 2015) aufmerksam. Angesichts dieser Tradition ist es plausibel, weshalb sich in Deutschland die Achtung vor den körperlichen und seelischen Grenzen des Menschen nur ganz langsam und spät entwickeln konnte.

In der DDR war die Menschenwürde zwar in der Verfassung verankert. So hieß es in Artikel 19 (Absatz 2 und 3): »Achtung und Schutz der Würde und Freiheit der Persönlichkeit sind Gebot für alle staatlichen Organe, alle gesellschaftlichen Kräfte und jeden einzelnen Bürger.« Jeder Bürger hat frei von »Ausbeutung, Unterdrückung und wirtschaftlicher Abhängigkeit« die gleichen Rechte und vielfältigen Möglichkeiten, um »seine Fähigkeiten in vollem

Umfang zu entwickeln und seine Kräfte aus freiem Entschluß zum Wohle der Gesellschaft und zu seinem eigenen Nutzen in der sozialistischen Gemeinschaft ungehindert zu entfalten.« Auf diese Weise verwirklicht er die »Freiheit und Würde seiner Persönlichkeit«. Die Beziehungen der Bürger sollten geprägt sein durch »gegenseitige Achtung und Hilfe, durch die Grundsätze sozialistischer Moral«.

Dies hinderte die DDR-Regierungen nicht daran, die Würde ihrer Bürger in vielfältiger Weise zu verletzen. Um nur einige Stichworte zu nennen: Durch die staatlichen Überwachungssysteme werden die DDR-Bürger systematisch ausspioniert; vor allem durch das 1950 gegründete Ministerium für Staatssicherheit (»Stasi«) mit seinen inoffiziellen und offiziellen Mitarbeitern. Im Oktober 1989 sind dies allein 91 000 hauptamtliche Mitarbeiter (zum Vergleich: Die Gestapo beschäftigte weniger als 10 000 Mitarbeiter).[201]

Das Grundbedürfnis nach Schutz der Privatsphäre wird staatlicherseits systematisch verletzt: Briefe werden geöffnet, Telefonate abgehört, Aussagen aus privaten Begegnungen protokolliert und an die Stasi weitergegeben. Dieses System hat Auswirkungen auf die zwischenmenschlichen Beziehungen, da kaum ein Raum als geschützt gelten und sich in der Folge nur schwer Vertrauen zwischen den Menschen entwickeln kann. So wird ein Klima der Verunsicherung und lähmenden Angst erzeugt. Das ganze Ausmaß der Überwachung kommt durch die Besetzung der Stasi-Zentralen durch Bürgerkomitees Ende 1989 ans Licht: Sechs Millionen Akten waren zusammengetragen, sogar Geruchsproben von Oppositionellen gesammelt worden. Besonders schmerzhaft ist es für diejenigen, die nun erfahren, dass sie von Freunden oder sogar Ehepartnern an die Stasi verraten worden waren.

Kritische Bürger werden eingeschüchtert, auch mit Morddrohungen und Entführungen. Oppositionelle wie Wolf Biermann, Jürgen Fuchs, Roland Jahn u.v.a. werden ausgebürgert; schätzungsweise 150 000 bis 250 000[202] werden mit Haft bestraft. Viele werden mit Folter gefügig zu machen versucht: mit Fußtritten, Schlägen mit Faust, Kabelenden oder Stöcken und mit psychologischem Terror. Verdächtige werden z. B. damit erpresst, dass ihren Familienangehörigen Konsequenzen angedroht oder angetan werden; sie werden mit gefälschten Briefen getäuscht; Verhöre dauern bis zu 14 Stunden; durch nächtliches An- und Ausschalten von Licht werden sie um den Schlaf gebracht u. v. a.[203]

Der Katalog von Strafen in der DDR umfasst neben Freiheitsstrafen auch Berufsverbote, Einschränkungen der Bildung, Ortsverweise, Zerstörung privater Beziehungen, gesellschaftliche Isolation sowie Entfremden oder Zwangsadoption der Kinder.[204] Die Todesstrafe kann ab 1949 und bis zu ihrer Abschaffung 1987 u. a. für Mord, Kriegsverbrechen, Spionage oder Sabotage verhängt werden. Sie wird über 160 Mal vollstreckt; die Hinrichtungen (per Guillotine oder »unerwarteten Nahschuss«) werden geheim gehalten.[205] Mehrere hundert Menschen werden bei Fluchtversuchen aus der DDR an der deutsch-deutschen Grenze getötet.[206]

Auch in der Bundesrepublik ist die Menschenwürde in der Verfassung verankert; Todesstrafe und Folter sind verboten. Dennoch werden immer wieder manifeste Würde-Verletzungen publik, z. B. wenn Demonstranten/-innen von Polizisten eingekesselt werden und über 10 Stunden ihre Notdurft öffentlich, innerhalb des Kessels, verrichten müssen. Vor allem im Umgang mit Asylbewerbern kommt es immer wieder zu Übergriffen, etwa als ein Migrant durch den Einsatz von Brechmitteln stirbt. Oder als ein Flüchtling bei der Abschiebung durch den Bundesgrenzschutz zu Tode geknebelt wird.[207]

2007 berichten die Medien, dass an einer bayerischen Polizeihundeschule junge Polizeibeamte Abfälle aus Hundefressnäpfen essen, Urin trinken oder auf allen vieren am Halsband laufen müssen.[208] Auch aus der Bundeswehr werden immer wieder Foltervorfälle publik. So werden 2004 in Coesfeld Soldaten gefesselt, mit Wasser abgespritzt und mit Elektroschock und Schlägen gequält. Im Februar 2010 wird bekannt, dass sich in Mittenwald Soldaten vor Kletterübungen vor ihren versammelten Kameraden entkleiden müssen. Wer in der internen Hierarchie aufsteigen will, muss entwürdigende Aufnahmerituale durchstehen, z. B. Alkohol trinken bis zum Erbrechen und rohe Leber essen. Vom Büro des Wehrbeauftragten werden solche Vorkommnisse gerne als Einzelfälle dargestellt.[209] Im Frühjahr 2017 allerdings werden immer mehr Fälle von Misshandlungen in Kasernen öffentlich; Bundesverteidigungsministerin von der Leyen attestiert der Bundeswehr ein »Haltungsproblem«[210].

Immerhin: Es besteht die Möglichkeit, dass solche Vorfälle öffentlich und gerichtlich angeklagt werden. Im Jahr 2015 wird ein Feldwebel der Deutsch-Französischen Brigade wegen Körperverletzung angeklagt; der Hauptbetroffene hatte ausgesagt, er sei als Gefreiter täglich beschimpft und geschlagen worden.

Mehrfach wurde die Bundesrepublik vom Europäischen Gerichtshof für Menschenrechte wegen Verstößen gegen die UN-Antifolterkonvention verurteilt. Als im September 2002 der Bankierssohn Jakob von Metzler entführt wird, lässt der Frankfurter Polizeipräsident Wolfgang Daschner dem Entführer Magnus Gäfgen durch einen seiner Beamten Folter androhen, um das Versteck des entführten Jungen herauszufinden. Im Dezember 2004 wird Daschner wegen Aussageerpressung zu einer Geldstrafe auf Bewährung verurteilt.

Zwar werden bis in die Gegenwart vereinzelt immer wieder Forderungen laut, die Folter in bestimmten Fällen offiziell zuzulassen, z. B. bei Terrorismus oder Entführung. Insgesamt scheint sich jedoch in Deutschland allmählich eine gewisse Aufmerksamkeit für die Menschenwürde entwickelt zu haben, zumindest: gegenüber *massiven*, manifesten Verletzungen. Diese Entwicklung wird relativiert durch einige gegenläufige Entwicklungen:

Heimliche Verletzungen

Viele Verletzungen der menschlichen Würde werden nicht publik, weil sie hinter verschlossenen Türen geschehen: von Privatwohnungen, Klassenzimmern, Beichtstühlen, Kasernen, Betrieben, Gefängnissen, Vereinen oder Internaten. Entsprechend hoch sind die Dunkelziffern, etwa bei häuslicher Gewalt: Eine repräsentative Untersuchung ergab, dass 40 Prozent der in Deutschland lebenden Frauen in ihrem Erwachsenenleben körperliche und/oder sexualisierte Gewalt erlebt haben. Das Bundesfamilienministerium schätzt, dass jährlich 50 000 bis 300 000 Kinder sexuell missbraucht werden. *Der Spiegel* geht davon aus, dass jedes vierte bis fünfte Mädchen und jeder neunte bis zwölfte Junge sexuell missbraucht werden;[211] 90 Prozent dieser Fälle geschehen im Nahbereich: in Familie, Nachbarschaft, Kita, Schule, Verein, Kirche und dergleichen.

Über Jahre wurde (wird?) die Privatsphäre Hunderttausender Menschen verletzt: die Mitarbeiter von Firmen wie Deutsche

Bahn, Lidl, Telekom und vielen anderen wurden (werden?) ausspioniert.

Gewöhnung

Viele Verletzungen der Würde sind so alltäglich, dass wir sie oft gar nicht bewusst wahrnehmen. Gewiss sind viele Deutsche freundlicher und weltoffener geworden; dies konnte etwa während der Fußball-Weltmeisterschaft 2006 beobachtet werden. In vielen Betrieben wurden die Mitarbeitenden in Kundenfreundlichkeit trainiert; dies macht sich bezahlt. Aber Kundenfreundlichkeit ist nicht dasselbe wie Achtsamkeit gegenüber der Würde des Menschen.

Wer in Deutschland aufwächst, erfährt Entwürdigungen von klein auf und lernt, diese zu verinnerlichen und hinter einer Maske zu verbergen – etwa dadurch, dass andere missachtet werden. Dies ist der heimliche Lehrplan in vielen Klassenzimmern, beruflichen Ausbildungen, Hochschulseminaren und Kasernen. Wer diese Lektion dann immer noch nicht gelernt haben sollte, der kann sich heute durch »Arroganz-Trainings« weiterbilden. Dabei lernen die Teilnehmerinnen u.a. Imponier- und Dominanzhaltungen zu spielen, so der Trainer Peter Modler.[212]

Heute wird die bundesrepublikanische Gesellschaft von einem Klima der Kälte und Rücksichtslosigkeit beherrscht. Emotional erstarrt (»cool«) zu sein, gilt als »in«. Die herrschende Sprache ist die der Manager: Wachstumsraten, Produktion, Märkte. Politik besteht aus Aktenkoffern, Limousinen, Pressekonferenzen und neuen Waffensystemen.[213] In dieser kalten Welt ist die Schöpfung nur dazu da, um nach Kosten und Nutzen, Preis und Leistung »gemanagt« zu werden. Vorfahrt haben die Starken, die Erfolgreichen, die Rücksichtslosen, die Schönen, die Schnellsten, die Lauten. Wer Menschlichkeit, Empathie, Hoffnung, Trauer oder Solidarität zeigt, der muss damit rechnen, als »Gutmensch« belächelt zu werden. Wer sich anderen gegenüber rücksichtsvoll verhält, gilt oft als schwach und »nicht durchsetzungsfähig«.

Viele dieser Symptome sind nicht auf Deutschland beschränkt. Léon Wurmser beschreibt die Gegenwart als »Zeitalter der Schamlosigkeit«[214]. Es gehört fast zum guten Ton, respekt- und ehrfurchtslos zu sein. Die niederländische Journalistin Myrthe Hilkens kritisiert die »Pornofizierung unserer Gesellschaft«[215]. Ein Beispiel von vielen sind die Werbeplakate, in denen Eisessen wie

Oralsex inszeniert ist. Vor einigen Jahren entdeckte ich in Herrentoiletten von Münchner Restaurants Plakate mit dem Slogan: »Voll dick und echte 19 cm lang«: Werbung für Micky-Maus-Hefte.

Weitere Symptome für die herrschende Schamlosigkeit sind die unfassbare Rücksichtslosigkeit und Geldgier vieler Manager. Oder die Erbarmungslosigkeit der Zugschaffnerin, die im Januar 2010 nachts um 22 Uhr bei minus 19 Grad ein 16-jähriges Mädchen aus dem Zug wirft, weil sie nur 5,10 Euro statt der verlangten 7,10 Euro für eine Fahrkarte bei sich hat.[216]

Neue Grenzenlosigkeiten

Microsoft verspricht mit Windows ein »Leben ohne Grenzen«, Toyota wirbt damit, dass nichts unmöglich ist. Die Illusion der Grenzenlosigkeit wird z. B. auch durch die vielbewunderten Helden der Arbeit vermittelt: scheinbare Übermenschen, die ihre Grenzen chronisch missachten, deren Tage aus mehr als 24 Stunden zu bestehen scheinen, in denen sie zig Überstunden einfahren und sich weiterbilden und sich politisch engagieren und kulturell auf dem Laufenden sind und täglich ihre Körper im Fitnessstudio stählen usw. Wie schaffen die das nur?

Zunehmend wird bei der Ausschreibung von Arbeitsplätzen die Verletzung der eigenen Grenzen von vornherein mit einkalkuliert, etwa durch unmenschliche Forderungen nach sogenanntem »Multitasking« und fast unbegrenzter Mobilität und Erreichbarkeit.

Unterstützt wird unsere herrschende Kultur der Grenzverletzungen durch die pharmazeutische Industrie, die immer neue Mittel auf den Markt wirft, deren Zweck es ist, den Menschen aufzuputschen und seine Begrenztheit zu manipulieren. Stets mit der unvermeidlichen Nebenwirkung, dass der Punkt der Erschöpfung umso später und heftiger eintritt: als Burnout-Syndrom, Zusammenbruch, Herzinfarkt oder Entzugssyndrom.

Einer dieser Wachmacher ist Amphetamin, das von den Nationalsozialisten entwickelt und unter dem Namen »Pervitin« massiv von Wehrmachtssoldaten eingenommen wurde; heute bekannt unter dem Namen »Speed«[217]. Wie Jörg Blech u. a.[218] berichten, nimmt gegenwärtig vor allem der Verbrauch sogenannter Neuro-Enhancer wie Ritalin stark zu. Mit dessen Wirkstoff Methylphenidat wird die Konzentrationsfähigkeit des menschlichen Gehirns künstlich erhöht. Es wird inzwischen häufiger als Kokain geschnupft; die Zahl der kassenärztlich verordneten Tagesdosen in Deutschland hat sich zwischen 1999 und 2008 von 8 auf 53 Millionen erhöht.[219] Nach einer anonymen Umfrage der Deutschen Angestellten Krankenkasse rüsten regelmäßig etwa 800 000 Deutsche ihr Gehirn chemisch auf. Noch verbreiteter sind diese Mittel in den USA; dort werden sie vor allem von Studenten und Wissenschaftlern eingenommen sowie von Börsenmaklern. Dies dürfte auch den moralischen Bankrott vieler Finanzmanager erklären.

Eine narzisstische Gesellschaft

Eine schamerfüllte Gesellschaft ist eine narzisstische Gesellschaft. Für den Psychologen Gerhard Dallmann ist Narzissmus »die Leitneurose der Gegenwart«[220].

Genauer betrachtet ist zwischen gesundem und übersteigertem (»pathologischem«) Narzissmus zu unterscheiden. Unter Letzterem versteht Neville Symington[221] die Anstrengungen eines Menschen, sich vor unerträglichen psychischen Schmerzen zu schützen, die in traumatischen Erfahrungen begründet sind, etwa als Kind missachtet worden zu sein. Wenn ein solches Trauma nicht durchgearbeitet werden konnte, schlägt es häufig um in Hass gegen die Grundtatsache der menschlichen Existenz: dass nämlich der einzelne Mensch immer in Beziehung zu anderen Menschen steht. Es fehlt dem oder der Betreffenden dann die Bereitschaft, die Welt mit anderen zu teilen. Dies kann zu einer Haltung führen, wonach z. B. die Autobahn *nur für mich* da ist: »schwache« Fahrzeuge müssen per Lichthupe, »Stinkefinger« und drängelndes Auffahren weggeschafft werden. Wonach die Stille der Nacht *nur für mich* existiert, damit *ich* sie mit dem Lärm *meines* Motorrades vernichte. Wonach eine Gesprächsrunde *nur für mich* da ist, auf dass *ich mich* in den Vordergrund stelle. Wonach der Rest der Menschheit nur den Zweck hat, *meinen* Wohlstand zu finanzieren, die Natur bloße Kulisse für *meinen* Fun ist.

Neville Symington vergleicht das pathologisch-narzisstische Selbst mit einem Vakuum oder einem »Wesen mit einem Außenskelett – ohne innere Struktur, ohne inneres Vitalitätsprinzip«[222]. Weil die eigene Bedürftigkeit nach Anerkennung überaus groß ist, werden andere Menschen funktionalisiert und narzisstisch missbraucht. Etwa indem das eigene Kind benutzt wird, um der Mutter Aufmerksamkeit, Bewunderung und Bestätigung zu geben, z. B. durch perfekte Schulleistungen. Es wird zu einem Objekt gemacht, um ein Loch im Selbstwertgefühl der Mutter zu stopfen wie eine Plombe.[223] So steht hinter pathologisch-narzisstischem Verhalten die Botschaft: »Beachtet mich! Hört mich an! Bewundert mich!«

Pathologischer Narzissmus ist eine Grundvoraussetzung der gegenwärtigen Warenwelt. Eine wachsende Zahl von Produkten wird mit dem Versprechen beworben, das beschädigte Selbstwertgefühl ihrer Käufer/-innen zu reparieren bzw. (was nur ein anderer Ausdruck dafür ist) ihre Scham zu kaschieren. Dieser Zusammenhang wurde vor einigen Jahren, zu Beginn des Irak-Krieges, durch ein interessantes psychologisches Experiment belegt.[224] Dabei wurden junge Männer durch verstecktes Theater zunächst beschämt, ehe sie befragt wurden. Dabei zeigte sich, dass die Versuchspersonen (häufiger als eine nicht beschämte Vergleichsgruppe) den Kauf protziger Geländewagen befürworteten – und den Irak-Krieg.

Outsourcing: Wir lassen entwürdigen

Viele Entwürdigungen sind außerhalb der Grenzen Deutschlands ausgelagert; »aus den Augen, aus dem Sinn«. Etwa indem die Warenproduktion in Länder der sogenannten »Dritten Welt« verlegt ist, wo billige Arbeitskräfte unter unwürdigen Bedingungen für den globalisierten Markt produzieren.

Ein zweites Beispiel ist die Katastrophe, die sich an den Rändern Europas abspielt: Die Freizügigkeit innerhalb Europas, die das Schengener Abkommen ermöglicht, wurde mit einer massiven Abschottung nach außen bezahlt. Während wir, wohlhabende Europäer, uns in der »Festung Europa« einigeln, wurde die Ausgrenzung der Armen an die Ränder Europas ausgelagert: Nacht für Nacht machen sich unzählige Asylsuchende von Küsten Nordafrikas oder des östlichen Mittelmeeres auf eine ungewisse Fahrt in der Hoffnung, die Küsten von Gibraltar, Südspanien, Malta, Lampedusa oder ostgriechischer Inseln zu erreichen; tausende verdursten oder ertrinken unterwegs.

Sie sind die Leidtragenden unserer verfehlten und strukturell entwürdigenden Politik gegenüber der sogenannten »Dritten Welt«. Es wäre zynisch zu sagen, es gebe kein Geld für eine menschenwürdige Betreuung von Flüchtlingen und für eine Politik, die die Fluchtursachen in deren Heimatländern beseitigt: Noch vor wenigen Jahren waren für die Rettung von Banken und deren astronomischen Managergehältern in kürzester Zeit Milliarden bereitgestellt worden.

entwuerdigung.de

Millionen von Fernsehzuschauern werden Tag für Tag zu Zeugen von Entwürdigung, Folter, Mord. Die schnelle Taktfolge, mit der Bilder von Flüchtlingen, Ertrunkenen und Ermordeten gezeigt werden, erlaubt keine Verarbeitung der damit verbundenen Emotionen (empathische Scham), denn sogleich kommt die nächste Meldung mit weiteren Bildern, anschließend die übernächste … Dies hat zur Folge, dass die Emotionen verdrängt werden müssen: Die Zuschauer stumpfen ab und verlieren ihre Leidenschaft, sich gegen das herrschende Unrecht zu engagieren. So verlieren sie ihre Integrität.

Regelmäßig werden Menschen in TV-Shows wie z. B. »Dschungelcamp« oder »Deutschland sucht den Superstar« vorgeführt, zum Gespött und verächtlich gemacht; etwa von Kommentatoren wie Dieter Bohlen. So tragisch es ist, wenn Menschen ihre Grenzen selbst nicht realistisch einschätzen und schützen können: Gerade solche Menschen sind es, die von den TV-Produzenten mit der Absicht gesucht werden, ihre Schwäche unbarmherzig einem Millionenpublikum vorzuführen: das »Sozial-Spanner-TV« – Formate, die »billig zu produzieren« und deren Quoten »okay bis brillant« sind.[225] Aufgrund der Abnutzungserscheinungen und Senderkonkurrenz wird das menschenverachtende Potenzial solcher Programme, wie bei einer Droge, immer noch mehr ausgeschöpft.

Die Entwicklung neuer Medien hat auch der Entwürdigung neue Möglichkeiten eröffnet: Eine täglich wachsende Zahl von Räumen und Plätzen wird mit Videokameras observiert. Schon heute werden Flugreisende durchleuchtet und abgetastet. Zu DDR-Zeiten mussten Informationen über das Privatleben der Bürger noch von Zehntausenden offiziellen und inoffiziellen

Stasi-Mitarbeitern in mühsamer Handarbeit zusammengetragen werden. Heute wird dies automatisch von Google erledigt: per Mausklick trägt jeder Nutzer zum Ausspionieren seiner selbst bei; viele Nutzer/-innen stellen private Photos im Internet aus. Immer mehr Menschen wird es ermöglicht, sich selbst öffentlich zu präsentieren. Die internetöffentliche Existenz wird zum Normalfall.[226] Wenn alles öffentlich wird, stellt sich die Frage neu, was »privat« ist. Auf diese Weise »droht das Ende der Anonymität im öffentlichen Raum«[227].

Der Computerwissenschaftler Jaron Lanier warnt vor den Entwürdigungen durch »Cyber-Mobbing«, die durch das Internet aufgrund seiner Anonymität befördert werden: »Wer anonym ist, muss keine Konsequenzen fürchten und erhält dennoch unmittelbare Genugtuung. Da wird ein biologischer Schalter umgelegt, und es entsteht eine richtige Meute.«[228] So gibt es Internetseiten, auf denen die Bilder, Namen, Adressen, Lebenswege und Vorlieben von Menschen veröffentlicht werden, die z. B. gegen Normen verstoßen haben; von schlechten Liebhabern, unliebsamen Lehrern oder Mitschülern; von Antifaschisten; Nacktaufnahmen der Exfreundin, um sich an ihr zu rächen. Oder die Adressen von Menschen, die Kinder missbraucht haben – oder die dies *angeblich* getan haben. Da es niemanden gibt, der die Beschuldigungen überprüft, haben die Gemobbten keine Chance, unliebsame Informationen über die eigene Person aus der weltweiten Öffentlichkeit zurückzuziehen.[229] Jaron Lanier bringt es auf den Punkt: »Das Netz erlaubt nicht, sich selbst neu zu erfinden. Es vergisst nichts.«[230]

Von personalen zu strukturellen Entwürdigungen

Viele Entwürdigungen sind schwer erkennbar, da sie auf die strukturelle Ebene verlagert sind. In Anlehnung an Johan Galtungs Begriff der strukturellen Gewalt[231] verstehe ich unter *strukturellen Entwürdigungen* alle Strukturen und Rahmenbedingungen, die entwürdigend wirken: die Menschen ausgrenzen, ihre Integrität oder ihr Schutzbedürfnis verletzen oder ihnen Anerkennung verweigern. Es bedarf dann nicht mehr Personen, die Mitmenschen verachten oder ausgrenzen *(personale Entwürdigungen)*, sondern dies wird durch Arbeitsabläufe, Informationsflüsse, Institutionen,

Werte, Normen, Diskurse, Architektur, Umgang mit Zeit und dergleichen erledigt.

Strukturell ausgrenzend wirken etwa die vielfältigen Mechanismen der Selektion, die in der deutschen Gesellschaft wirksam sind: Der Sozialwissenschaftler Stefan Selke weist beispielsweise darauf hin, dass die »Hälfte aller Anspruchsberechtigten auf Sozialleistungen ihre Bürgerrechte aufgrund von Scham nicht geltend [macht]«[232]. Diese personale Ebene wird strukturell dadurch ergänzt, dass Antragsverfahren häufig so bürokratisch, kompliziert und schwerverständlich sind, dass viele Antragsberechtigte resignieren.

Strukturell ausgrenzend ist z. B. auch die Deutsche Bahn; sie scheint nur für junge, gesunde, sportliche Menschen gemacht: Viele Anschlussverbindungen sind so knapp getaktet, dass tagtäglich unzählige Reisende von einem Gleis zum anderen hetzen müssen – gehbehinderte oder ältere Fahrgäste kommen da nicht mehr mit.

Aussortiert werden jedes Jahr rund 460 000 (5,8 Prozent) aller Kinder, indem sie in Sonder- oder Förderschulen geschickt werden (übrigens in Widerspruch zum Menschenrecht auf inklusive Bildung).[233] Aussortiert werden auch Kinder, die bereits im Alter von zehn oder elf Jahren »wenig begabt« zu sein scheinen (eine Praxis, die in anderen Ländern Kopfschütteln hervorruft). Ein Großteil der Bildungsausgaben landet ohnehin bei den höheren Schulen; so werden die Schwächeren nochmals benachteiligt.[234] Darüber hinaus konzentriert sich die Mehrzahl der Fördermittel und -projekte, auch von öffentlichen und privaten Stiftungen, auf diejenigen Kinder und Jugendlichen, deren Begabungen sowieso schon erkannt und gefördert wurden; für die Aussortierten interessieren sich nur wenige.

So verkommt ein großer Teil der Heranwachsenden in den – politisch und finanziell sträflich vernachlässigten – »unteren« Schulformen; sie sind beruflich nahezu chancenlos. Diese jungen Menschen werden dem Teil unserer Gesellschaft zugeschlagen, der als »Wohlstandsmüll« gilt: Menschen, »die für ›überflüssig‹ erklärt wurden«[235], so der Soziologe Zygmunt Baumann. Es gehört zur Routine, sie nur noch als finanzielles Problem zu behandeln: »Sie müssen ›versorgt werden‹.«[236] Was all diese Menschen »können, braucht keiner, was sie denken, schätzt keiner, und was sie fühlen, kümmert keinen«, so Heinz Bude. Es ginge dabei nicht um einige »Zehntausend unglückseliger und verlorener Existenzen«, sondern um »Millionen von Ausgeschlossenen«[237].

Strukturell entwürdigend sind auch die triste Architektur vieler Schulgebäude und ihre hässlichen Räume; langweilige und versiegelte Schulhöfe; überfrachtete Lehrpläne; überfüllte Klassenzimmer; pädagogisch unsinnige Zeitstrukturen und Fächergrenzen; unzureichende Angebote und Strukturen der Aus- und Weiterbildung von Lehrern und vieles mehr. All dies macht die Schule für viele Lehrende wie Lernende zu »Orten des Grauens«[238].

Noch grauenhafter wird die Situation dadurch, dass die Pädagogik zunehmend von Konzepten aus dem Management dominiert wird. Es herrscht die Vorstellung, der Unterricht könne durch noch mehr Kontrollen, noch mehr Standards und sogenanntes »Qualitätsmanagement« verbessert werden.[239] Die Idee klingt verführerisch (wer könnte schon etwas gegen mehr Qualität haben?). Der Irrtum besteht darin, dass Qualität nicht machbar ist durch mehr und immer noch mehr Quantität: Viele Lehrende werden mit einer Unzahl bürokratischer Auflagen, Formulare, Fragebögen und vielem mehr erdrückt. Mit der Folge, dass sie noch weniger Zeit für die pädagogische Arbeit mit den Kindern haben. Diese besteht im Kern in gelingender Lernbeziehung.[240] Beziehung ist aber nicht per Management »machbar«. Auch nicht die Beziehungen innerhalb des Lehrerkollegiums, die wesentlich für das Lernklima einer Schule sind. So berichtete mir eine Lehrerin, dass sie von ihrer Schulleiterin per E-Mail (!) über den Tod eines ihrer Schüler informiert wurde. Ein solcher Fall ist im Qualitätsmanagement halt nicht vorgesehen. Obwohl sich in den USA zeigte, dass die Schulen mit solchen Maßnahmen nicht besser werden, werden sie trotzdem in Deutschland zunehmend umgesetzt. Bauer beschreibt diese Entwicklung zu Recht als beängstigend: »zu sehen, wie sich um die Schulen herum ein immer größerer, immer teurerer Apparat von Verwaltungsleuten und Statistikern etabliert und für sich in Anspruch nimmt, der Schule zu dienen, während Lehrerinnen und Lehrer sich nach wie vor in zu großen Klassen und einem unzureichend ausgestatteten Schulsystem abmühen.«

Ein weiterer Aspekt struktureller Entwürdigung ist Geschwindigkeit, eine Form von Gewalt, so der Philosoph Paul Virilio[241]. Zeitdruck zerstört Beziehungen; dies ist besonders fatal in Arbeitsfeldern, in denen es im Kern auf Beziehung ankommt: auf Arbeit mit Menschen wie z. B. in der Pädagogik, aber auch in der Pflege. Denn Beziehung ist nicht beliebig beschleunigbar, ebenso wenig wie Lernen, Entwicklung oder Gesundung. Diese Begrenztheit unserer menschlichen Existenz wird z. B. verletzt, wenn Schüler in nur acht Jahren fast dieselbe Stoffmenge erlernen sollen, für die früher neun Jahre vorgesehen waren. »Lerne schneller!« ist so unsinnig wie z. B. an einer Pflanze zu zerren, auf dass sie schneller wachse.

Strukturell ausgrenzend ist auch der Zeittakt an deutschen Schulen; Spätaufsteher (sogenannte »Eulen«) werden benachteiligt. Zahlreiche Studien haben belegt, dass hormonbedingt mit der Pubertät die Leistungsfähigkeit vieler Jugendlicher am Morgen abnimmt; ideal wäre ein Unterrichtsbeginn ab 9 Uhr. Der Schulalltag würde ruhiger und ausgeglichener, wie an einer Schule beobachtet wurde, die mit einem späteren Beginn experimentiert hat. Das Modell dort habe sich bewährt, wie der Schulleiter sagt.[242] Warum wird diese Einsicht nicht umgesetzt? Die frühere Bundesfamilienministerin Kristina Schröder sieht die Ursachen in der deutschen Kultur, wonach frühes Aufstehen für Disziplin, Redlichkeit und Rechtschaffenheit steht. Sie hatte sich für eine Umstellung engagiert und viele Briefe aufgebrachter Eltern und Großeltern erhalten: »Wenn das so weitergeht, ziehen wir Generationen von Sensibelchen heran.«[243] Da ist sie wieder: diese deutsche Angst vor »Schwäche«.

Eine Kultur der Entwürdigungen – und ihre Folgen

Angesichts dieser Bedingungen ist es wenig erstaunlich, dass für viele Heranwachsende Schule kein Ort des Lernens ist; unserem Schulsystem gelingt es weniger gut als anderen Staaten, diejenigen jungen Menschen zu fördern, die in Debatten gerne als »schwache Schüler« dargestellt werden.

Das gilt vor allem für Heranwachsende aus armen Familien und mit Migrationshintergrund. Nur 5 Prozent aller türkischstämmigen Personen erreichen einen akademischen Abschluss.[244]

Dies ist nicht nur bedauerlich, weil hier Milliardenbeträge in einen unproduktiven Apparat gesteckt werden und weil verfehlte

Integration Lasten von jährlich 16 Milliarden Euro verursacht, wie eine Studie der Bertelsmann-Stiftung von 2008 schätzt.[245] Viel schlimmer ist es, dass Jahr für Jahr zigtausende junger Menschen um ihre Lebenschancen gebracht werden, dass unermessliche Entwicklungspotenziale blockiert werden und dass die Lebendigkeit, Gesundheit und Kreativität unzähliger Menschen kaputt gemacht wird. Bastian B., der Amokläufer von Emsdetten im November 2006, ist dafür nur ein Beispiel. Hunderttausende andere Schüler verarbeiten das Elend mit anderen Methoden:

- Etwa jedes dritte Kind ist in ergotherapeutischer, psychotherapeutischer oder logopädischer Behandlung. Es wird geschätzt, dass etwa jeder siebte Schüler unter Ängsten leidet; mehr als jeder zweite hat chronische gesundheitliche Beschwerden; etwa jeder siebte bis elfte hat körperliche Symptome ohne körperliche Ursache, wie sie durch Angst- und Stresszustände verursacht werden. Etwa jeder siebte Heranwachsende ist gefährdet, im Laufe seiner Jugendzeit eine Depression zu erleiden.[246]
- Jeden Tag begehen drei Jugendliche in Deutschland Suizid (und mehr als zehn versuchen es). Damit ist Suizid (gleich nach Verkehrsunfällen) die zweithäufigste Todesursache unter jungen Menschen.
- Ärzte warnen vor einer Welle des Ritzens unter Jugendlichen. Eine Studie ergab, dass jeder Vierte der 14- bis 17-Jährigen sich zumindest schon einmal absichtlich verletzt hat; etwa jeder Elfte tut dies immer wieder.
- Es wird geschätzt, dass jedes dritte Mädchen Essstörungen hat, auch eine wachsende Zahl von Jungen. Magersucht (Anorexia nervosa) und Ess-Brechsucht (Bulimia nervosa) können schwerwiegende Gesundheitsschäden verursachen, für tausende junger Menschen sind sie tödlich.[247]
- Spätestens seit dem verzweifelten Notruf der Berliner Rütli-Schule ist bekannt, dass viele unserer Schulen von einem Klima eskalierender Gewalt, Respektlosigkeit und Ohnmacht geprägt sind. Zum Beispiel wird jeder sechste 15-jährige Schüler innerhalb eines Jahres das Opfer von Gewalt; jeder Dritte ist selbst Täter, überwiegend von Vandalismus, Ladendiebstahl, Körperverletzung oder anderen Formen der Gewalt. Jeder fünfte Hauptschüler hat schon mal so hart zugeschlagen, dass sein Opfer zum Arzt musste. Nach einer Untersuchung des Krimi-

nologischen Forschungsinstituts Niedersachsen äußerte sich ein Drittel der Jungen und ein Viertel der Mädchen ausländerfeindlich.

Diese Vorkommnisse sind es, die im Mittelpunkt unserer Aufmerksamkeit stehen müssten. Sie belegen, dass etwas im Umgang mit unseren Kindern und Jugendlichen katastrophal falsch läuft. Diese Katastrophe wird m. E. wesentlich durch Verletzungen der menschlichen Würde mitverursacht, wie sie tagtäglich in unserem Land, auch an unseren Schulen, geschehen. Darauf haben Bastian, Tim, David u. v. a. in eindrücklicher Weise hingewiesen – die bundesrepublikanische Öffentlichkeit und Bildungspolitik hat sich bisher beharrlich geweigert, dies zur Kenntnis zu nehmen.

Was ist zu tun? Wie können wir verhindern, dass Entwürdigungen weiter und immer noch weitergereicht werden, von Generation zu Generation? Wie können wir unsere Schulen zu Räumen der Menschenwürde machen? Wie kann die Arbeit mit Menschen, etwa in Schule, Pflege, Medizin, Seelsorge, sozialer Arbeit oder anderen Arbeitsfeldern so gestaltet werden, dass alle Beteiligten in ihrer Würde – in ihren Grundbedürfnissen nach Schutz, Zugehörigkeit, Integrität und Anerkennung – geachtet werden? Wie können wir unsere Gesellschaft zu einem Raum der Menschenwürde verändern? Wie können wir, mit anderen Worten, den allerersten Satz unseres Grundgesetzes endlich verwirklichen?

Zwischenresümee

Im zweiten Teil dieses Buches habe ich zu zeigen versucht, wie massiv wir Deutschen über Jahrhunderte durch Verletzungen unserer Würde geprägt werden. Diese Tradition konnten wir nicht einfach dadurch abstreifen, dass wir die militärische Niederlage des Nationalsozialismus zur »Stunde Null« erklärten und uns am 23. Mai 1949 eine demokratische Verfassung gaben. So wichtig ist es, dass gleich in Artikel 1 unseres Grundgesetzes die Menschenwürde betont wird: Ebenso wichtig ist es, dass dieser Begriff von den Bürgern als etwas ganz Konkretes verstanden und gelebt wird.

Dabei kann es nicht darum gehen, unsere Tradition »loszuwerden«, sondern sie zuallererst in ihrer ganzen Bedeutung für unser Gewordensein anzuerkennen und in eine Kultur der Menschenwürde umzuwandeln. Jede/-r Einzelne kann dazu beitragen. Es gilt wahrzunehmen, wie unsere heutige Gesellschaft und viele unserer Haltungen und Strukturen durch unsere Geschichte geprägt sind. Und es gilt zu erkennen, dass mit Denk- und Verhaltensweisen, die in unserer traumatischen Vergangenheit wurzeln – vom Dreißigjährigen Krieg und Feudalismus bis hin zum Nationalsozialismus –, die Herausforderungen des 21. Jahrhunderts nicht zu lösen sein werden.

Es geht um die Frage, wie wir miteinander umgehen. Seit dem Zusammenbruch der kommunistischen Staaten Osteuropas werden soziale Fortschritte in atemberaubender Geschwindigkeit um Jahrzehnte zurückgeschraubt. Die Kluft zwischen Arm und Reich wird immer tiefer gerissen. Wer sollte den neoliberalen Kapitalismus noch davon abhalten, unser Land in einen Zustand zu verändern, wie er heute in vielen Ländern der sogenannten »Dritten Welt« und in wachsenden Teilen der USA herrscht: Die Reichen verbarrikadieren sich hinter bewachten Ghettos des Wohlstands, während immer größere Teile der Bevölkerung verarmen und das Land verwahrlost? Ich kann nur eine Kraft erkennen, die diese Entwicklung aufzuhalten vermag: die Kraft, die aus der schmerzhaften Erinnerung an erlittene Beschämungen und der Sehnsucht nach einem würdigen Miteinander erwachsen kann.

In diesem Teil habe ich darzustellen versucht, welchen großen Erfindungsreichtum wir Deutschen im Verlauf unserer Geschichte entwickelt haben, wenn es gilt, Mitmenschen zu entwürdigen – stets auf dem jeweiligen Stand der Technik. Wie aber könnte es uns gelingen, unsere ganze menschliche Kreativität für eine Kultur der Menschenwürde freizusetzen? Dies ist Thema des folgenden Teils dieses Buches.

Teil 3
Wege zur Menschenwürde

»Hoffnung ist in das Gelingen verliebt«, heißt es zu Beginn von Ernst Blochs *Prinzip Hoffnung*. Beides gehört zusammen: Erst die Hoffnung auf Gelingen bereitet auch den Weg dorthin. Gleichzeitig nährt sich Hoffnung von Gelingendem, von den Erfolgen unterwegs. Im dritten Teil dieses Buches möchte ich Wege aufzeigen, wie es uns gelingen kann, unsere jahrhundertelange Tradition der Entwürdigungen in ein menschenwürdiges Miteinander umzuwandeln.

Die folgenden Ausführungen sind in drei Kapitel unterteilt:

1. Die Sorge für die Würde der eigenen Person (»Ich«), z. B. des Lehrers oder Hochschullehrers, der Pflegerin oder Medizinerin, des Seelsorgers, Psychotherapeuten, Helfenden usw.
2. Die Sorge für die Würde der Menschen (»Du«), mit denen wir jeweils arbeiten: der Schüler, Patienten, Klienten usw.
3. Die Sorge für würdige Rahmenbedingungen dieser Arbeit. Hier geht es um strukturelle Faktoren wie Architektur/Innenarchitektur, Informationswege, Leitbild einer Einrichtung, Betriebsklima, Umgang mit Zeit, Geld oder anderen Ressourcen sowie, in weiterem Sinne, die Einflüsse von Gesellschaft und ihrer Tradition, öffentlicher Meinung.

Diese drei »Dimensionen« werden in den folgenden Buchkapiteln in ihrer Bedeutung für die Würde des Menschen durchbuchstabiert. Dabei orientiere ich mich an den vier Grundaspekten der Würde, die im ersten Teil dieses Buches entwickelt wurden: den Bedürfnissen nach Anerkennung, Schutz, Zugehörigkeit und Integrität.

Aus Platzgründen können hier nicht alle Berufe, in denen Menschen mit Menschen arbeiten, in gleichem Umfang berücksichtigt werden. Was im Folgenden am Beispiel der einen oder anderen Berufsgruppe dargestellt wird, ist auf andere Tätigkeiten übertragbar. Der Schwerpunkt liegt auf pädagogischen Berufen, denn Lehrende sind immer auch Multiplikatoren; ihre Haltungen haben damit große Auswirkungen auf künftige Generationen. Ein beschämender Vorgesetzter in der Wirtschaft beschädigt, schlimm genug, seine Mitarbeitenden und Firma. Ein beschämender Lehrer wirkt jedoch auf tausende junger Menschen in einem frühen, entwicklungsgeschichtlich entscheidenden Lebensalter; damit prägt er unzählige künftiger Eltern, Kollegen, Vorgesetzte und Lehrer.

Im Mittelpunkt jedes der folgenden Kapitel stehen Fragen, die sich in meinen Seminaren zum Thema dieses Buches als fruchtbar erwiesen haben. Die Fragen werden ergänzt durch einige Kommentare und positive Beispiele. Viele Anregungen habe ich von Teilnehmenden meiner Fortbildungen erhalten; dafür bin ich ihnen sehr dankbar.[248]

Beginnen wir mit dem schwierigsten Kapitel: mit der Beziehung zu sich selbst (»Ich«) und der Sorge für die eigene Würde.

I. Menschenwürde und die Beziehung zu sich selbst: die Sorge für die eigene Würde

Im Jahr 2004 stellten die Bürgerinitiativen Aktion Gemeinsinn und BürgerKonvent die Kampagne »Beweg Dich. Damit sich was bewegt« vor. Die Bürger/-innen sollen auf diese Weise »zu eigenem praktischem Handeln« motiviert werden. Das Ziel dieser Aktion sollte eine Gesellschaft sein, in der »jeder Einzelne mehr Verantwortung übernimmt und sich selbst aktiv einmischt, einen ganz persönlichen Beitrag dazu leistet, dass sich die Gesellschaft zum Positiveren verändert«[249]. Die Kampagne besteht aus einer Reihe von Plakaten, die bundesweit als Anzeigen in die Medien gebracht werden. Sie zeigen jeweils eine Person, die sich selbst bzw. ihren Schatten schlägt, tritt oder an den Haaren zieht und sich selbst als »faulen Sack«, »Dumpfbacke« oder »Meckerliese« beschimpft.

Ich halte diese Aktion für fatal. Sie steht ganz in der unheilvollen Tradition der Schwarzen Pädagogik und deren Strategie, wonach Menschen dadurch zu verbessern seien, dass sie beschämt werden bzw. sich selbst beschämen. Durch solche Plakate werden die Probleme, die sie zu beheben beanspruchen, nur noch verschlimmert. Gesellschaftliche Zerfallsprozesse sind nicht dadurch aufzuhalten, dass die Scham der Bundesbürger noch vermehrt wird. Der Ausweg besteht vielmehr darin, dass die Menschen sich ihre Scham eingestehen und diese verwandeln. Auf diesem Weg können sie wieder Zugang zu ihren kreativen Potenzialen bekommen, die wiederum in die Gesellschaft einfließen.

Aufarbeiten der Scham ist notwendig, weil in jeder Begegnung, in jeder Arbeit mit Menschen die eigene Schamgeschichte berührt und aktualisiert werden kann. Wenn wir diese nicht kennen, besteht die Gefahr, dass wir unser eigenes Schamschicksal am anderen wiederholen: Dass wir dem »Du« das antun, was uns in unserer Vergangenheit selbst angetan wurde. Dass wir uns so verhalten, wie wir es – aufgrund des »heimlichen Lehrplans« von Erziehung, Schule, Hochschule, Ausbildung, Militär usw. – einst erlernt haben. Ein Beispiel dafür war oben zitiert worden: Ein Lehrer, der sich darüber bewusst wird, dass er Beschämungen, die er einst als Schüler durch seine Lehrer erlitten hatte, später als Lehrer selbst an seinen Schülern wiederholt.

Nicht beschämende Kommunikation kann man sich jedoch nur bedingt »vornehmen«; oberflächlich verstandene Freundlichkeitstrainings sind nur begrenzt hilfreich. Denn wie bei den guten Vorsätzen an Silvesterabenden besteht die Gefahr, dass alte Verhaltensmuster, die von Kindheit an eingeübt wurden, sich als resistenter erweisen. Die Gefahr der Wiederholung ist umso größer, wenn wir selbst ausgebrannt sind, unter Stress stehen oder beschämt werden.

Daher ist es notwendig, sich die eigenen Prägungen im Umgang mit Scham bewusst zu machen und aufzuarbeiten. Auf diesem Weg können beschämende Verhaltensmuster *ver*lernt und andere, wertschätzende Beziehungen *er*lernt werden. Dieser Lernprozess sollte meines Erachtens fester Bestandteil in der Ausbildung aller Berufe werden, in denen mit Menschen gearbeitet wird.

Schamgefühle »merken«

Die eigene Schamgeschichte sich bewusst machen, wie geht das? Der erste und wichtigste Schritt besteht darin, Schamgefühle überhaupt wahrzunehmen, sie anzuerkennen. In Umkehrung des Titels eines bekannten Buches von Alice Miller besteht die Aufgabe darin: »Du sollst merken«.[250] In der Regel merken wir diese Gefühle ja selbst oft nicht, weil sie hinter anderen, schamabwehrenden Verhaltensweisen verborgen werden.

Ist diese Abschottung erst einmal überwunden, ist es fast unvermeidlich, dass uns Situationen einfallen, in denen wir uns geschämt haben. Für Menschen mit einer traumatischen Schamgeschichte kann es vielleicht notwendig sein, sich für die weitere Aufarbeitung Begleitung oder professionelle Hilfe zu holen, z. B. durch Psychotherapie.

In weniger schwerwiegenden Fällen kann es hilfreich sein, seine spontanen Erinnerungen zu Selbstreflexionen festzuhalten und zu systematisieren. Etwa durch das Schreiben eines Scham-Tagebuchs oder einer Scham-Autobiographie, worin wir unsere betreffenden Erinnerungen, Gedanken, Gefühle, Assoziationen, Beobachtungen usw. notieren. Dabei können Fragen wie die folgenden hilfreich sein, mit denen ich Sie zur Selbstreflexion einladen möchte:

- Wann habe ich mich geschämt? Welche Situationen fallen mir ein? Welche Muster schälen sich heraus: Wofür schäme ich mich?
- Wie habe ich reagiert? Welchen Umgang mit Schamgefühlen habe ich (z. B. von Familie, Schulkameraden, Lehrern, Ausbildnern, Hochschullehrenden, Kolleginnen oder Vorgesetzten) erlernt? Wie reagiere ich, wenn ich beschämt, ausgegrenzt oder gemobbt werde, wenn ich mich bloßgestellt fühle oder wenn ich mich vor mir selbst schäme?

In einem nächsten Schritt können wir uns einige besonders eindrückliche Schamsituationen genauer anschauen und befragen:

- Um welche Form von Scham ging es in diesen Erlebnissen jeweils? Habe ich mich vor anderen oder vor mir selbst geschämt? Wurde die Scham durch Grenzverletzung ausgelöst? Durch den Verlust von Zugehörigkeit oder Integrität? Oder durch fehlende Anerkennung bzw. Beschämung? In welchem meiner Grundbedürfnisse bin ich besonders verletzbar?
- Was hätte mir in der betreffenden Situation geholfen? Was hätte ich damals gebraucht, um jenes Schamerlebnis besser zu überstehen? Welche Unterstützung von Familienangehörigen, Erzieherinnen, Freunden, Lehrern, Vorgesetzten, Kolleginnen usw. hätte ich mir gewünscht?
- Was hätten diese Personen tun können, um jene Scham erträglicher zu machen? Wie hätten sie mir helfen können, jene Schamerfahrung konstruktiv zu verarbeiten, sie in einen konstruktiven Lernprozess umzuwandeln?

Darüber hinaus ist zu überlegen, ob wir uns etwas von der Unterstützung, die uns früher vielleicht gefehlt hat, heute selbst geben können. Damals, zur Zeit eines erinnerten Schamerlebnisses, waren wir vielleicht noch Kinder oder Jugendliche, mehr oder weniger abhängig von der Unterstützung durch Erwachsene. Heute jedoch, als Erwachsene, haben wir viel mehr Handlungsmöglichkeiten und können etwas von dem nachholen, was uns damals gutgetan hätte.

Es kann auch heilsam sein, Erinnerungen an Menschen würdigende Erfahrungen zurückzurufen und in einem »Würde-Tagebuch« festzuhalten. Etwa Erinnerungen an Situationen, in denen wir uns als selbstbewusst erlebt haben, oder an Menschen, die hilfreich waren:

- Welche Entwicklungsschritte wurden durch Schamsituationen ausgelöst? Wie haben sie mich zu der Person gemacht, die ich heute bin?
- Wer oder was hat mir damals geholfen? Von wem und in welcher Form habe ich Unterstützung bekommen? Welche Menschen waren Resilienzfaktoren für mich? Wie haben sie mir geholfen, eine schwierige Lebenssituation zu bewältigen?
- Was habe ich von diesen Personen gelernt? Was davon könnte ich heute mir selbst geben?

Vielen Menschen ist das Bewusstsein ihrer Würde abhandengekommen. Die Psychotherapeuten Udo Baer und Gabriele Frick-Baer fragen daher ihre Klienten: »Erinnern Sie sich an eine Situation, in der Sie sich würdevoll gefühlt haben? Wer hat Sie in Ihrem Leben gewürdigt?«[251]

So berichtet z. B. eine Person von einem Lehrer, der an sie geglaubt hat, während ihre Eltern sie immer nur als »Dussel« bezeichneten. Die beiden Therapeuten arbeiten auch mit inneren Bildern: Bei dieser Imaginationsübung soll man versuchen, ein inneres Bild der Würde in sich entstehen zu lassen. Wenn sich das innere Bild nach einiger Zeit – einigen Stunden oder auch erst einen Tag später – entwickelt, kann es in unterschiedlichen Farben oder Formen erscheinen; Gegenstände, Landschaften, Menschen, Tiere oder Pflanzen sind möglich, vielleicht auch bestimmte Szenen. Wichtig ist es, für sich ein eigenes, persönliches Bild von der Würde zu finden und sich darauf einzulassen.[252] Die Autoren empfehlen, das Bild der Würde auch zu malen, in einer Körperhaltung oder -bewegung zu verankern oder einen Würde-Begleiter zu visualisieren: eine Figur, die ihren Klienten hilft, ihre Würde zu entwickeln und zu verteidigen. Wenn z. B. eine schwierige Entscheidung ansteht, kann man sich fragen: Was würde mein Würde-Begleiter dazu sagen? Häufig wissen die Klienten und Klientinnen, wie Baer und Frick-Baer beobachteten, die Antwort ihrer Begleiter.[253]

Im Kern geht es darum, ein Bewusstsein für die eigene Würde zu finden, an sie zu glauben und sie zu entwickeln. Die eigenen Gefühle, Gedanken und Werte ernst zu nehmen und für sie einzutreten. Seinen eigenen Werten treu zu bleiben und den eigenen Lebenssinn zu verwirklichen (oft begnügen wir uns mit dem, was Erfolg verspricht). Eine liebevolle Beziehung zum eigenen Körper und zur eigenen Sexualität zu gewinnen (oft wird der Körper nur als Objekt, als Maschine, betrachtet, die zu funktionieren hat). An die eigene Kreativität zu glauben und diese zu entfalten. An seinem Ausdruck zu arbeiten, z. B. an Stimme, Körpersprache, Haltung, Sprache oder Engagement. Seine eigene Geschichte, auch die Misserfolge, zu würdigen. Die eigene Zeit und Geschwindigkeit sowie den eigenen Lebensrhythmus anzuerkennen (unser Schulsystem honoriert ja nur die schnellen Lerner).

Es geht darum, für die eigene Würde zu sorgen: für Anerkennung, Schutz, Zugehörigkeit und Integrität in Bezug auf die eigene Person. Dazu einige Gedanken:

Die Sorge für die eigene Anerkennung

... beginnt damit, dass wir uns selbst zugestehen, Anerkennung zu brauchen. Dies ist kein Anzeichen für Schwäche, sondern Ausdruck der Tatsache, dass wir Menschen sind und daher »erst mit dem Anerkanntwerden durch Andere, ebenso mit der Anerkennung Anderer zu Menschen werden«[254]. Anerkennung ist ein menschliches Grundbedürfnis.

Die Sorge für die eigene Anerkennung ist besonders wichtig in einer Gesellschaft wie der deutschen, die sehr freigiebig mit Beschämung, Verachtung, Ausgrenzung, Negativismus und Zynismus ist, jedoch überaus geizig mit Wertschätzung. Der Satz »Liebe deinen Nächsten wie dich selbst« gilt zwar als grundlegend für die christlich geprägte Kultur. Häufig jedoch wird die zweite Satzhälfte übergangen. Sich selbst Anerkennung zu geben, wird nicht selten als »stinkendes Selbstlob« abgetan, als egoistische Selbstverliebtheit.

Dabei ist eine gesunde Balance zwischen beiden Polen unverzichtbar, wie es durch das »wie« in der Mitte dieses Satzes zum Ausdruck kommt: »Liebe deinen Nächsten *wie* dich selbst.« Wenn wir immer nur geben und geben, stets nur für andere da sind, besteht die Gefahr, dass wir mit der Zeit immer leerer werden und ausbrennen.

Selbstanerkennung ist nicht zu verwechseln mit dem pathologischen Narzissmus, wie er der heutigen Konsumwelt zugrunde liegt. Die schrillen Slogans, die lärmenden Sprecher, die aufdringlichen Werbeplakate – sie alle wollen nur unser Bestes: unsere Aufmerksamkeit. Wie lange werden sie diese noch bekommen?

Die Freiheit über die eigene Aufmerksamkeit und dadurch die eigenen psychischen Kräfte zurückzugewinnen: Dies ist Anliegen etwa von buddhistisch orientierten Meditationen und Achtsamkeitsübungen. Auf diese Weise wird erfahrbar, dass Aufmerksamkeit beobachtet und gelenkt werden kann; dass sie nicht unvermeidbar von außen, nach dem Belieben anderer (z. B. Werbung), von uns »abgesaugt« werden kann. Für den buddhistischen Mönch und politischen Aktivisten Thich Nhat Hanh ist Achtsamkeit die Kunst, in jedem Augenblick geistig ganz *präsent* zu sein, indem die eigenen Gefühle aufmerksam und bewertungsfrei registriert werden.

Achtsamkeit bedeutet, sich bewusst zu sein, was im gegenwärtigen Augenblick, im Hier und Jetzt geschieht, das heißt eine bewusste Aufmerksamkeit für sich selbst und seine Umgebung zu entwickeln. Achtsamkeit bezieht sich dabei sowohl auf den eigenen Körper, dessen Vorgänge und Wahrnehmung, wie etwa beim Gehen, Essen oder beim Trinken eines Tees, als auch auf den Geist: sich bewusst werden, wie rege der eigene Geist ist, welche Gedanken wir haben und welche Gefühle in uns vorherrschen. Wir werden aufmerksam für unsere Motive, die hinter unseren Worten und Taten stehen.

Achtsamkeit kann sich auch auf die Umgebung richten, auf unsere Beziehungen zu anderen Menschen, Tieren, Pflanzen. »Alles, was wir denken, sagen und tun, können wir durch unsere Achtsamkeit beleuchten. Indem wir uns dessen bewusst werden, haben wir die Wahl zu entscheiden, ob wir so weitermachen oder etwas ändern möchten.« In diesem Sinne bedeutet Achtsamkeit eine neue Freiheit für uns selbst: Freiheit in Bezug auf unsere Gedanken und Gefühle, unsere Wahrnehmung und dadurch auch auf unsere Verhaltensweisen. Schmerzhafte Gefühle wie Scham, Ärger oder Verzweiflung können erkannt, angenommen und transformiert werden. Wir werden nicht länger von ihnen bestimmt, sondern können selbst über uns und unseren Umgang mit unserer Umgebung bestimmen. »Dadurch lösen wir uns immer mehr von Verhaltensweisen, die uns selbst und Andere leiden lassen.«[255] Wie wichtig dies ist, machen auch diese Verse zu einer achtsamen Haltung aus dem jüdischen Talmud deutlich:

»Achte auf deine Gedanken, denn sie werden Worte.
Achte auf deine Worte, denn sie werden Handlungen.
Achte auf deine Handlungen, denn sie werden Gewohnheiten.
Achte auf deine Gewohnheiten, denn sie werden dein Charakter.
Achte auf deinen Charakter, denn er wird dein Schicksal.«[256]

Die Sorge für den Schutz der eigenen Grenzen

... beginnt damit, dass wir unsere persönlichen Grenzen überhaupt wahrnehmen (»merken«) und anerkennen. Wenn beispielsweise ein Schüler einen Lehrer anspricht, macht es den entscheidenden Unterschied, ob der Gefragte sagt: »Hau bloß ab, lass mich in Ruhe« – oder ob er *merkt,* dass sein Bedürfnis nach Schutz tangiert ist. Sobald das Schutzbedürfnis bewusst gemacht wird, kann es auch respektvoll kommuniziert werden: »Ich brauche jetzt etwas Zeit für mich. In zehn Minuten bin ich für dich da.«

Es geht um das Wahrnehmen der Grenzen zwischen privat und nicht privat, persönlich und beruflich, intim und öffentlich; auch der Grenzen, die uns durch unser Menschsein, unseren Körper und dessen Zeitlichkeit vorgegeben sind. Die Leistungsfähigkeit etwa unserer Muskeln, Organe und unseres Gehirns sind begrenzt. Früher oder später kommt jeder Mensch an den Punkt, an dem er sich ausruhen und erholen muss. Jeder Mensch braucht eine gesunde Balance zwischen äußeren, beruflichen Anforderungen und innerer Ruhe und Regeneration; zwischen aktiv und passiv, Anspannung und Entspannung, Tun und Lassen.

Dieser – im Grunde ganz einfache, selbstverständliche – Gedanke wird auch durch die Allgemeine Erklärung der Menschenrechte bestätigt: »Jeder hat das Recht auf Erholung und Freizeit und insbesondere auf eine vernünftige Begrenzung der Arbeitszeit und regelmäßigen bezahlten Urlaub«, so heißt es in Artikel 24. Dieses Menschenrecht wird häufig verletzt: Von außen, durch die wachsenden Anforderungen an die Berufstätigen; nicht selten aber auch in eigener Regie, durch Arbeitende selbst. Arbeit gilt hierzulande als Tugend (wobei häufig gar nicht mehr nach dem Zweck der Arbeit gefragt wird). Dies hat zur Folge, dass viele Berufstätige Gefahr laufen, ihre eigenen Grenzen zu missachten, sich zu *über*arbeiten. Daher müssen sie zuallererst lernen, sich vor sich selbst zu schützen. Dies kann etwa bedeuten, »Nein« sagen zu lernen; um Unterstützung zu bitten oder einen Kreis von sich gegenseitig unterstützenden Freunden aufzubauen; oder um Hilfe zu bitten, z. B. für eine professionelle, psychotherapeutische Begleitung bei der Aufarbeitung ihres Schamschicksals.

Die Sorge für die eigene Zugehörigkeit

... beginnt damit, dass wir das Grundbedürfnis nach Zugehörigkeit wahrnehmen und anerkennen. Aber um welchen Preis? Und zugehörig wozu?

Der Wunsch nach Zugehörigkeit ist ein menschliches Grundbedürfnis. So ist es für den Säugling existenziell notwendig zu erfahren, dass jemand verlässlich da ist, um ihn zu lieben, zu ernähren, zu pflegen, zu spiegeln und zu beschützen. Nicht dazuzugehören kann auch im weiteren Leben mit starken Angst- und Schamgefühlen verbunden bleiben, vor allem für Menschen, die nur wenig Urvertrauen und Selbstwertgefühl entwickeln konnten. Dieser Mangel kann zu einem undifferenzierten Wunsch danach führen, »dabei« zu sein – ohne dass überhaupt nach Sinn oder Zweck gefragt wird. So zeigte sich zum Beispiel in Interviews mit NS-Anhängern, dass viele sich damals den Nationalsozialisten angeschlossen hatten, weil es für sie nicht auszuhalten war, nicht »dabei« zu sein, sich ausgeschlossen zu fühlen.

Dieses entwicklungsgeschichtlich frühe Bedürfnis vermochten die Nationalsozialisten für ihre Zwecke zu instrumentalisieren, z. B. mit ihrem Versprechen einer »deutschen Volksgemeinschaft«[257]. Diese war eine Gemeinschaft der Gleichen, der Gleichgeschalteten und Gleichgesinnten. Eine ganz andere Qualität von Zugehörigkeit ist es jedoch, wenn es um Nicht-Gleiche geht: um unangepasste Gedanken, nicht konforme Verhaltensweisen, Eigensinnigkeit. Gehöre ich beispielsweise noch dazu, wenn ich in der Bürgerversammlung oder im Team meine Meinung sage? Wenn ich das tue, was eine aktuelle Zigarettenwerbung proklamiert, nämlich sage, was ich denke?

Die Angst davor, nicht Teil einer Gruppe zu sein, ist zwiespältig: Sie kann uns auf der einen Seite anspornen, uns um Zugehörigkeit zu bemühen, uns z. B. in eine Gruppe einzubringen. Aber um jeden Preis, in unkritischer Weise? Auf der anderen Seite kann es aber auch notwendig sein, es auszuhalten, nicht dazuzugehören, wenn dies im Interesse der eigenen Integrität unvermeidlich ist.

Zum Beispiel werden wir Tag für Tag durch Medien und Werbung mit der Aufforderung bombardiert: Sei immerzu gesund, leistungsfähig, jung, stark, schön, potent, erfolgreich, schlank, gut gelaunt, schnell, teuer gekleidet usw., kurz: sei perfekt. Wer dies nicht ist, der soll sich schämen und muss damit rechnen, beschämt zu werden: als Versager, Schrott, als hässlich, unattraktiv, als Schmarotzer, Fettsack, Weichei, Schwächling, Opfer, Lahmarsch, fauler Sack oder dergleichen. Wie verhalte ich mich gegenüber diesen Ansprüchen? Zugehörigkeit um jeden Preis hätte zur Konsequenz, sich im Bemühen aufzureiben, all diesen äußeren (und immer höher geschraubten) Erwartungen gerecht zu werden.

Diese erstgenannte, oberflächliche Form von Zugehörigkeit lässt sich käuflich erwerben: durch den massenhaften Konsum von Aufputsch- und Potenzmitteln, Antidepressiva, Markenprodukten, Schönheitsmitteln und -operationen, Bodybuilding-Einheiten, Diäten usw., die von den »Perfektionierungsindustrien« in wachsender Zahl auf den Markt geworfen werden. Alle Medien rufen uns zu: »Dein Körper ist dein Kunstwerk, das es zu korrigieren, umzumodeln und zu verbessern gilt. Mach mit! Gönn dir das Vergnügen! Gehöre dazu!«[258] Aber bin ich noch ich, wenn ich jede von außen kommende Anforderung, jeden Trend, jede Mode mitmache? Und werden Menschen durch diese Produkte nicht auch um die Erfahrung betrogen, in ihrem Selbst geliebt zu werden und dazuzugehören: als diejenigen, die sie sind?

Bezogen auf Deutschland und seine Tradition von Würde-Verletzungen mag es schwerfallen, sich diesem Land zugehörig zu fühlen. Dies schilderte z. B. schon Heinrich Heine in seinem Gedicht »Die schlesischen Weber«: »Ein Fluch dem falschen Vaterlande/ Wo nur gedeihen Schmach und Schande.« Diese Tradition lässt sich durch verkitschende Heimatbilder, wie sie z. B. in Volksmusikshows verbreitet werden, nicht ungeschehen machen. Für fruchtbar halte ich demgegenüber einen politisch verstandenen Begriff von Heimat, wonach diese dort ist, wo wir uns engagieren.

Gegenüber dem größten Teil der Menschheit sind wir es, die Menschen der selbst ernannten »Ersten Welt«, die die Zugehörigkeit aufgekündigt haben. Ihm gegenüber verhalten wir uns strukturell zynisch: Wir leben, bevorteilt durch die Strukturen der Weltwirtschaft, auf dessen Kosten. Jean Ziegler schreibt: »Die armen Länder zahlen den herrschenden Klassen der reichen Länder jährlich viel mehr Geld, als sie von ihnen in Gestalt von Investitionen, Kooperationskrediten, humanitärer Hilfe oder sogenannter Entwicklungshilfe erhalten.«[259] So betrug im Jahr 2005 die öffentliche Entwicklungshilfe der Industrieländer für die 122 ärmsten Länder 58 Milliarden Dollar; in umgekehrter Richtung flossen 482 Milliarden als Schuldendienst.[260] Über diese Zusammenhänge werden wir durch viele Medien tagtäglich informiert. Aber was folgt daraus?

Die Sorge für die eigene Integrität

… beginnt damit, dass wir uns bewusst machen, welches unsere eigenen Werte sind und wo wir diese vielleicht verletzt haben, oder inwieweit wir unseren Lebenssinn vielleicht aufgegeben haben.

Bezogen auf die globale Situation, wie oben schon angesprochen: Wir sind an Unrecht in gigantischem Ausmaß beteiligt, da wir auf Kosten der Armen und der nachfolgenden Generationen leben. Wir hinterlassen ihnen Müllkippen, Schuldenberge, radioaktiv verseuchte Erde und ein zerstörtes Weltklima. Der Jurist und Philosoph Paul Tiedemann schreibt: »Wenn die Menschenwürde unsere höchste Priorität ist, dann müssen wir uns aufgefordert sehen, anderen, die sich durch schicksalhafte Umstände in einer menschenunwürdigen Lage befinden, zu helfen, diesen Zustand zu überwinden.«[261] – Sei es durch individuelles Engagement oder durch Mitwirken daran, machtvolle Institutionen gegen das Leid der Welt aufzubauen. Auch wenn dies unbequem sein mag, so kommt es doch darauf an, »Wege zu finden, wie das Leiden der Welt wirksam bekämpft werden kann«[262]. Zwar wird es nie genug sein, was der oder die Einzelne tun kann: zu komplex und übermächtig sind die Weltprobleme und die Macht derjenigen, die von den herrschenden Entwürdigungen profitieren. Jedoch ist Integrität nicht mit Erfolg zu verwechseln: Sich für Frieden, Gerechtigkeit und die Bewahrung der Schöpfung einzusetzen ist immer auch ein Beitrag zur Bewahrung der eigenen Integrität in einer gebrochenen Welt. Dies zu tun ist sinnvoll, ganz unabhängig vom Erfolg dieses Engagements.[263]

Bezogen auf das persönliche und berufliche Umfeld: Es ist schmerzhaft, sich an Situationen zu erinnern, in denen wir anderen Menschen Unrecht zugefügt haben. Umso mehr dann, wenn begangene Schuld nach dem traumatischen Schammodus erlebt wird, als »ein Fehler zu sein«. Das begangene Unrecht einzugestehen und um Entschuldigung zu bitten, dies mag vielleicht als schier unerträgliche Selbsterniedrigung erlebt werden. Umso mehr dann, wenn befürchtet wird, dass die Bitte abgelehnt oder vom Geschädigten als Machtmittel missbraucht wird; wenn wir mit anderen Worten in einem Umfeld leben, das (noch) keine Kultur des Umgehens mit Schuld und Entschuldigung entwickelt hat.

Moralische Scham über ein verschuldetes Unrecht hat die Funktion, den Täter zu Selbstreflexion, Umkehr und Veränderung seines Verhaltens zu bewegen. Im Rückblick sind es genau diese Schamerfahrungen – *weil* sie so extrem schmerzhaft sind und zeitlebens wie ein Stachel im Fleisch sitzen –, aus denen Menschen ihre Moralität aufbauen. Dies sind die »Identitätsnarben«, so Fritz Oser und Maria Spychiger, »ohne die sie nicht wären, was sie geworden sind«[264]. In ihrem empfehlenswerten Buch *Lernen ist schmerzhaft* arbeiten Fritz Oser und Maria Spychiger die Bedeutung der Fehlerreflexion heraus. Nicht durch vermiedene oder vorschnell entschuldigte Fehler, sondern erst durch aufgearbeitete Fehler kann Entwicklung, Veränderung, Neues entstehen.[265]

Wer, wenn nicht ich?

»Wenn ich nicht für mich sorge, wer tut es dann?
Wenn ich nur für mich allein sorge, wer bin ich dann?«
JÜDISCHER MIDRASCH[266]

Für den eigenen Schutz sowie für Zugehörigkeit, Integrität und Anerkennung zu sorgen: Viele Menschen haben nicht gelernt, dies zu tun – etwa weil sie in ihrer Kindheit nicht oder zu wenig erfahren haben, wie es ist, geschützt, zugehörig oder anerkannt zu werden, oder weil sie nicht sie selbst sein durften. Daher müssen wir uns heute vielleicht bewusst darin üben: uns zu schützen, z. B. uns vor einer emotional gefährlichen Situation zu wappnen (etwa vor einem Vortrag vor einem zynischen Publikum). Uns für eine Freundschaft mit einem Menschen einsetzen, der uns wichtig ist. Für unsere Integrität einzustehen, etwa indem wir für Verletzungen, die wir anderen zugefügt haben, um Entschuldigung bitten. Oder unsere Achtsamkeit bewusst auf uns selbst lenken und uns selbst Wertschätzung geben.

Was tun? Auf diese Frage kann es naturgemäß keine einfache, allgemeingültige Antwort geben. Vielmehr sind die Antworten ganz individuell, je nach den Lebensgeschichten und Lebensumständen jedes Einzelnen. Es gibt nicht *den* einen Weg zur Menschenwürde, sondern viele verschiedene Wege.

Nachfolgend möchte ich Ihnen einige der Antworten vorstellen, die von Teilnehmenden verschiedener Fortbildungen über »Menschenwürde und Scham« zusammengetragen wurden.

»Ich singe in einem Chor, dort fühle ich mich geborgen und gemocht.«
»Für mich ist es heilsam, in der Natur zu sein: zu wandern, mich zu bewegen, um die vielen Eindrücke der Arbeitswoche zu verdauen. Ich brauche die Stille.«
»Ich muss besser auf meinen Körper achten. Mein Rücken meldet mir sofort zurück, wenn ich zu viel gearbeitet habe. Es täte mir gut, wenn ich wieder regelmäßig Yoga machen würde.«
»Ich fühle mich in meinem Glauben und in meiner Religionsgemeinschaft aufgehoben.«

»Die täglichen Katastrophenmeldungen machen mich ganz krank. Ich engagiere mich für Amnesty International, so dass ich mich nicht vor mir und vor meinen Kindern schämen muss.«

»Ich muss etwas für mein Selbstbewusstsein tun, wenn nötig mit professioneller Hilfe, Psychotherapie oder Coaching.«

»Ab und zu lade ich mich selber zum Essen ein. Im Laufe des Advents kaufe ich mir eine CD mit meiner Lieblingsmusik und schenke sie mir zu Weihnachten.«

»Mein wöchentliches Aikido-Training hilft mir, zur Ruhe und zu mir selbst zu kommen.«

»Meine Frau und ich kochen gerne und laden Freunde zum Essen ein.«

»Ich muss lernen, meine Grenzen zu spüren und diese gegenüber meinen Kollegen und meinem Chef zu verdeutlichen.«

»Ich muss besser für mich sorgen, zum Beispiel durch Kaffeepausen und Erholungsphasen.«

»Wichtig sind für mich meine Hobbys. Ich male gerne und habe neulich einen Bildhauer-Workshop mitgemacht.«

»Ich habe vor fünf Jahren angefangen, jeden Abend eine Viertelstunde zu meditieren. Das ruhige Sitzen, Einatmen und Ausatmen hilft mir, nach einem hektischen Arbeitstag wieder zu mir zu kommen.«

»Meine Frau und ich werden von einem Ehepaar gemobbt. Umso wichtiger sind uns gute Beziehungen zu anderen Nachbarn.«

»Für meinen Selbstschutz ist es unverzichtbar, dass ich lerne, auch mal ›Nein‹ zu sagen.«

»Es gibt einen beruflichen Konflikt, den ich schon einige Monate mit mir herumschleppe. Ich muss Supervision nehmen, um ihn zu bearbeiten.«

»Manchmal lobe ich mich selbst und wünsche mir einen guten Tag.«

»Ich suche das Gespräch mit Personen meines Vertrauens.«

»Jogging ist für mich ein wichtiger Ausgleich, weil ich im Büro den ganzen Tag über sitze. Es hilft mir auch, mich abzulenken und Distanz zu meiner Arbeit zu bekommen.«

»Ich muss mir bewusst machen, was im Moment gerade passiert. Ich sollte mal ein Achtsamkeitsseminar mitmachen.«

»Meine professionelle Rolle hilft mir, Grenzen zu setzen.«

»Ich möchte besser lernen, meine Gefühle zu verstehen und sie benennen zu können.«

»Meine Arbeitszeiten beachten! Sie schützen mich davor, zu viele – unbezahlte – Überstunden zu machen.«

»Aufmerksam sein für mein eigenes Verhalten.«

Nachfolgend einige Ideen von Lehrerinnen und Lehrern:

»Um mich zu schützen, brauche ich professionelle Distanz. Wenn ich jedes Schülerschicksal ganz an mich ranlasse, gehe ich auf Dauer kaputt.«
»Um mich zu entlasten und mich vor Burnout zu schützen, muss ich auch andere mit einbeziehen. Ich muss lernen, Verantwortung mit Kollegen zu teilen, auch mit Schülern.«
»Ich kann daran arbeiten, meine Wahrnehmung und Selbstwahrnehmung zu schulen.«
»Für meine Zugehörigkeit innerhalb des Kollegiums muss ich mich in gewissem Maße anpassen, ich möchte dabei aber meine Individualität nicht aufgeben.«
»Ich schäme mich vor meinen Schülern und ihren Eltern für das hässliche und heruntergekommene Schulgebäude. Ich schäme mich vor mir selber, dass ich für eine verfehlte Bildungspolitik geradestehe. Darum engagiere ich mich gewerkschaftlich für eine bessere Bildungspolitik.«
»Für meine Anerkennung möchte ich sorgen, indem ich von meinen Schülern – und auch von ihren Eltern – positive Rückmeldungen einfordere: Was war gut im Unterricht?«
»Ich bereite mich gewissenhaft auf meinen Unterricht vor. Dann tun verächtliche Anspielungen auf meinen Lehrerberuf nicht ganz so weh, weil ich weiß, dass ich gute Arbeit mache.«

Abschließend einige Antworten von Pflegekräften:

»Ich brauche Supervision, um bestimmte Pflegesituationen zu verarbeiten.«
»Mir hilft der Austausch mit Kollegen und deren Zuspruch.«
»Wenn mir eine Situation unerträglich wird, muss ich erst einmal rausgehen. Danach kann ich dann versuchen, sie zu klären.«
»Bei schwierigen Patienten hilft es mir, auf Distanz zu gehen und, wenn es nicht anders geht, auch Patienten abzugeben.«
»Ich habe öfter erlebt, dass manche Patienten angriffig reagieren, wenn ich die Tür geöffnet habe, ohne anzuklopfen. Vielleicht haben sie sich überfahren gefühlt? Daher ist es auch ein Schutz für mich, wenn ich vorher anklopfe.«
»Wenn Patienten mir gegenüber übergriffig werden, hilft es mir, mit Kollegen oder der Pflegeleitung darüber zu sprechen.«

So weit einige der Antworten, die durch entsprechende Forschungsergebnisse untermauert werden könnten (z. B. über die immunabwehrstärkenden Wirkungen von Bewegung und Naturerleben u.v.a), dies würde hier jedoch zu weit führen. Die Antworten zeigen, dass die Frage nach Anerkennung, Schutz, Zugehörigkeit und Integrität jeweils in persönlicher Weise zu beantworten ist.

Wichtig ist, *dass* wir uns diese Frage überhaupt stellen – denn wer sonst sollte dies tun? Wenn beispielsweise jemand einen Vorgesetzten hat, der sein Team als »Saftladen« abwertet: Wer könnte einen betroffenen Mitarbeiter daran hindern, sich selbst Wertschätzung zu geben? Wer, wenn nicht ich selbst, ist verantwortlich für die Pflege meiner Freundschaften und für die Wahrung meiner Integrität? Wer kennt meine Grenzen besser als ich: den Punkt, an dem meine individuelle Leistungsfähigkeit endet, an dem meine Privatsphäre beginnt oder wenn mir jemand zu nahetritt. Wer, wenn nicht ich, sollte für meine Grenzen eintreten?

In Unternehmen, die an kurzfristigen Profiten orientiert sind, ist kaum zu hoffen, dass von sich aus Rücksicht auf die Grenzen ihrer Mitarbeiter genommen wird. Allerdings erkennt eine wachsende Zahl von Vorgesetzten, dass die Gesundheit ihrer Mitarbeitenden ein zu schützendes Gut darstellt. So gibt es immer mehr Firmen, die ihre Angestellten per Arbeitsvertrag dazu verpflichten, einen Tag der Woche frei von Handy, E-Mails und Internet zu verbringen.

Wer nicht selbst aktiv für den Schutz seiner Grenzen eintritt, der wirkt an deren Verletzung mit; dies lässt den Betreffenden mit Schamgefühlen zurück. Dazu ein Beispiel aus einer Fortbildung mit Medizinern: Eine Teilnehmerin teilt mit, dass sie sich schämt, wenn ihre Vorgesetzten, die Träger der Einrichtung, ihre Schwäche sehen. Nachfrage: »Was meinen Sie mit Schwäche?« Daraufhin bricht es aus der Teilnehmerin, mit viel Erschöpfung in ihrer Stimme, heraus: »Ich kann nicht mehr! Ich bin ausgebrannt, ich habe hunderte von Überstunden, ich weiß nicht, wie ich das alles schaffen soll!«

Die Scham der Teilnehmerin ist ein Ausdruck dafür, dass die Grenzen ihrer Leistungsfähigkeit über längere Zeit verletzt wurden. Solange sie jedoch ihre natürliche Begrenztheit als beschämende »Schwäche« erlebt, bleibt sie Spielball von Vorgesetzten, die ihre Arbeitskraft maximal auszuschöpfen suchen. Dagegen ist es für die Gesundheit der Teilnehmerin wichtig, sich auf ihre Grenzen zu besinnen und aktiv für deren Schutz einzutreten. Dies ist auch ein Schritt zur Wiederherstellung ihrer eigenen Integrität.

In ihrem Buch *Ein Hauch von Lippenstift und Würde* berichtet Henriette Schroeder von Frauen, die selbst in totalitären Systemen für ihre Würde sorgten: etwa die Historikerin Libuse Brodova, die nach der Niederschlagung des Prager Frühlings als Putzfrau arbeiten musste. Sie tat dies in selbstgenähten schicken Overalls, weil sie sich trotzdem schön fühlen wollte. Oder die junge Tschetschenin Zara Murtazalieva, die von der russischen Justiz willkürlich zu Zwangsarbeit verurteilt wurde: Ihr ist es wichtig, sich jeden Morgen zu pflegen und Make-up aufzutragen, so dass sie sich selbst mögen und respektieren kann.[267]

Die Sorge für die eigene Würde hat Auswirkungen auf die Arbeit mit anderen, mit dem »Du«: Denn wenn wir uns selbst missachten – wie könnten wir dann unsere Schüler, Klienten oder Patienten achten? Wenn wir unsere eigenen Grenzen nicht kennen und verletzen (oder sie kennen und dennoch verletzen): wie könnten wir dann achtsam sein gegenüber den Grenzen der Menschen, mit denen wir arbeiten? Dies ist besonders virulent in der Medizin und Altenpflege, in der tagtäglich Schamgrenzen tangiert werden, angefangen beim Waschen im Intimbereich. Oder in der Pädagogik, wo die Gefahr besteht, dass Grenzen verletzt und Schüler emotional, körperlich oder, im Extremfall, sexuell missbraucht werden.

Wenn Erziehende ihre eigene Integrität aufgegeben haben – wie könnten sie ihre Kinder oder Schüler in deren moralischer Entwicklung begleiten und fördern?

Um ein mögliches Missverständnis zu vermeiden: Es geht nicht um Perfektionismus. Eine perfekte Balance zwischen den vier Grundbedürfnissen nach Anerkennung, Schutz, Zugehörigkeit und Integrität ist kaum auf Dauer möglich. Aber, so meine These, es macht den entscheidenden Unterschied, ob ich »merke«, wenn meine Würde verletzt wurde (aktiv durch mich selbst, passiv durch andere); ob ich mir die Schamgefühle darüber bewusst mache und mich um eine neue Ausbalancierung meines Würde-Mobiles bemühe. Oder ob ich diese Scham nicht merke und einfach an andere »weitergieße«, indem ich sie beschäme.

Dazu ein Fallbeispiel:

Ein Personalchef bekommt von seinem Vorgesetzten den Auftrag, einem Mitarbeiter zu kündigen. Er tut dies auf verächtliche Art und Weise. Beim Nachdenken über das Geschehene wird ihm bewusst, dass er sich dafür geschämt hatte, diese Kündigung auszusprechen. Diese Scham hatte er jedoch ganz einfach abgewehrt und weitergereicht, indem er auf verächtliche Weise gekündigt hatte. Eine solche Kündigung ist für den Betroffenen so, wie wenn er am Boden liegt und zusätzlich noch getreten wird.
Hätte der Personalchef sich diesen Integritätskonflikt bewusst gemacht und sich damit auseinandergesetzt, dann hätte er vielleicht seinen Vorgesetzten konfrontieren müssen. Oder hätte seine Position überdenken müssen (»Bin ich richtig in diesem Job, wo ich solche Kündigungen aussprechen muss?«). Möglicherweise hätte er die Kündigung dennoch, schweren Herzens, ausgesprochen. Wenn er sich jedoch die Scham darüber bewusst gemacht und zu sich genommen hätte, hätte er respektvoll kündigen können. So etwas ist für den Gekündigten immer noch schmerzhaft, vielleicht aber auch eine Chance.
Im Grunde geht es (leicht gesagt!) darum: dass wir die Verantwortung für unsere Handlungen übernehmen und die damit verbundenen Schamgefühle zu uns nehmen. Dies ist die Alternative zur verbreiteten Haltung, wonach man seine Schamgefühle, ganz einfach *los*wird, indem andere beschämt werden. Ein probates Mittel, das den Nachteil hat, dass es unsere Beziehungen und die eigene Würde vergiftet. Jedes Mal, wenn wir dies tun, tragen wir dazu bei, dass (um auf die Metapher von Scham als einer Flüssigkeit zurückzukommen) die Flüssigkeit der transgenerational weitergereichten Scham noch vermehrt wird – ich stelle mir dies wie Kaskaden eines immer mehr anwachsenden Stromes vor.

2. Menschenwürdig mit Menschen arbeiten

Was bedeutet Würde in der Beziehung zum »Du«, etwa in der pädagogischen, beratenden, helfenden oder pflegenden Arbeit mit Menschen? »Du« steht hier für die Person oder Personen, mit denen wir arbeiten: Kinder, Schüler, Studentinnen, Patientinnen, Klienten usw. Sie bringen ihre jeweilige Schamgeschichte in die Schule, Hochschule, Beratungs- oder Pflegesituation ein. Dieses Gefühl gilt es anzuerkennen und es ist nicht unser Auftrag, sie zusätzlich noch zu beschämen. Was bedeutet das konkret? Wie können wir ihnen Anerkennung, Schutz, Zugehörigkeit und Integrität vermitteln? Wie geht das?

Es ist erstaunlich, wie hartnäckig sich die Vorstellung hält, Menschen könnten dadurch verbessert werden, indem man sie beschämt. Ob im Umgang mit arbeitslosen Menschen (Hartz IV), mit Lehrern (»faule Säcke«) oder mit Schülern. Es ist erstaunlich, wie spät die Würde von Kindern und Jugendlichen überhaupt thematisiert wurde:

Seit 1896 ist es deutschen Vätern per Gesetz ausdrücklich erlaubt, ihre Kinder »angemessen« zu »züchtigen«. Diese Bestimmung des § 1631 Abs. 2 BGB wird 1958 zwar verändert – aber nicht etwa zugunsten der Kinder, sondern, aus Gründen der Gleichberechtigung, zugunsten der Mütter: ab jetzt dürfen beide Elternteile. Auch Lehrer dürfen ihre Schüler züchtigen (besonders beliebt in der Nachkriegszeit sind Ohrfeigen, Kopfnüsse, Schläge mit Stock oder Lineal auf Hand oder Gesäß): in der DDR bis 1949, in der Bundesrepublik bis 1973. Auch Lehrherren dürfen ihre Lehrlinge züchtigen, bis 1951. Selbstredend, dass in vielen Familien, Schulen und Lehrlingsbetrieben noch viele Jahre weiter geprügelt, misshandelt und missbraucht wird, nicht selten bis in die Gegenwart. Erst Anfang des Jahres 2010 beginnt die Spitze dieses Eisberges in der Öffentlichkeit thematisiert zu werden.

Zwar ratifiziert die Bundesrepublik im Jahr 1992 die UN-Kinderrechtskonvention (KRK) und verpflichtet sich damit unter anderem, Kinder »vor jeder Form körperlicher oder geistiger

Gewaltanwendung, Schadenszufügung oder Misshandlung, vor Verwahrlosung oder Vernachlässigung, vor schlechter Behandlung oder Ausbeutung einschließlich des sexuellen Missbrauchs zu schützen« (Artikel 19). Nichtsdestotrotz bleibt das Züchtigungsrecht der Eltern noch sechs weitere Jahre bestehen. Es wird im Jahr 1997 dahingehend eingeschränkt, dass »entwürdigende Erziehungsmaßnahmen, insbesondere körperliche und seelische Misshandlungen« nach Familienrecht verboten werden.

Erst im November 2000 wird per Gesetz klargestellt (§ 1631 Abs. 2, Satz 2 BGB): »Kinder haben ein Recht auf gewaltfreie Erziehung. Körperliche Bestrafungen, seelische Verletzungen und andere entwürdigende Maßnahmen sind unzulässig.« Endlich!, so möchte man ausrufen.

Jedoch hinterlässt diese Bestimmung eine gewisse Ratlosigkeit, da sie ein Negativprogramm ist: Keine Gewalt, keine körperliche Bestrafung, keine seelische Verletzung, keine Entwürdigung – ich bin ganz einverstanden, aber was bedeutet das im Positiven? Zu wissen, was wir *nicht* tun dürfen, sagt noch nichts darüber aus, *was* wir tun können, um die Würde der Kinder zu wahren. Aus dieser Ratlosigkeit kann uns ein Verständnis von Menschenwürde helfen, das aus Sicht der Scham-Psychologie konkretisiert wurde: Die Würde eines Menschen zu wahren bedeutet, ihn in seinen Grundbedürfnissen nach Schutz, Zugehörigkeit, Integrität und Anerkennung zu respektieren und zu unterstützen. Was bedeutet dies konkret für die Arbeit mit Menschen, etwa mit Kindern und Jugendlichen?

Grenzen wahren, Schutz vermitteln

Die ungarische Kinderärztin und Leiterin eines Säuglingsheimes Emmi Pikler (1902–1984) entwickelte eine frühkindliche Pädagogik, die vom ersten Tag an durch Achtsamkeit gegenüber dem Kind, seinen Bedürfnissen sowie körperlichen und geistigen Entwicklungen charakterisiert ist. Sie beobachtete, dass jedes Kind seine eigene Zeit der Entwicklung benötigt. Kinder, die in sicheren Beziehungen geborgen sind, lernen aus eigener Initiative. Sie können ihre Individualität entfalten, wenn sie sich möglichst selbstständig entwickeln dürfen – in einer strukturierten Umgebung mit

Spiel- und Bewegungsangeboten, die für das Kind erreichbar, verständlich und interessant sind.

Emmi Piklers Pädagogik ist von einem tiefen Vertrauen in die Entwicklungsfähigkeiten des Kindes geprägt (und damit diametral entgegengesetzt zu der Nazi-Pädagogik einer Johanna Haarer). Eltern und Kind stehen in einem Dialog, insofern die Erwachsenen die Signale des Kindes verstehen und sinnvoll erwidern – eine Erfahrung, die nicht wenigen Kindern in unserer Gesellschaft verwehrt wird:

In der Fußgängerzone beobachte ich nicht selten, wie sich Menschen tief in den Kinderwagen einer fremden Familie hineinbeugen, um ein Baby zu betätscheln oder in die Wange zu kneifen. Viele Kleinkinder reagieren darauf, indem sie ihr Gesicht abwenden, erstarren oder schreien. Diese Reaktionen zeigen, dass schon Säuglinge durchaus ein Empfinden für ihre Grenzen haben, das sie freilich noch nicht in Worte zu fassen vermögen. Sie sind noch nicht fähig auszurufen: »Stopp! Sie kommen mir viel zu nahe! Wer sind Sie überhaupt?!«

Aus dieser frühen Empfindsamkeit für die eigenen Grenzen kann der Heranwachsende, unter günstigen Bedingungen, im Laufe seiner weiteren Entwicklung eine gesunde Fähigkeit herausbilden, seine Grenzen wahrzunehmen und sich zu schützen. Kinder sind zunächst noch »offen« und schutzbedürftig. »Nein!« zu sagen, müssen sie erst erfahren und lernen. Sie müssen darin unterstützt werden, ihre Grenzen zu spüren, zu erproben und zu verteidigen. Dies ist jedoch nicht so einfach, wie es der Slogan »Just say no« verspricht, mit dem in den USA Kinder gegen Drogen erzogen werden sollen.

Im oben genannten Beispiel, wenn eine unbekannte Person ein Kleinkind anfasst, wäre es für das Kind notwendig zu erfahren, dass es von seinen Eltern gegenüber übergriffigen Fremden nicht alleingelassen wird; dass die Eltern für die Wahrung seiner Grenzen eintreten und es schützen. Nicht selten ist das Gegenteil zu beobachten: dass sich Eltern gegenüber den Grenzverletzern für das Verhalten ihres Kindes schämen, dieses verspotten oder ihm Vorwürfe machen (»Sei doch nicht so empfindlich!« »Stell dich doch nicht so an, die Tante hat es doch nur gut gemeint!«).

Kinder sind besonders gefährdet, in ihren seelischen oder körperlichen Grenzen verletzt werden: Etwa indem sie für die emotionale Bedürftigkeit von Erwachsenen benutzt werden (narzisstischer Missbrauch); indem sie beschämt, d. h. als Objekte benutzt werden, um eigene, unverarbeitete Schamgefühle loszuwerden (emotionaler Missbrauch). Oder indem sie geschlagen, erniedrigt oder sexuell missbraucht werden. Diese Gefahr besteht vor allem durch die Menschen, denen das Kind Vertrauen entgegenbringt, oder wenn Abhängigkeit, Angst, Macht oder Idealisierungen im Spiel sind, wie dies gegenüber Familienangehörigen, Nachbarn, Seelsorgern, Trainern oder Lehrern oft der Fall ist.

Werden ihre Grenzen in traumatischer oder wiederholter, kumulativ-traumatischer Weise verletzt, dann kann dies zur Folge haben, dass Heranwachsende ihre Fähigkeit, sich zu schützen, vielleicht nur bedingt oder in verzerrter Form herauszubilden vermögen. Beispielsweise das traumatisierte 15-jährige Mädchen, von dem Fiona Ehlers berichtet: Sie sieht aus wie 18, trägt ein bauchfreies T-Shirt und einen Push-up-BH. Ihr zu begegnen ist wie eine Pokerpartie: Wie viel Nähe lässt sie zu? Wann greift sie an? Zur Begrüßung gibt sie artig die Hand, kurz darauf rotzt sie auf die Straße und schnorrt maulend eine Kippe. Mit ihrem Körper flirtet sie mit jedem Jungen, der daherkommt – während ihr Mund sagt: »Hau ab, Kanak!«[268]

Traumatisierte Kinder sind in besonderer Weise auf schützende, Sicherheit gebende Räume angewiesen. Berührungen, Worte oder Blicke können für sie eine ganz andere Bedeutung haben als für nicht traumatisierte Kinder: etwa eine burschikos gemeinte Berührung, eine persönliche Frage oder eine Bemerkung über ihren Körper. Daher muss – um das Beispiel Schule zu nehmen – vermieden werden, dass Schüler bloßgestellt oder ihre Grenzen infrage gestellt werden.

Die Herausforderung für alle, die mit Menschen arbeiten, z. B. Erziehende und Lehrer, ist diese: Manche Schüler kommen mit gesundem Schamempfinden in die Schule, andere mit traumatischer Scham, weil sie etwa in Familie, Umfeld oder von Mitschülern erniedrigt, missbraucht oder gemobbt wurden. Die Schwierigkeit von Lehrenden besteht darin, dass eine Schulklasse aus 25, 30 oder noch mehr Individuen besteht, die jeweils verschiedene Scham-Schicksale haben, die jedoch hinter verschiedenen Masken von Schamabwehr verborgen sind. Für Lehrende ist es daher schwer abzuschätzen, wo die Grenzen jedes einzelnen Schülers liegen. Ein grenzwertiger Witz, der Hinweis auf einen Fehler, selbst ein kurzer Blick des Lehrers kann für den einen Schüler witzig, hilfreich oder unverfänglich sein, für einen anderen kann er das »Fass zum Überlaufen bringen« und ihn zum »Ausrasten« bringen.

Notwendig ist es daher, dass Lehrende die Möglichkeit haben, ihre Schüler individuell kennenzulernen. Dies setzt allerdings voraus, dass die Schule kein anonymer Massenbetrieb ist, in dem Lehrer und Klasse nur zwei Stunden pro Woche zusammen sind. Diese Zeit reicht kaum aus, um dreißig oder mehr Namen zu lernen. Hilfreich können auch Fallbesprechungsgruppen nach dem Vorbild der Balint-Gruppen sein, bei denen Lehrende ihre verschiedenen Erfahrungen über einzelne Schüler austauschen und durcharbeiten.

Unverzichtbar ist es, dass Lehrende ein Bewusstsein für die Scham entwickeln; dass sie diese oft übersehene Emotion erkennen und verstehen, wie sie ›funktioniert‹: Wie sie das menschliche Gehirn, Lernen und Sozialverhalten beeinflusst. Wie sie abgewehrt wird. Welche Bedeutung sie für Jungen bzw. Mädchen, deren jeweilige familiäre und kulturelle Hintergründe sowie Altersstufen hat. Dafür wird es notwendig, dass Lehrende entsprechend aus- und fortgebildet werden. Dies gilt für alle Berufe, in denen mit Menschen gearbeitet wird.

Das Wissen über die Scham kann dazu beitragen, hinter einer schamabwehrenden Maske den Menschen zu erkennen, der psychisch um sein Überleben kämpft. Zum Beispiel indem er gewalttätig wird, weil er von abgrundtiefer Angst erfüllt ist, vor sich selbst und seinen Kumpels als Feigling dazustehen. Manche Verhaltensweisen von Schülern – etwa deren »Coolness«, Arroganz, Gewalt oder Suchtverhalten – werden vor dem Hintergrund der Scham-Psychologie verständlich.

Die emotionalen Hintergründe von Gewalt zu verstehen bedeutet *nicht*, sie zu tolerieren (verstehen und entschuldigen werden ja häufig verwechselt!). Es bleibt unverzichtbar, der Gewalt ein deutliches »Nein!« entgegenzusetzen. Zugleich jedoch sollten wir versuchen, den Menschen »dahinter« zu erreichen: die Beziehung zu dessen *Selbst* aufrechtzuerhalten, seine Würde zu achten.

Die Unterscheidung zwischen Mensch und Maske bedeutet, dass wir immer nur sein *Verhalten* beurteilen können. Denn wir vermögen vom »Du« immer nur sein Verhalten, seine »äußere Seite«, seine Maske wahrzunehmen. Daher sind alle Aussagen kontraproduktiv, die beanspruchen, den ganzen Menschen zu bewerten: Michael Lewis hat beobachtet, dass alle generalisierenden »du-bist«-Aussagen (wie z. B. »du bist unmusikalisch« oder »du bist ein Looser«), aber auch positive Bemerkungen (wie z. B. »du bist großartig«) den Schammodus verstärken.[269]

Kontraproduktiv sind auch Aussagen, die mit »er ist ...« oder »sie ist ...« beginnen und *über* andere, hinter deren Rücken, getroffen werden, etwa gegenüber Kollegen oder Eltern (»Paul ist ein Mathe-Fünfer«, »Maria ist ein gutes Mädchen«).[270] Sinnvollerweise sollten stattdessen nur spezifische Verhaltensweisen benannt werden.

Die Grenzen der Kinder anzuerkennen bedeutet: Jeder Schüler hat ein Recht auf seine *eigene* Entwicklung (nicht wenige Eltern verletzen dieses Recht, indem sie erfolgreiche Kinder als Statussymbol benötigen, aufgrund ihrer eigenen narzisstischen Bedürftigkeit). Jeder Schüler hat ein Recht auf Geheimnisse, auch auf Nicht-Wissen und Scheitern. Der Arzt, Pädagoge und Schriftsteller Janusz Korczak fordert sogar ein Recht des Kindes auf seinen eigenen Tod. Schüler haben ein Recht auf Schutz und Respekt, auch ihrer Grenzen; dies beinhaltet auch das Recht, von Deutungen durch Erwachsene verschont zu werden:

Das Wissen über Scham und ihre Abwehr bringt die Versuchung mit sich, einen anderen Menschen zu »durchschauen« und zu »deuten«. Unabhängig davon, wie »gut gemeint« dies jeweils sein mag: Deutungen können auch falsch sein, da wir nie in das Innere eines anderen hineinzublicken vermögen. Symptome wie Gewalt oder Sucht, die oben aus Sicht der Schamabwehrformen gedeutet wurden, können auch ganz andere Ursachen haben (beispielsweise unverarbeitete Trauer): Nicht jedes Symptom ist auf abgewehrte Scham zurückzuführen!

Aber selbst »richtige« Deutungen können beschämen. Jemanden zu deuten überschreitet die Grenze zwischen pädagogischer und psychotherapeutischer Arbeit mit Menschen. Wie Micha Hilgers und Léon Wurmser betonen, sollte auch in der Psychotherapie vermieden werden, Patienten durch aggressive Deutungen zu beschämen. Ihre Angst davor, entblößt zu werden, kann dazu führen, dass sie sich hinter Ausweichen, Schweigen, Intellektualisierungen oder anderen Abwehrmechanismen zu verstecken suchen. Dies gilt es zu respektieren und, wenn überhaupt, Deutungen mit Geduld und analytischem Takt einzubringen.[271]

Das Wissen über die Scham darf, mit anderen Worten, nicht als Machtmittel, sondern muss mit einer verantwortungsbewussten, demütigen Haltung verwendet werden. Diese kann aus dem Aufarbeiten der eigenen Schamgeschichte erwachsen. Diese Haltung lässt sich, z. B. aus Sicht eines Beraters oder Supervisors, etwa in folgenden Gedanken beschreiben: »Weil ich Scham aus eigener Erfahrung kenne, deshalb verstehe ich die Ihrige. Ich habe meine Geschichte mit ihr, Sie die Ihrige. Ich habe gelernt, Schamgefühle auf meine Art abzuwehren; Sie tun dies aufgrund Ihrer Geschichte auf Ihre Weise. Die Abwehr hat es uns jeweils ermöglicht, emotional höchst schwierige Erfahrungen zu überleben.«

So ist die eigene Schamgeschichte nicht etwa ein Hindernis, sondern kann – wenn bewusst gemacht – die wichtigste Ressource für einen Menschen würdigenden Umgang mit dem »Du« werden.

Der Psychologe George Vaillant[272] unterscheidet zwischen verschiedenen Kategorien von Abwehrformen: Von (selbst)destruktiven Mechanismen wie z. B. Projektion, Größenwahn oder Gewalt bis hin zu gesunden, reifen Verhaltensweisen wie Humor, Altruismus oder Antizipation. Letzteres bedeutet, dass man sich gegen eventuelle künftige Schamerfahrungen wappnet, etwa durch sorgfältige Vorbereitung auf einen öffentlichen Auftritt.

Vaillant beobachtete in einer umfangreichen, sieben Jahrzehnte dauernden Langzeitstudie, dass Abwehrmechanismen sich im Laufe eines Lebens verändern und ›auswachsen‹ können. So kann sich etwa Abwehrverhalten, das in der Kindheit aufgrund traumatischer Erfahrungen entwickelt wurde und zunächst (selbst)destruktiv ist (z. B. ätzender Zynismus), später in reife Abwehr verwandeln (z. B. in Humor). Abwehrmechanismen können sich in eine Bereicherung verwandeln, können Antrieb für Kreativität und Lebenssinn werden. Vergleichbar mit einem störenden Sandkorn, das von der Muschel in eine Perle verwandelt wird.[273]

Meine Kollegin Jutta Heppekausen, Theaterpädagogin, hat eine Körperübung entwickelt, welche diese Transformation von (selbst) destruktivem zu gesundem Umgang mit Schamgefühlen körperlich erfahrbar macht: Sie bittet die Teilnehmenden zunächst, sich an eine Schamsituation zu erinnern und ihren Umgang damit in einem Standbild darzustellen. Ohne das Erlebnis selbst zu erzählen, bauen die »Autoren« aus jeweils drei bis fünf anderen Seminarteilnehmenden ein eingefrorenes Bild, das den intensivsten Moment der erinnerten Situation darstellt. In dieses Bild stellen sich die Autoren (oder eine Stellvertreterin) schließlich selbst. In aller Regel gehen sie in eine verkrampfte, in sich zurückgezogene, igelartig gekrümmte, nach außen abschottende Pose.

In einem zweiten Schritt lädt Jutta Heppekausen die »Autoren« dazu ein, im Zeitlupentempo diese Haltung in ein Standbild zu verwandeln, welches Würde ausdrückt. Die Teilnehmenden richten sich auf, gekrümmte Rücken werden gerade, aufrecht. Aus Abgeschottetheit werden differenzierte Abstände, hier größer, dort kleiner; geballte Fäuste öffnen sich zu behutsamen Gesten der Kontaktaufnahme. Die Bewegungen sind sehr berührend, so schön wie Zeitraffer-Filmaufnahmen von Blumen, die wachsen, sich aufrichten, knospen und aufblühen.

In der Arbeit mit Menschen kann es zusammenfassend also nicht darum gehen, deren schamabwehrende »Maske« herunterzureißen. Vielmehr gilt es, diese anzuerkennen und den Betreffenden darin zu unterstützen, (selbst)destruktive Abwehrmechanismen in gesunde Formen des Selbstschutzes zu verwandeln. Beratende Psychotherapeuten oder Supervisoren können einen solchen Prozess bestenfalls begleiten und unterstützen, aber niemals forcieren. Wie die Fachärztin für psychotherapeutische Medizin und Traumatherapeutin Luise Reddemann betont, kann es mitunter schwerfallen, »jemanden ›nur‹ zu begleiten und nichts machen zu können«[274] – doch genau dies erweist sich oft als hilfreich.

Zurück zum Arbeitsfeld Pädagogik: Kinder müssen darin unterstützt werden, ihre eigenen Grenzen zu entdecken und zu schützen; passiv (»wie nahe lasse ich die Person an mich heran?«) oder aktiv (»wie weit darf ich mich ausbreiten, ohne Grenzen anderer zu verletzen?«).

Diese Grenzen aufzuzeigen: dies ist die Aufgabe von Schamgefühlen. Zum einen der Intimitätsscham; sie signalisiert einer Person: »Hier ist jemand zu weit gegangen und hat meine Grenze verletzt.« Zum anderen Gewissensscham; sie zeigt an: »Hier bin ich zu weit gegangen und habe die Grenze anderer verletzt. Hier habe ich mir zu viel vorgenommen und bin gescheitert – so dass es notwendig ist, mein Selbstbild realistisch zu korrigieren.«

Allerdings erscheint mir fraglich, inwieweit Schule in ihrer heutigen Form ein geeigneter Ort ist, in dem die Schüler ihre Grenzen spüren und herausarbeiten können: Insbesondere die Pubertät ist in dieser Hinsicht eine wichtige Lebensphase. In dieser Zeit ringen Heranwachsende, so Manfred Dworschak, um Abgrenzung gegenüber Eltern und Erwachsenen. Aufgrund der rasanten Veränderungen ihres Gehirns »erwachen sie mit dem Gehirn eines wagemutigen Abenteurers, der es bei Mama und Papa einfach nicht mehr aushält«[275]. In dieser Phase, in der sie aufgrund ihrer Biologie hinaus in die Welt ziehen müssten, werden sie jedoch in einem verlängerten Kindheitszustand festgehalten und in einen Schulunterricht gezwungen, der mit ihrer inneren Wirklichkeit nichts zu tun hat; entsprechend kümmerlich sind häufig die Lernerfolge dieser Jahre. Dies ist ein Beispiel dafür, wie das bestehende Bildungssystem den Eigenzeiten der Schüler Gewalt antut.

Statt Aufbruch erleben die Heranwachsenden eine endlos erscheinende Wartezeit. Systematisch wird jungen Menschen das Abenteuer der Welt vorenthalten, indem sie in die Isolation der Scheinwelt Schule gezwungen werden: ohne Möglichkeit, sich selbst in der Auseinandersetzung mit der realen Welt zu erkennen; ohne wirkliche Aufgabe; ohne Grenzerfahrung, an der sie ihre Grenzen erfahren könnten. Nicht wenige Kinder, die auf diese Weise zwangsweise infantilisiert werden, so der Psychologe Robert Epstein, greifen »in ihrer Sehnsucht nach ›Ernst‹ und ›wirklichem Leben‹ zu Surrogaten wie Waffen oder Drogen oder verordnen sich selbst Wahnzustände in Discos oder auf Konzerten«[276].

Diese schulischen Rahmenbedingungen erschweren es den jeweiligen Eltern bzw. Lehrern, den Heranwachsenden sinnvolle und klare Grenzen zu setzen. Dies setzt auch voraus, dass die Erwachsenen als integer erlebt werden und ihrerseits ein Bewusstsein für ihre eigenen Grenzen haben. Andernfalls besteht die Gefahr, dass die von ihnen gesetzten Schranken unglaubwürdig, willkürlich, inkonsistent oder verletzend sind: dass »Grenzen setzen« mit Ausgrenzung, Beschämung oder Gewalt verwechselt wird.

Gesetzte Grenzen können vom »Du« eher akzeptiert werden, wenn grundsätzlich Schutz, Anerkennung, Integrität und Zugehörigkeit gewahrt sind: innerhalb eines Raumes der Würde.

Zugehörigkeit vermitteln

In unserer Gesellschaft herrscht die unheilvolle Tradition vor, einem Menschen gerade dann die Zugehörigkeit zu entziehen, wenn er oder sie sich in einer schwierigen Lebenssituation befindet. Gerade dann, wenn sich wirkliche Gemeinschaft zu bewähren hätte, versagt sie. Etwa wenn ein junger Mensch in Not ist, einen Fehler begangen hat oder delinquent geworden ist und daher dringend notwendig auf Verständnis, Trost, Unterstützung und Ermutigung angewiesen wäre, um seine »Not zu wenden«.

Genau dann wird der Betroffene häufig noch zusätzlich entwürdigt: etwa indem er mit Schadenfreude, Häme und Gehässigkeiten überschüttet wird, gemäß dem deutschen Sprichwort: »Wer den Schaden hat, braucht für den Spott nicht zu sorgen.« Oder indem er ausgegrenzt, in niedrigere Schulformen aussortiert oder in Justizvollzugsanstalten weggesperrt wird. Bis heute passiert es in unseren Schulen, dass Schüler in die Ecke gestellt oder verbal beschämt werden (z. B. mit »Schäm dich!« oder subtiler mit Sätzen, die mit »Du bist nur ein …« beginnen).

Auf die geschichtlichen Wurzeln unserer Tradition der Ausgrenzung wurde in Teil 2 hingewiesen. Wie können wir den Menschen, mit denen wir arbeiten, Zugehörigkeit vermitteln – gerade dann, wenn sie ihrer am meisten bedürfen und unsere ganze Tradition sagt: »Raus! Weg mit dir!«?

Ein erster Schritt besteht darin, dass wir uns dieser Tradition und unserer eigenen ausgrenzenden Impulse bewusst werden. Darüber hinaus ist es hilfreich, sich bewusst zu machen, dass wir dem »Du« Zugehörigkeit wohl anbieten, dies aber nicht erzwingen können. Wir können lediglich Einladungen aussprechen, müssen es aber dem »Du« überlassen, diese anzunehmen oder auszuschlagen; Letzteres ist schmerzhaft. Dies erfahren vor allem Eltern, deren pubertierende Kinder sich von ihnen abzugrenzen und Gleichaltrigen zuzuwenden beginnen. Aus Sicht der Heranwachsenden sind die eigenen Eltern nun vielleicht »peinlich«; die Zugehörigkeit zu ihnen – in der bisherigen Form – geht zu Ende.

Des Weiteren ist die Unterscheidung zwischen Maske und Mensch hilfreich: So notwendig es in bestimmten Situationen ist, dem *Verhalten* z. B. eines delinquenten Jugendlichen Grenzen entgegenzusetzen, so darf doch nicht die Zugehörigkeit zum *Men-*

schen »hinter seinem Verhalten« aufgekündigt werden. Beispielhaft sei an dieser Stelle das Jugendhilfe-Projekt »Junge Menschen in Gastfamilien« (JuMeGa) des Vereins Arkade in Ravensburg erwähnt:

Seit 1997 werden Jugendliche, die nach Heim, Psychiatrie oder Jugendknast als hoffnungslos schwererziehbar, gewalttätig und kriminell gelten, in Gastfamilien vermittelt. Die Kinder sind zwischen 10 und 16 Jahre alt und bleiben zwischen sechs Monaten und zwei, maximal drei Jahren. Das Projekt zeigt, dass Kinder trotz Armut, Verwahrlosung oder Gewalt zu zufriedenen, lebenstüchtigen Menschen heranwachsen können: Wenn sie die Erfahrung machen, dass es in ihrem Leben mindestens einen Menschen gibt, der an sie glaubt und mit ihnen verbunden bleibt.

Eine der Gastmütter, Sabine Hönig, erzählt, dass die Kinder mit einem »Null-Konto« bei ihnen anfangen. Ihre Vorgeschichte sei ihnen zwar bekannt, aber sie blenden sie aus: »Wir geben ihnen die Sicherheit: Jetzt gehörst du zu uns, wir lassen dich nicht im Stich.«[277] Die Kinder bekommen von ihren Gasteltern einerseits klare Regeln und Grenzen gesetzt – zugleich aber auch Zugehörigkeit. Die Gasteltern bieten den Kindern einen Platz, »um den sie nicht kämpfen müssen. Sie müssen nicht ihr Gesicht wahren vor Nachbarn oder Lehrern, diese Kinder sind keine Ersatzkinder. Sie müssen sich gar nicht erst schämen, kein perfektes Familienidyll zu sein.« Wie Fiona Ehlers berichtet, können gerade nicht perfekte Familien einen Schutzraum bieten, in dem die Jugendlichen nachreifen können: Weil sie selbst erfahren haben, was Scheitern bedeutet, weil sie Trennungen, Verluste, Schicksalsschläge erlebt und überwunden haben. Die Gasteltern können helfen, weil sie die Kinder – trotz aller Probleme – gernhaben: »Weil sie das Kind sehen, nicht die Diagnose.«[278]

Ein weiteres Beispiel: Erich Wallisch, Polizist in Schwäbisch Hall, hat die Erfahrung gemacht, dass Neonazis mit den üblichen Strategien nicht zu verändern sind. Abwertung und Repressionen bewirken lediglich, dass sich die Gruppe noch enger zusammenschließt. Wer aussteigen möchte, steht vor der Schwierigkeit, dass ›draußen‹ niemand mit offenen Armen auf ihn wartet, während die Gruppe immerhin Zugehörigkeit, Anerkennung und das Gefühl von Stärke vermittelt. Ernst Wallisch geht auf die jungen Menschen zu; er bietet Gespräche an: »Willst du deine Arbeit verlieren? Ins Gefängnis? Wohin gehörst du?«[279] Schon damit kann er viel bewirken – denn wer redet schon mit »denen«? Respekt ist ihm wichtig.

Auch im Projekt Violence Prevention Network steht das Gespräch mit Rechtsextremisten und Islamisten im Vordergrund.[280]

Traditionellerweise findet Dialog in unserer Gesellschaft nur dort statt, wo er sich erübrigt: unter Gleichgesinnten. Dort, wo er sich gerade zu bewähren hätte, hört er meistens auf, so die Sozialwissenschaftlerin Christina Thürmer-Rohr.[281] So ist der Umgang mit rechtsextremistisch Gesinnten in der Regel von der Strategie geprägt: »Nazis raus!« Dies zeigt sich z. B. auch in verächtlichen Slogans (»Nazis verpisst euch, keiner vermisst euch!«). Die bittere Ironie ist, dass das Problem dadurch nur noch vertieft wird: Rechtsextremistisch orientierte Menschen sind häufig durch traumatische Ausgrenzungen, Erniedrigungen und Missachtungen in ihrer Kindheit geprägt.[282] Innerhalb der Neonazigruppe erfahren sie – endlich – eine Form von Zugehörigkeit, die ihnen von Familie, Schule oder Gesellschaft verweigert wurde. Diese Menschen nun ein weiteres Mal auszugrenzen, ist wie Öl in ein Feuer zu gießen und kann dazu führen, dass sie die Zugehörigkeit zu ihrer Gruppe noch verstärken.

Zugehörigkeit hat auch mit »Zu-hören« und der Befähigung zum Dialog zu tun; diese ist – gerade in Deutschland – deformiert, so Thürmer-Rohr.[283] Folglich wird Dialog häufig banalisiert als Gerede, Informationsübermittlung, Diskutieren oder Debattieren: jene siegorientierten Meinungskriege, wie sie uns allabendlich in Fernsehen und Podiumsveranstaltungen vorgeführt werden. Jene herrschende Unkultur, in der jeder Redner Recht behalten muss; in der Meinungen um jeden Preis verteidigt werden müssen, weil alles andere als beschämende Schwäche, Inkompetenz, Nachgeben und Niederlage erlebt würde. Als ob Dialog darin bestünde, zähneknirschend die Gegenwart anderer Menschen zu ertragen, von denen wir von vornherein keinerlei Bereicherung erwarten!

Mit Bezug auf Hannah Arendt beschreibt Christina Thürmer-Rohr Dialog als die Bereitschaft, »die Welt mit anderen zu teilen«[284]. Diese Bereitschaft kann erlernt und eingeübt werden. So verbindet etwa die Dialog-Facilitatorin Christine Findeis-Dorn[285] das dialogische Prinzip des jüdischen Religionsphilosophen Martin Buber mit dem Prinzip der Achtsamkeit, wie es in Westeuropa vor allem durch die buddhistischen Meditationspraktiken bekannt wurde. Auch wenn es keine Dialog*techniken* gibt, so schlägt Findeis-Dorn doch folgende fünf Wegweiser zum Einüben achtsamer Haltungen im Dialog vor:

- *Anfängergeist* bedeutet die Bereitschaft, sich auf neue Begegnungen einzulassen, Sprechen, Hören und Denken in neuartiger Weise zu erfahren – unabhängig davon, inwieweit man sein Gegenüber bereits zu kennen meint.[286] Hier geht es darum, den Dialog aus der Haltung eines »leeren«, unvoreingenommenen Lernenden zu beginnen.
- *Radikaler Respekt* meint einen grundsätzlichen, tiefen Respekt vor dem »Du«, ganz unabhängig davon, welche Ansichten oder politischen Meinungen die andere Person vertritt, welchem Geschlecht sie angehört, wie sie lebt oder religiös ausgerichtet ist, wie viel sie leistet usw. Wobei die Autorin einschränkt, dass Respekt dort an seine Grenzen kommen kann, wenn die andere Person Dritten gegenüber Respekt verweigert.
- *Von-Herzen-sprechen* bezeichnet die Fähigkeit, wesentliche Gedanken oder Gefühle zu äußern, auch dann, wenn diese unüblich oder unbequem sind. Für Martin Buber kann Dialog dann entstehen, wenn Menschen, »die sich einander in Wahrheit zugewandt haben, sich rückhaltlos äußern und vom Scheinenwollen frei sind«[287].
- *Generatives Zuhören* bedeutet, präsent zu sein, mit gesammeltem Geist zuzuhören und sozusagen »Hebamme« dafür zu sein, dass die sprechende Person neue Gedanken oder Fragen »gebären« kann.
- *Suspendieren statt Gewalttätigkeit* schließlich heißt, sich die eigenen, oft impulsiven emotionalen oder gedanklichen Reaktionen bewusst zu machen und ihnen Einhalt zu gebieten. Es geht darum, »uns unsere Annahmen und Bewertungen über das, was jemand (nicht) sagt oder (nicht) tut, unserer Ansichten über die Welt bewusst zu werden. Statt sie, wie normalerweise, reaktiv zu äußern oder ihnen gedanklich nachzuhängen, übt man beim Suspendieren, sie gleichsam ›freischwebend‹ zu beobachten.«[288] Dies kann davon befreien, seine eigenen Reaktionen in einen beginnenden Dialog ›einzuschießen‹, was diesen in der Regel stoppt.

Achtsamkeit und Dialog können auch mit Lehrern/-innen, Eltern und Schülern eingeübt werden. Dasselbe gilt für andere Programme, mit denen die Fähigkeit zur Kommunikation erlernt werden kann, etwa gewaltfreie Kommunikation nach Marshall Rosenberg;[289] ein Beispiel:

Erika Wunderling unterrichtet Deutsch und Kommunikation an der Berliner Loschmidt-Oberschule. Ihre Schüler haben die vier Schritte der Gewaltfreien Kommunikation gelernt: Fakten beobachten, Gefühle ausdrücken, Bedürfnisse äußern und um eine Handlung bitten. Als z. B. eines Tages der 18-jährige Dennis verspätet und mürrisch den Klassenraum betritt und die Tür zuknallt, bleibt die Lehrerin ruhig. Sie begrüßt ihn mit einem freundlichen Guten Morgen und bietet ihm die Möglichkeit, zu erzählen, was ihn so gestresst hat. Sie bittet Dennis' Mitschüler, ihm ihre Aufmerksamkeit zu schenken, wenn er seine Sorgen schildert. Dennis schildert seinen Start in den Tag: Obwohl er so gut er kann seiner Mutter im Haushalt und mit den Geschwistern hilft, wurde er heute früh von seinem Vater angebrüllt und mit Schlägen bedroht, nur weil er am Vorabend zu spät nach Hause gekommen war.
Die Mitschüler melden Dennis zurück, was sie wahrnehmen: unerfüllte Bedürfnisse und Wut. Bestimmt wünsche er sich, dass sein Vater sähe, was er alles mache, sagt ein Junge, und dass er Dennis respektiere und gerecht behandle. Ein Mädchen vermutet, sein Vater sollte sehen, dass Dennis auch sein eigenes Leben haben wolle. Dennis wirkt erleichtert und wird ruhiger, sein Ärger legt sich. Interessiert möchte er von einem Mitschüler wissen, wie dieser die Konflikte mit seinem Vater gelöst hat.[290]

Nach Annedore Prengel[291] sollten alle Schüler Zugehörigkeit zur Klassen- und Schulgemeinschaft erfahren, unabhängig von Leistung, Herkunft oder Geschlecht. Dies kann durch vielfältige demokratische Rituale (z. B. Kreisgespräche, Partnerschaften, Konfliktprojekte) ausgestaltet werden. Zugleich gilt es, die Einzigartigkeit jedes Kindes zu sehen und nach seinem individuellen Lernprofil zu fragen: Welches ist seine Ausgangslage? Wie lernt es? Durch welche lebensgeschichtlichen Bedingungen wird es in seinem Lernen beeinflusst? Welche Lernschritte hat das Kind bisher gemacht? Wodurch wurde sein Lernen bisher behindert? Wie könnte dies gefördert werden?

Viele Kinder machen die schmerzhafte Erfahrung, dass ihr Bedürfnis nach Zugehörigkeit von den eigenen Eltern missachtet wird. Etwa wenn schlechte Zeugnisse mit Beziehungsabbruch geahndet werden. Wenn die Eltern den Lehrer ermutigen: »Geben Sie ihm ruhig ein paar hinter die Ohren, ich zwing ihn nicht mehr!« Oder wenn ein Kind zu Hause von ungerechtem Lehrerverhalten erzählt und von seinen Eltern zu hören bekommt: »Na, irgendwas wirst du schon ausgefressen haben.«

Dass es auch anders gehen könnte, dies schildert Reinhard Mey in seinem bewegenden Lied »Zeugnistag«: Der Erzähler bekommt ein katastrophal schlechtes Zeugnis und fühlt sich als »totaler Versager«. Er fälscht die Unterschrift seiner Eltern. Der Betrug wird aufgedeckt, der Rektor lässt den Schüler und seine Eltern kommen. Diese nehmen den Jungen in Schutz: Ja, dies sei ihre Unterschrift. Mit diesem Lied wünscht Reinhard Mey allen Kindern, die etwas »ausgefressen« haben, dass ihnen »jemand Zuflucht gibt«. Dieses Lied rührt viele Zuhörer zu Tränen; der donnernde Applaus (zu hören auf einer Live-Aufnahme) ist ein Zeichen dafür, dass es etwas ausdrückt, was vielen Zuhörern vertraut ist: schmerzhafte Erinnerungen an fehlende Zugehörigkeit und die Sehnsucht auf emotional unterstützende Eltern.

Wie könnte Reinhard Meys Geschichte weitergehen? Die Zugehörigkeit, die dem Sohn hier von seinen Eltern vermittelt wird, ist jedenfalls eine unerlässliche Voraussetzung dafür, dass klärende Gespräche zwischen Eltern und Sohn über das schlechte Zeugnis und das Fälschen von Unterschriften gelingen können. Damit komme ich zum nächsten Thema:

Räume zur Entfaltung von Integrität schaffen

Unter Integrität verstehe ich das menschliche Grundbedürfnis, sich selbst treu zu bleiben; sich selbst im Spiegel in die Augen schauen zu können, ohne sich für sich selbst zu schämen. Integrität, so Arnd Pollmann, braucht jedoch »soziale Ermöglichungsbedingungen«. Nicht alle Menschen haben »gleichermaßen Integrität, aber alle Menschen besitzen das gleiche Recht auf Schutz eines Freiraums, in dem allein sich ein integres Leben zu entfalten vermag.«[292] Menschenwürde zu fördern bedeutet demnach, solche geschützten Freiräume zur Verfügung zu stellen, in denen – zum Beispiel in der Schule – Kinder oder Jugendliche herausfinden können, wer sie sind und was ihre Werte sind.

Traditionellerweise geschieht häufig das Gegenteil: So besteht eine verbreitete Methode, die Integrität eines Menschen zu brechen, darin, ihn zu einer Handlung zu zwingen, die seinen moralischen Werten widerspricht. Die Scham darüber entzweit den Betreffenden. Ein aktuelles Beispiel ist die Rekrutierung von Kindersoldaten: Minderjährige werden zu Verbrechen gezwungen, die so abscheulich sind (z. B. nahe Angehörige zu ermorden), dass sie sich schämen, zu ihren Familien zurückzukehren.[293] Durch die Scham wird das Kind von sich selbst und von seiner Familie getrennt. Zugehörigkeit bietet ihm einzig die Gruppe der Soldaten.

Ein anderes Beispiel ist die Grundausbildung in militaristischen Organisationen: Der Rekrut wird erniedrigt und schämt sich in der Konsequenz vor sich selbst (weil er die Entwürdigung nicht verhindern konnte) und vor den Zeugen seiner Erniedrigung. Den Ausweg aus seiner Schande bietet ihm das Militär, indem es bestimmte Verhaltensweisen vorgibt, mit denen der Betreffende seine verlorene Ehre wieder herstellen kann: durch hartes (»soldatisches«) Auftreten und die Bereitschaft zur Ausübung von Gewalt.

Einen Menschen in einen Gewissenskonflikt zu zwingen bedeutet, so der Jurist und Philosoph Paul Tiedemann, ihn in einen Zustand moralischer kognitiver Dissonanz zu versetzen. Dies ist »ein menschenunwürdiger Zustand, weil er den Wert unserer personalen Identität in der radikalsten Weise in Frage stellt und uns von uns selbst in einer Weise entfremdet, die es ermöglicht, Ekel vor sich selbst zu haben.«[294] Daher dürfen Personen »nicht Situationen ausgesetzt werden bzw. müssen vor Situationen bewahrt werden, in denen sie dazu verführt oder genötigt werden, gegen ihre eigenen moralischen Standards zu handeln«[295].

Solche Situationen ereignen sich keineswegs selten, beispielsweise im Schulsport. Das folgende Beispiel wurde von Annedore Prengel und Friederike Heinzel veröffentlicht. Die Szene wird geschildert aus Sicht der betroffenen Schülerin; nennen wir sie Doris: »Ich hasse Sport, weil ich immer eine 5 bekomme. Die anderen hänseln mich immer, wenn ich nicht über den Bock springen kann. Bloß weil ich ein bisschen dicker bin als die anderen. Oh Gott, Kletterstangen sind heute dran. Ob ich erzähle, dass ich mein Sportzeug vergessen habe? Aber dann muss ich vielleicht – wie Sven vor kurzem mal – in Unterwäsche turnen. Ach herrje, jetzt ist es zu spät. Ich soll jetzt da hoch. Und alle gucken mir zu. Ich höre schon die Jungs, weil sie lachen und sagen: ›Hey du bist viel zu dick, da kommst du nicht hoch‹. Am liebsten würde ich jetzt gehen. Aber Frau Schulze zwingt mich zum Klettern. Ich lege beide Hände um die Stange und versuche mich hoch zu ziehen. Es geht nicht. Jetzt fangen alle laut an zu lachen und einer ruft: ›Dicki, Dicki, du hängst wie ein nasser Sack da.‹ Ich schäme mich und langsam kullern mir Tränen über die Wangen.«[296]

Die Unterrichtsstunde ist so inszeniert, dass Doris' Mitschüler zu Zeugen ihres Scheiterns an der Kletterstange werden. Deren Scham fühlen diese empathisch mit: Einige ihrer Mitschüler erstarren und schauen betreten zu Boden; die Klasse wird mit Scham erfüllt. Für deren Abfuhr sorgt das Gelächter, das zunächst von einigen Jungen ausgeht und in das bald alle anderen Mitschüler einstimmen: nicht zuletzt aus Angst davor, innerhalb der Gruppe ins Abseits zu geraten oder von der Sportlehrerin Frau Schulze ihrerseits vorgeführt zu werden. Insgeheim schämen sie sich jedoch, dass sie nicht für ihre Mitschülerin eingetreten sind, dass sie Doris im Stich gelassen haben. So verlieren sie ihre Integrität.

Diesen Preis bezahlen die Schüler dafür, dass die Lehrerin Kontrolle und Macht über die Schülergruppe hergestellt hat nach dem Prinzip: »Beschäme, teile und herrsche!« Indem Frau Schulze eine Schülerin in den Fokus stellt und zum Gespött macht, macht sie sich selbst unangreifbar. Zugleich sorgt sie für Stimmung in der Turnhalle: Alle – außer Doris – lachen, auch wenn es ein hässliches, giftiges Lachen ist: Schadenfreude.

Auch wenn es heute viele Klassenzimmer in Deutschland gibt, in denen mit Wertschätzung gelernt wird: Die geschilderte Sportstunde ist kein Einzelfall. Dies wurde mir kürzlich von einem jungen Lehrer bestätigt. Während seines Referendariats, der zweiten Phase der Lehrerausbildung, gab ihm sein Betreuer den Rat: »Wenn Sie Schwierigkeiten mit einer Klasse haben, dann greifen Sie sich einen Schüler raus und machen den zum Gespött. Dann haben Sie Ihre Ruhe!«

Die lange Traditionslinie der beschämenden Pädagogik wurde im Abschnitt »Pädagogik der Beschämung« dargestellt. Ihr ist es zu verdanken, dass schon junge Menschen frühzeitig in eine Kultur des Mobbings und des Wegsehens eingeübt werden. Einen Schüler zu beschämen, betrifft nicht nur diesen einen, sondern hat Auswirkungen auf alle. Eine einzige Schulstunde wie zum Beispiel die oben geschilderte Sportstunde hat Folgen, die weit über die jeweiligen 45 Minuten hinausreichen; sie können im Extremen lebenslänglich nachwirken. Wie kann diese Tradition umgekehrt werden? Wie könnte dies in einer Gesellschaft gelingen, in der Integrität so außerordentlich rar ist, wie dies in Deutschland bis heute der Fall ist? Was können Lehrende tun, um Schülern einen geschützten Freiraum zur Entfaltung ihrer Integrität zu bieten?

Eine erste Voraussetzung dafür ist es, sich der eigenen Würde bewusst zu sein und an der eigenen Integrität zu arbeiten. Wichtig ist es, Integrität vorzuleben: im Umgang mit Schülern, aber auch mit Vorgesetzten, Kollegen, Eltern, Politikern, öffentlicher Meinung, auch in Bezug auf gesellschaftliche und globale Fragen. Die Integrität des oder der Lehrenden ist so wichtig, weil Kinder, so Joachim Bauer, vor allem am Modell lernen: »Sie orientieren sich also an dem, was sie um sich herum sehen.«[297] Um ihre Integrität entfalten zu können, benötigen Heranwachsende daher integre Menschen als Vorbilder.

Einige Beispiele: Während einer Fortbildung erzählt ein Schulleiter von einem verletzenden Scherz auf Kosten der Lehrer, den er von der Kanzel eines Doms, aus dem Mund eines Weihbischofs, hören musste. Darüber grämt und ärgert er sich noch viele Monate später. Endlich schreibt er dem Weihbischof einen Brief, in dem er benennt, wie jene Predigt auf ihn gewirkt hat. Damit kann sich der Betroffene seinen Ärger von der Seele schreiben und fruchtbar werden lassen. Für so eine Aktion ist es auch Monate danach noch nicht zu spät.

Eine Lehrerin hat es sich zur Gewohnheit gemacht, sofort schriftlich zu reagieren, wenn sie in der Tageszeitung pauschal verächtliche Kommentare gegen »die Lehrer« liest: »Das bin ich mir selber schuldig.« Für die eigene Integrität einzutreten ist allemal sinnvoll – ganz unabhängig davon, wie erfolgreich diese Aktion auch sein mag (ob z. B. ein Leserbrief letztendlich gedruckt wird oder nicht).

Viele Lehrer machen in ihrer Freizeit die Erfahrung, dass die Kommunikation entgleist, sobald z. B. auf einer Party ihr Beruf bekannt wird. Von diesem Moment an wird in der Regel nur noch über die Unfähigkeit der Lehrer hergezogen. Joachim Bauer empfiehlt Lehrern, in solchen Situationen nicht defensiv zu reagieren (etwa: »Ich bin Mathematiker«), sondern offensiv und selbstbewusst aufzutreten, etwa durch so eine Antwort: »Ich bin Pädagoge mit Leib und Seele [...] und plage mich seit Jahren mit den schwierigen Kindern ab, die uns die Eltern und die Gesellschaft in die Schule schicken. In vielen Fällen gelingt es mir, aus hoffnungslosen Fällen ziemlich gute Schüler zu machen!«[298] Eine solche Antwort setzt allerdings voraus, dass der oder die betreffende Lehrer/-in tatsächlich gute Arbeit – der beste Schutz der eigenen Integrität – leistet. Lehrkräfte wie die zitierte Sportlehrerin Frau Schulze dagegen benötigen professionelle Hilfe, um ihren Unterrichtsstil konstruktiv zu verändern, etwa durch Fallbesprechungsgruppen, Supervision, Coaching oder Psychotherapie. Sie werden nicht dadurch verbessert, dass die Lehrer pauschal beschämt werden, wie dies in der bundesrepublikanischen Öffentlichkeit gerne praktiziert wird.

Die Art und Weise, wie Lehrer Kontakt mit den Schülern aufnehmen und die Beziehung mit ihnen gestalten; wie sie mit der Aufmerksamkeit der Schüler und mit Fehlern umgehen: Daran entscheidet sich, ob das Klassenzimmer ein geschützter Raum ist, in dem Schüler ihre Integrität entfalten können. Das bedeutet keineswegs, dass Lehrer fehlerlos sein müssen:

Unsere Gesellschaft wird von einem Perfektionsdenken beherrscht, welches suggeriert: Ein Leben ohne Fehler wäre möglich, wenn sich nur jeder Einzelne genügend Mühe geben würde. Immense Lebensenergien werden aufgeboten, um dieses Ideal zu erreichen, das letztlich doch unerreichbar bleibt: weil wir Menschen und daher von Natur aus fehlbar sind. Durch die Illusion des Perfektionismus werden Chancen verbaut, aus Fehlern zu lernen, weil diese mit größter Kraftanstrengung vermieden und, wenn sie dennoch geschehen, geleugnet oder vertuscht werden müssen. Weil hinter dem Perfektionismus stets der Abgrund von Scham droht: die existenzielle Angst davor, ein Fehler zu *sein*, auch wenn lediglich ein Fehler *gemacht* wurde.

Es kommt also nicht darauf an, Fehler um jeden Preis zu vermeiden, sondern mit ihnen umzugehen und sie als Chance zum Lernen zu nutzen. So kann es z. B. im Sportunterricht durchaus passieren, dass ein Schüler oder eine Schülerin eine Übung verpatzt und Mitschüler in Gelächter ausbrechen. Hier hätte die Lehrkraft sofort einzugreifen und das Lachen zu unterbinden. *Jetzt* ist der Zeitpunkt, um mit den Schülern Mobbing zu thematisieren und die Mechanismen von Beschämung, Macht und Ohnmacht zu erarbeiten. Dies hätte allerdings zur Konsequenz, dass eine Sportlehrerin wie die oben zitierte Frau Schulze ihr Machtinstrument durchsichtig macht und aus der Hand gibt.

Ein möglicher Einwand lautet: Solche Überlegungen gehören nicht in die Sport- oder Biologiestunde, sondern in den Ethik- oder Religionsunterricht. Dem widerspreche ich: Keine Situation, in der Menschen in ihrer Würde verletzt werden, darf stillschweigend übergangen werden. Hinschauen und Aufarbeiten beginnt genau hier. Andernfalls besteht die Gefahr, dass der heimliche und der offizielle Lehrplan auseinandergerissen werden: In der einen Schulstunde lernen die Schüler, wie man einen Mitmenschen entwürdigt, und, getrennt davon, in einer anderen Stunde wird ihnen eine Unterrichtseinheit über Menschenwürde vorgesetzt, die abstrakt bleibt, weil sie mit ihrer schulischen Wirklichkeit nicht übereinstimmt. Erst kommt das Handeln, dann die Moral? Nein: Beides darf nicht künstlich voneinander getrennt werden (auch wenn dies durch die gegenwärtige Zersplitterung der Unterrichtsfächer begünstigt wird). Ethisch relevante Konflikte können bei jedem Unterrichtsthema akut werden.

Anerkennung geben

Der Begriff der Anerkennung wird häufig missverstanden. Angefangen mit dem deutschen Sprichwort »Neid und Missgunst sind die höchsten Formen der Anerkennung« bis hin zum schwäbischen Handwerksmeisterspruch: »Nicht geschimpft ist genug gelobt.« Anerkennung wird auch gerne banalisiert (»Jetzt sollen wir wohl die Schüler auch noch öfter loben!«) oder lächerlich gemacht, etwa wenn von »Wohlfühl-Pädagogik« gesprochen wird. Dabei ist Anerkennung nicht irgendein überflüssiger Luxusartikel, sondern ein Grundbedürfnis des Menschen: Anerkennung ist für unsere Entwicklung so wichtig, wie es das Sonnenlicht für das Wachstum der Pflanzen ist.

Menschen dürfen nicht missachtet, ignoriert, übergangen, abgewertet, beschimpft, stigmatisiert, beschämt, verachtet, zum Gespött gemacht oder anderweitig entwürdigt werden: Dies sollte eigentlich eine Selbstverständlichkeit sein, ist es aber nicht, jedenfalls nicht in unserer Gesellschaft. So berichtet z. B. eine junge Assistenzärztin, welchem missachtenden Verhalten und entwürdigenden Strukturen sie in ihrer Ausbildung begegnet. Ihr Oberarzt behandelt sie verächtlich; auf ihre Fragen reagiert er, indem er die Augen verdreht, oder mit Aussagen wie, sie habe doch studiert – dann könne sie das Betreffende doch selbst nachlesen. Dem Klinikdirektor begegnet sie nur bei der Behandlung von Privatpatienten. Interesse daran, wie sie sich eingelebt habe, wie es ihr an der Klinik gefalle, wird nicht geäußert, höchstens daran, ob im Protokoll die Zeiten richtig erfasst sind, damit nachher die Abrechnung stimmt. Doch nicht nur die Art und Weise, wie sie selbst behandelt wird, macht ihr zu schaffen: Kümmert sie sich beispielsweise im OP vorrangig um den bereits in Narkose versetzten Patienten statt um das Protokoll, erntet sie sofort Kritik. Als ob die Vitalwerte und -funktionen des Patienten nebensächlich wären. Nach drei Monaten ist sie »›durch‹ mit dem Job« – nicht nur an der Klinik, sondern insgesamt. Sie macht nur noch »Dienst nach Vorschrift«, um ihrer Verantwortung gerecht zu werden. Gleichzeitig sieht sie sich nach beruflichen Alternativen um.[299]

Anerkennung ist etwas, was wir aktiv tun, geben und steuern können. Es beginnt schon beim ersten Blickkontakt; etwa beim Betreten eines Raumes oder bei der Begrüßung von Mitarbeitenden. Wir geben Anerkennung durch respektvolle Anrede, Höflichkeit und Taktgefühl. Und indem wir einem Menschen unsere Aufmerksamkeit schenken.

Joachim Bauer formuliert folgende Botschaften aus Sicht eines Schülers: »Lass mich spüren, dass ich da bin, dass ich für Dich existiere!«, »Zeige mir durch Deine Resonanz, was meine starken und schwachen Seiten sind!«, »Lass mich spüren, ob Du – bei aller Kritik – an mich und an meine Entwicklungspotenziale glaubst!«[300] Wir geben einer Person Anerkennung, indem wir sie wahrnehmen und anschauen; ihr zuhören; sie als eigenständiges »Du« begreifen und ernst nehmen; uns ihr zuwenden und widmen, auch in der Körperhaltung; sie anblicken (statt z. B. auf den Bildschirm oder das Handy zu starren); uns Zeit für die Begegnung mit ihr nehmen (und dabei den PC nach Möglichkeit ausschalten bzw. das Handy aus der Hand legen); sie anerkennen als diejenige, die sie ist, in ihrer ganzen Einzigartigkeit.

Dies ist die eine Bedeutung von anerkennen, im Sinne von »erkennen«. Diesbezüglich hat unsere Gesellschaft Nachholbedarf. Ich erinnere z. B. nicht wenige Arztbesuche, bei denen der Arzt die meiste Zeit auf den Bildschirm vor sich blickte. Katastrophal versagt hat unsere Gesellschaft über Jahrzehnte, insofern sie dem Missbrauch von Kindern und Jugendlichen ihre Aufmerksamkeit verweigert hat: Mehrere dieser jungen Menschen haben schon vor Jahren versucht, auf das, was ihnen widerfahren ist, aufmerksam zu machen. Sie haben ihre Eltern, Medien oder Politiker angesprochen, aber sie wurden nicht gehört, sie wurden nicht ernst genommen, ihnen wurde nicht geglaubt. Für ihre Würde ist es wichtig, dass ihnen heute – endlich! – Gehör geschenkt wird, dass sie in ihrem Leid anerkannt werden.

Eine weitere Bedeutung von Anerkennung ist *ernst nehmen,* z. B. indem Schüler *sinnvolle* Aufgaben bearbeiten dürfen; sie als Subjekte sehen. Der Philosoph Peter Bieri schreibt: »Um einem Menschen zu begegnen [...] müssen wir ihm als einem Subjekt gegenübertreten: als einem Wesen, das im selben Sinne wie wir eine eigene Perspektive auf die Welt hat und deshalb, wie auch wir, als Zweck in sich betrachtet werden möchte.«[301] Anerkennen hat auch mit Wertschätzung, Würdigen, Wohlwollen, Vertrauen, Achtung, positiver Rückmeldung und Respekt (nicht zu verwechseln mit: Gehorsam) zu tun. Hier geht es darum, dem »Du«, unserem Gegenüber, dem anderen Subjekt, mit einer positiven Haltung gegenüberzutreten und dies auch zum Ausdruck zu bringen. Ich möchte dies vergleichen mit dem Blick, den wir auf ein Glas mit Wasser werfen: Statt das Glas als z. B. »drei Viertel leer« wahrzunehmen, können wir entscheiden, es als »zu einem Viertel voll« zu betrachten. Ebenso können wir uns dazu entscheiden, z. B. in einem Schüler das zu erkennen, was ihm gelungen ist; seine *Potenziale* zu ahnen und zu fördern; ihn auf seine Fähigkeiten hin zu betrachten und ihn darin zu unterstützen, diese zum Ausdruck zu bringen.

Dies mag vielleicht schwerfallen bei Kindern oder Jugendlichen, die schnell als »dumm«, »faul«, »schwierig« oder als »schlechte Schüler« diagnostiziert werden. Hier ist Vorsicht geboten: Was unzählige »solcher« Kinder leisten ist beachtlich, wenn wir etwa berücksichtigen, dass etwa jedes fünfte Kind in Armut aufwächst und viele Schüler ohne Frühstück zur Schule kommen. Dass mindestens 225 000 Kinder und Jugendliche unter 18 Jahren ihre kranken Eltern versorgen und pflegen; in aller Regel verschweigen sie dies aus Angst, dass ihre Familien getrennt werden.[302] Dass unzählige Kinder Tag für Tag kaputte Familienverhältnisse, Vernachlässigung, Misshandlungen oder Missbrauch erleiden müssen und es dennoch schaffen, zu überleben; etwa 1,4 Millionen Kinder sind Opfer häuslicher Gewalt. Schätzungsweise 2,65 Millionen Kinder unter 18 Jahren leben mit Eltern zusammen, die von Alkohol, Drogen oder Medikamenten abhängig sind. Dies zu überstehen zeigt, dass sie über erstaunliche Kompetenzen verfügen, die vielleicht keinem offiziellen »Lernziel« und keinem Unterrichtsfach zuzuordnen sind, die es aber anzuerkennen gilt.

Vorsicht ist auch geboten, weil Menschen in ganz unterschiedlichen Geschwindigkeiten lernen. In großartiger Weise schildert Sten Nadolny im Roman *Die Entdeckung der Langsamkeit* (1986) wie leichtfertig ein langsam lernendes Kind als »dumm« abgestempelt wurde.

Wertschätzung steht im Gegensatz zu unserer pädagogischen Tradition, wie sie seit Generationen in zahllosen Familien, Schulen, Hochschulen und Berufsausbildungen eingeübt wird und wodurch Lernen vergiftet wird. Demnach ist ein Mensch daraufhin zu betrachten, was er falsch macht, wo er sich irrt, was er übersehen hat, wo er einen Fehler gemacht hat, wo seine Defizite liegen. In akademischen Kreisen wird z. B. gerne danach gesucht, dass eine These »nicht wissenschaftlich begründet« sei; oder, in Rezensionen, dass der Autor »nichts Neues« zu sagen habe. Hinter manchem Verriss stecken eigene, unverarbeitete Demütigungserfahrungen; dies wird dann offenkundig, wenn z. B. der Rezensent dieselben Formulierungen verwendet, mit denen er selbst einst verrissen wurde.

Dieses negativistische Suchen nach Fehlern scheint mir durchaus charakteristisch für unsere Gesellschaft zu sein. Dies erfuhr z. B. ein deutscher Lehrer während seines Aufenthalts als Austauschlehrer in Nordamerika. Dort hatte er einen Aufsatz schreiben lassen, ihn in der für ihn gewohnten Weise (mit vielen roten Markierungen am Seitenrand) korrigiert und an die Schüler zurückgegeben. Gleich am nächsten Morgen wurde er sofort zum Schulleiter gerufen, der ihn unmissverständlich warnte: Wenn dies noch einmal vorkomme, werde er sofort entlassen.

Während meiner langjährigen Zeit als Gastdozent an einer US-amerikanischen Universität und auf zahlreichen Tagungen in Nordamerika habe ich wiederholt erlebt, dass auch in akademischen Kreisen ein wertschätzender Umgang miteinander möglich ist. Dies wird bereits in der Schule eingeübt; z. B. wird in kanadischen Schulen durch verschiedene Maßnahmen für ein respektvolles Lernklima gesorgt.[303] Daher ist es auch kein Zufall, dass kanadische Schüler in internationalen Vergleichen stets hervorragend abschneiden.

Zu einer anerkennenden Haltung gehören auch Höflichkeit, Taktgefühl, Güte, Geduld, Mitgefühl und Barmherzigkeit: alles Begriffe, die in der Gegenwart altmodisch, verstaubt wirken und weitgehend aus unserer Umgangssprache verschwunden sind. Vielleicht ein Indiz dafür, wie weit wir von einer Kultur der Anerkennung entfernt sind?

Eine anerkennende Haltung kann sich auch in freundlichen Blicken, aufmunternden Worten oder Lächeln zeigen; oder in Hilfsbereitschaft, Entgegenkommen, Kompromissbereitschaft oder freundlichen Gesten. Auch in Unterstützung für Kollegen und neue Mitarbeitende. Oft habe ich den Eindruck, dass dies hierzulande als Zeichen für Schwäche gilt und vermieden wird. Wie wohltuend ist es demgegenüber, sich in Nordamerika z. B. im Straßenverkehr zu bewegen: Jemandem Vorfahrt zu gewähren wird häufig mit einem freundlichen Lächeln oder Winken gedankt.

Roger Pozner, Hausmeister einer Stuttgarter Waldorfschule hatte eine pfiffige Idee, Kindern das Wort »bitte« nahezubringen. Auf seiner Preisliste für den Pausenverkauf steht: »Brötchen! Ein Euro. Ein Brötchen bitte: 0,70 Euro. Apfelschorle! 0,50 Euro. Eine Apfelschorle bitte: 0,30 Euro.«[304]

Anerkennung darf jedoch nicht mit oberflächlich aufgesetztem Loben verwechselt werden. Gerade Menschen mit traumatischer Schamgeschichte sind oft sehr empfindsam für falsche Lobesworte. »Richtig« zu loben ist eine Kunst, die erlernt werden kann und z. B. auch in der Wirtschaft für den erfolgreichen Umgang mit Mitarbeitern grundlegend wichtig ist. Tatsächlich kann fehlende Anerkennung zu sogenannten Gratifikationskrisen führen und schwindende Mitarbeitermotivation oder gar Krankheiten bewirken.[305] Eine Studie in Deutschland ergab, dass 58 Prozent der Beschäftigten nie oder kaum Anerkennung bekommen.[306] Viele Vorgesetzte halten Anerkennung für überflüssig (vielleicht weil sie selbst wenig davon erhalten haben?) oder gar schädlich. Etwa weil sie befürchten, die Anstrengungen ihrer Mitarbeiter seien nur durch Verknappung von Anerkennung zu erhöhen. Oder die Mitarbeiter könnten übermütig werden und mehr Geld fordern.[307]

Tatsächlich ist auch angemessene Bezahlung eine Form, Anerkennung zum Ausdruck zu bringen, ebenso wie Arbeitsplatzsicherheit und Aufstiegschancen. Unverzichtbar ist jedoch auch emotionale Wertschätzung, z. B. durch Lob, wie die Unternehmensberaterin Anne Schüller[308] betont. Sie ermutigt Chefs, die »Fehler-such-Brille«[309] durch die »Lob-such-Brille« zu ersetzen. Durch Anerkennung kann die Energie eines Teams wie eine Batterie aufgeladen werden. Schüller gibt neun Tipps für richtiges Loben:

- Ein Lob sollte immer persönlich ausgesprochen, nicht durch Dritte übermittelt werden (»Sagen Sie Frau Schneider …«). Um ein Anerkennungsgespräch zu vereinbaren, sollte schon im Vorfeld angekündigt werden, dass es um etwas Positives geht.
- Lob sollte (abgesehen von offiziellen Ehrungen) immer unter *vier Augen* stattfinden. So kann vermieden werden, dass Neid oder Missgunst unter Kollegen genährt wird.
- Lob sollte möglichst zeitnah erfolgen. Im Unterschied zu manchen Chefs, die Lobe wie Rabattmarken erst zusammensparen, um sie später (z. B. auf der Weihnachtsfeier) auf einen Schlag zu überreichen. So wird eine Kultur fehlender Anerkennung erzeugt, in der das plötzliche Überreichen des geballten Lobes wie ein Fremdkörper wirkt und irritiert.
- Lob muss aufrichtig und authentisch sein; weder überdosiert noch platt; positiv formuliert (»Ihr Vorschlag klingt vielversprechend« statt: »nicht uninteressant«) und nicht manipulierend (etwa wenn erst gelobt wird, um dann eine erhöhte Arbeitsleistung zu fordern oder eine angemessene Gehaltserhöhung zu umgehen).
- Mit »typgerechtem« Loben meint Schüller, dass die Menschen unterschiedliche Formen von Lob brauchen: manche Mitarbei-

ter brauchen regelmäßiges, ruhiges Loben, andere eher anfeuerndes oder dosiert steuerndes Lob.

- Loben sollte nicht eingeschränkt oder durch Abwertungen vergiftet werden (z. B. durch Sätze wie: »Das war gar nicht so schlecht«, oder: »Das war jetzt mal gut, früher waren Sie ja ein Versager«, oder: »Gute Arbeit! Künftig sollten Sie ...«).
- Lob sollte in Ich-Botschaften ausgedrückt werden (»Ich freue mich, dass ...«) und darf durchaus emotional formuliert sein (»Da war ich stolz auf Sie«). Das Besondere an der Leistung sollte konkret benannt werden und der Aspekt, der für das Unternehmen wichtig und zukunftsweisend ist. Schüller empfiehlt auch nachzufragen, wie das Ergebnis erreicht wurde, und zu ermutigen, so weiterzumachen.
- Lob sollte nicht als Machtmittel missbraucht werden, z. B. um jemanden abzuspeisen oder um »von oben herab« den eigenen Status zu betonen. Oder um andere, nicht gelobte dritte Personen unter Druck zu setzen.
- Hört ein Chef eine positive Rückmeldung über einen Mitarbeiter, sollte er dies gleich an diesen weitergeben. Mitarbeiter dürfen auch vor Kunden gelobt werden.

Scham als Chance

Anerkennung bedeutet nicht, Menschen in ihren Größenphantasien zu unterstützen. Die Familientherapeutin Annette Frankenberger spricht von der »Tollwut« mancher Eltern: Sie finden alles »toll« was ihre Kinder machen.[310] Viele Eltern loben, fördern, unterstützen und schützen ihre Kinder so sehr, dass diese kaum mehr die Chance haben, zu scheitern und dadurch herauszufinden, wer sie *sind* und wer *nicht*. Zwar ist jedes Kind einzigartig, aber nicht jedes ist zu einem Mozart geboren.

Anerkennung bedeutet *nicht*, Scham zu vermeiden. Es geht nicht darum, alles, was Kinder oder Schüler tun, pauschal »toll« zu finden und die Heranwachsenden damit um die Chance zu bringen, aus Fehlern zu lernen. Insofern widerspreche ich den folgenden Sätzen Friedrich Nietzsches: »Was ist dir das Menschlichste? – Jemandem Scham ersparen.«[311] Meines Erachtens kommt es vielmehr darauf an, jemandem vermeidbare, *überflüssige* Scham zu ersparen; ihn oder sie nicht zu beschämen.

Denn es gibt Schamgefühle, die unvermeidbar zu jedem Lernen dazugehören. Etwa wenn ein Schüler scheitert: Dies kann Scham auslösen, weil er seine eigene Norm, seine Erwartungen an sich selbst, verletzt hat. Sich dafür zu schämen ist eine eigene Leistung des Betreffenden, eine natürliche Reaktion, die wir ihm nicht ersparen dürfen. Allerdings muss diese Scham nicht dadurch vermehrt werden, dass der Betreffende zusätzlich noch beschämt, ausgegrenzt oder zum Gespött gemacht wird; dadurch kann schnell ein traumatisches Zuviel an Scham entstehen.

Die pädagogische Aufgabe besteht nun darin, die natürliche Scham des Gescheiterten konstruktiv werden zu lassen, in zweierlei Weise: Zum einen, indem sie in Lernanstrengung verwandelt wird. Dies kann dadurch gefördert werden, dass wir den Schüler herausfordern und unterstützen: »Wenn du dir Mühe gibst und noch mehr übst, dann *kannst* du das schaffen!« Dazu gleich mehr.

Zum anderen kann Scham konstruktiv werden, wenn sie dem Betreffenden hilft, seine Grenzen zu erkennen. Dazu bedarf der Schüler eines geschützten Raumes, um sein Scheitern und seine Begrenztheit zu betrauern, so Annedore Prengel.[312] Denn jeder Schüler hat sein ganz individuelles Lerntempo und seine einzigartige Kombination aus Begabungen, Interessen und Stärken, aber auch Schwächen. Diese individuellen Unterschiede sollten nicht kaschiert, sondern geklärt und, wo nötig, betrauert werden. Grenzen sind ein unverzichtbarer Bestandteil auf dem Weg, die eigene Persönlichkeit herauszubilden.

Denn nicht jeder Schüler kann ein Shakespeare, ein Michelangelo oder ein Mozart werden. Dies sollte er auch nicht: Jene Personen waren einmalig – so wie es heute jede einzelne Schülerin und jeder einzelne Schüler ist. Daher hätte Pädagogik beispielsweise die Schülerin Karin Rombach darin zu unterstützen, dass sie Karin Rombach werden kann. Zu diesem Lernprozess gehört es dazu, dass Karin auch Scheitern darf, um so zu erkennen, wer sie *nicht* ist.

Solche emotionalen Herausforderungen werden jungen Menschen oft vorenthalten. Leistungsvergleiche sind so zu gestalten, dass individuelle Schwächen weder beschönigt noch verschleiert, noch zum Anlass für Demütigung werden. Erfahrungen mit behinderten Kindern zeigen, dass Beeinträchtigungen und damit verbundene Schmerzen durchaus wahrgenommen, benannt und betrauert werden können. Dies kann gelingen, wenn Rückmeldungen und Leistungsvergleiche mit Respekt gegeben werden. Wenn Lehrende den Schülern taktvoll und tröstend beistehen. Und wenn eine unterstützende Atmosphäre besteht, in der auch die Mitschüler/-innen gelernt haben, sich gegenseitig Halt zu geben, wie Annedore Prengel betont.[313]

Damit zur anderen Herausforderung: der Wandlung von Scham zum Ehrgeiz. Die Pädagogische Psychologin Maria Spychiger[314] erforschte den Umgang von Lehrern mit Schülerfehlern. Sie kommt zu dem Ergebnis, dass ein Zuviel an Scham, Angst oder Schuldgefühlen einschüchtert und blockierend auf Lernen wirkt. Aber auch ein Zuwenig dieser Emotionen ist wenig produktiv, da sie ein Zeichen für Gleichgültigkeit sein kann. Als leistungsfördernd erweist sich ein *mittleres* Maß.

Spychiger unterscheidet zwei Dimensionen, die darüber entscheiden, ob aus Fehlern in konstruktiver Weise gelernt werden kann oder nicht: Zum einen ein positives bzw. negatives Unterrichtsklima, zum anderen eine positive bzw. negative Lernorientierung, d. h. die Frage, ob Fehler bearbeitet und aufgeklärt werden oder nicht. Kombiniert ergeben diese beiden Dimensionen das folgende Quadrat mit den vier Situationstypen:

	Unterrichtsklima ist positiv	Unterrichtsklima ist negativ
Fehler werden bearbeitet & geklärt	1	2
Fehler werden nicht bearbeitet & geklärt	3	4

Situationstyp 2, rechts oben bedeutet: Fehler werden bearbeitet und geklärt, jedoch innerhalb eines negativen Unterrichtsklimas. Spychiger gibt dazu ein Beispiel aus dem Englischunterricht. Ein Schüler wird von der Lehrerin nach einer Antwort (die richtigerweise lautet: »I am not playing football now.«) gefragt. Abgelenkt von seinem Banknachbarn, spielt der Junge mit dem Bleistift, lacht (verlegen? beschämt?) und antwortet unsicher und herausfordernd: »I don't football now.« Daraufhin lacht die Lehrerin in verzeihendem Ton und gibt selber die richtige Antwort, die vom Schüler wiederholt wird.

Typ 3, links unten, ist häufig: Hier ist das Unterrichtsklima zwar positiv, jedoch werden Fehler weder bearbeitet noch aufgeklärt. Immerhin werden die Schüler hierbei nicht entmutigt oder beschämt; dies versuchen viele Lehrer durch dieses Verhalten ja gerade zu vermeiden. Statt auf Fehlern herumzureiten, greifen sie gar nicht ein oder sagen selbst die richtige Lösung; vielleicht beschwichtigen sie noch dazu (»das hast du wohl schon richtig gemeint, aber falsch gesagt«) oder rufen die nächste und übernächste Schülerin auf, bis die gewünschte Antwort erfolgt; danach geht der Unterricht weiter. Auf diese Weise wird das Lernpotenzial von Fehlern nicht genutzt. Für Spychiger ist dieses Verfahren nur dann sinnvoll, wenn der Fluss des Unterrichts nicht unterbrochen werden soll oder um zu verhindern, dass ein Schüler gegen seinen Willen exponiert wird.

Typ 4, rechts unten, bedeutet ein negatives Unterrichtsklima, in dem Fehler weder bearbeitet noch geklärt werden. Dazu ein weiteres Beispiel aus einer Englischstunde: Die Schüler sollen aus einer Reihe vorgegebener Wörter einen Satz bilden. Ein Mädchen meldet sich zögernd und sagt: »She often begin anything.« Daraufhin zögert der Lehrer, beginnt zu wiederholen, sagt dann aber: »What? I didn't understand.« Die Schülerin wiederholt, mit leiser Stimme. Daraufhin wiederholt der Lehrer »She often begin …« und fügt das »s« an: »She often begins …?« – worauf das Mädchen ergänzt: »… anything«. Der Lehrende wartet einen Augenblick, wiederholt dann den Satz noch einmal, schaut umher, wechselt von einem Bein aufs andere und sagt endlich grinsend: »Let's say, it is okay.« Wie Maria Spychiger betont, dürfen Lehrende »nie ihre Unsicherheit auf Schüler/-innen abschieben und sie auf diese Weise zu Opfern machen. Dieses Mädchen wurde wirklich beschämt und auf eine spezifische Weise von der Klassengemeinschaft isoliert, es ist der gespannten Atmosphäre anzumerken.«[315] Der Lehrende hätte erkennen müssen, dass das Mädchen leise spricht und unsicher ist; als Konsequenz hätte er seinen didaktischen Ansatz, der offenkundig schlecht funktionierte, flexibel wechseln müssen.

Schließlich Typ 1, das Feld links oben, bedeutet, dass die Lehrkraft Fehler bearbeitet und aufklärt, während zugleich das Klima im Klassenzimmer positiv ist. Aufgrund dieses Klimas ist es möglich, dass der oder die Lehrende einen Schüler mit einem Fehler durchaus konfrontiert und dieser schließlich selbst auf die richtige Lösung kommt.

Wesentlich ist eine Klassenatmosphäre, die es Schülern erlaubt, ungestraft zu denken, so Hammerer.[316] Einige Merkmale eines gelingenden Umgangs mit Fehlern werden von Fritz Oser und Maria Spychiger[317] beschrieben, darunter:

- Schüler sollten nicht bloßgestellt, sondern ermutigt werden. Positive, unterstützende Reaktionen der Mitschüler sollten gefördert, negative Reaktionen wie z. B. auslachen müssen unterbunden werden.
- Die Schüler sollten bei Fehlern gemäß ihren individuellen Fähigkeiten und Eigenarten behandelt werden (»individualisieren«).
- Die Lehrkraft muss grundsätzlich zu Gesprächen bereit sein. Ihre nonverbale Kommunikation sollte angemessen sein und mit den verbalen Botschaften übereinstimmen. Sie sollte sich einem Schüler, der einen Fehler gemacht hat, zuwenden, Blickkontakt und eine angemessene Distanz einhalten.
- Fehler werden als Chance genutzt, durch Einsicht zu lernen. Die Schüler bekommen Vertrauensvorschuss, d. h. die Lehrperson geht davon aus, dass der oder die Schüler/-in den gemachten Fehler selbst entdecken und korrigieren kann.
- Der Umgang mit dem Fehler kann kreativ, vielleicht sogar lustvoll sein.
- Der oder die Lehrende ist fähig und bereit, sich in die Denkprozesse des Schülers hineinzuversetzen.
- Lehrer brauchen eine gewisse Fehlertoleranz, sollten also nicht perfektionistisch sein; auch nicht gegenüber sich selbst. Sie müssen nicht versuchen, perfekt zu sein, sondern bereit, eigene Fehler auch zuzugeben. Auch darin sind Lehrende Vorbilder.

Auf die Bedeutung von Zeit für die Pädagogik weisen Karlheinz Geißler[318] und Franz Hammerer[319] hin: Schüler brauchen Zeit – ihre *eigene* Zeit –, um ein Problem zu lösen; dies kann nicht dadurch beschleunigt werden, dass Erwachsene ungeduldig danebenstehen. Remo Largo und Martin Beglinger[320] verdeutlichen, dass jedes Kind seinem Entwicklungsstand gemäß lernen will; dort muss es im Unterricht jeweils abgeholt werden. Individualisiertes Lernen ermöglicht dem Kind Erfolgserlebnisse. Wird es unter- oder überfordert, dann fühlt es sich nicht ernst genommen bzw. unnötiger Scham ausgeliefert.

Remo Largo und Martin Beglinger fordern Respekt vor der Einzigartigkeit eines jeden Kindes. So auch der Musiker Pablo Casals. Er plädiert dafür, unsere Kinder auf diese Weise zu betrachten: »Weißt Du, was Du bist? Du bist ein Wunder! Du bist einmalig! Auf der ganzen Welt gibt es keinen zweiten Menschen, der genauso ist wie Du. Und Millionen von Jahre sind vergangen, ohne dass es je einen Menschen gegeben hätte wie Dich. Schau Deinen Körper an, welch ein Wunder! Deine Beine, Deine Arme, Deine geschickten Finger, Dein Gang. [...] Jawohl, Du bist ein Wunder. Und wenn Du nachdenkst, kannst Du dann einem anderen weh tun, der, wie Du selbst, auch ein Wunder ist?«[321] Ich stelle mir vor, Bastian, Tim und David wären auf diese Weise im ersten Schuljahr angesehen worden, hätten eine solche Wertschätzung erfahren. Ob sie dann denselben Weg eingeschlagen hätten? Zumindest hätten sie eine Chance gehabt, ein gesundes Selbstwertgefühl zu entwickeln.

Pablo Casals geht sogar noch weiter, wenn er noch schreibt: »Aus dir kann ein Shakespeare werden, ein Michelangelo, ein Beethoven. Es gibt nichts, was du nicht werden könntest.« Dies führt meines Erachtens jedoch zu weit. Aus zwei Gründen: Weil es nicht darum geht, dass ein Kind zu einem Shakespeare, Michelangelo oder Beethoven werden sollte. Und weil diese Sätze eine Ideologie der Grenzenlosigkeit unterstützen. Denn tatsächlich gibt es vieles, was dieses oder jenes Kind *nicht* werden kann, weil jeder Mensch begrenzt ist.

Darüber hinaus gibt es noch eine Fülle weiterer Ansätze und Methoden, um die Arbeit mit Menschen würdig zu gestalten, beispielsweise in der pädagogischen Arbeit. Von der »Pädagogik der Anerkennung«, wie sie vor allem von Annedore Prengel formuliert wurde,[322] und der Themenzentrierten Interaktion (TZI) über Gestaltpädagogik bis hin zu reformpädagogischen Konzepten nach Maria Montessori, Janusz Korczak u. v. a. Diese vielen wertvollen Anregungen können an dieser Stelle nicht gewürdigt und diskutiert werden. Stattdessen sollen nachfolgend einige Gedanken von Lehrerinnen und Lehrern, Teilnehmende von Fortbildungen, wiedergegeben werden:

»Wir sollten nach Möglichkeiten suchen, Schüler positiv zu verstärken. Also nicht so viel drohen, sondern eher locken.«
»Rückmeldung zu geben, ohne verletzen zu wollen, aber auch, ohne mich zu verleugnen. Ich muss dabei authentisch bleiben.«
»Auch kleine Fortschritte von Schülern loben.«
»Ich möchte Möglichkeiten entwickeln, die Schüler zu ermutigen, sich zu beteiligen – ganz unabhängig vom Fachlichen.«
»Für mich bedeutet Anerkennung, barmherzig mit Fehlern und Schwächen von Schülern umzugehen.«
»Wir müssen allen Schülern Erfolgserlebnisse ermöglichen.«
»Es ist mir wichtig, mit den Schülern im Gespräch zu bleiben. Ihnen Gesprächsangebote zu machen.«
»Die Schüler ernst nehmen.«
»Fehler ist nicht gleichbedeutend mit Dummheit.«
»Ich muss meine Empathie und die Empathie der Schüler fördern.«
»Wir müssen vertrauensvolle, geschützte ›Räume‹ schaffen, in denen Schüler sich öffnen können. In denen sie auch ihre Scham wahrnehmen und lernen können, damit umzugehen.«
»Wir sollten den Schülern konstruktive Rückmeldungen geben, indem wir ihre Stärken in den Vordergrund stellen.«
»Ich möchte mehr mit leistungsdifferenzierten Kleingruppen arbeiten.«
»Es reicht nicht, Noten zu vergeben; besser sind ergänzende Kommentare.«

Zahlreiche weitere Beispiele ließen sich aufzählen, auch aus anderen Berufsgruppen. Wesentlich erscheint mir jedoch, dass das Handeln immer mit der eigenen Lebensgeschichte verbunden und damit keine »aufgesetzte Technik«, sondern authentisch ist.

Der Transfer in die berufliche Praxis

Jede Arbeit mit Menschen hat ihre spezifischen Gefahren, beim »Du« Schamgefühle auszulösen. Etwa im Musikunterricht, bei dem es um etwas sehr Persönliches, nämlich den emotionalen Ausdruck geht. Im Sportunterricht, in dem der Körper der Schüler im Mittelpunkt steht. In der Pflege, in der intime Körperregionen berührt werden; dies kann besonders kritisch für Vergewaltigungsopfer sein.[323] Oder in der Seelsorge mit Strafgefangenen, wobei es um Schuld und den Verlust von Zugehörigkeit zur Gesellschaft geht.

Zugleich aber bietet jedes Arbeitsgebiet seine spezifischen Chancen, die Menschen, mit denen wir arbeiten, in ihrer Würde, d. h. in ihren Grundbedürfnissen nach Anerkennung, Schutz, Zugehörigkeit und Integrität zu unterstützen. Diese Chancen sollen in diesem Kapitel stellvertretend anhand einiger Berufsfelder skizziert werden, ohne Anspruch auf Vollständigkeit. Da ich weder Experte z. B. der Didaktik des Sport- oder Musikunterrichts, noch Pflegewissenschaftler bin, kann ich nachfolgend nur einige Anregungen geben bzw. ausgewählte Projekte vorstellen; viele sinnvolle Ansätze und Projekte können aus Platzgründen hier nicht gewürdigt werden.[324] Ich hoffe allerdings, dass sich Forschung sowie Aus- und Fortbildungen künftig verstärkt in die hier skizzierten Richtungen orientieren.

Beginnen wir mit den drei wichtigsten Schulfächern: Sport, Musik und Kunst. Diese sind deshalb so wichtig, weil der Unterricht in diesen Fächern wesentlichen Einfluss darauf hat, wie ein Mensch im weiteren Verlauf seines Lebens mit seinem Körper, seinem emotionalen Ausdruck und seiner Kreativität umgeht.

In meinen zahlreichen Fortbildungen erlebe ich regelmäßig, dass ein großer Teil der Teilnehmenden beim Stichwort Sportunterricht regelrecht zusammenzuckt oder in sarkastisches Lachen ausbricht: Dieser Unterricht wurde von einem beträchtlichen Teil der deutschen Bevölkerung als entwürdigend, nicht selten als traumatisch erlebt. Mit der Folge, dass die Betroffenen noch Jahrzehnte später sich ihres Körpers schämen, nicht fähig sind, selbstbewusst vor eine Gruppe zu treten oder unverkrampft vor den Augen anderer zu tanzen. Auch sportliche Betätigung wird oft vermieden aus Angst, sich – wie einst im Schulsport – lächerlich zu machen.[325] Insofern sind die Werbekampagnen, mit denen Krankenkassen und Sportverbände die Bundesbürger zu vermehrter sportlicher Betätigung aufrufen, zwar gut gemeint, gehen aber an der psychischen Realität von Millionen von Bundesbürgern vorbei. Ihnen wurde durch den traditionell-deutschen Sportunterricht großes Leid zugefügt. Mit der Langzeitwirkung, dass unser Gesundheitssystem mit unschätzbaren Kosten belastet wird. All dies wäre vermeidbar durch einen menschenwürdigen Sportunterricht.

Ähnliches gilt für den Musik- und Kunstunterricht. Ich kenne sehr viele Menschen, die noch Jahrzehnte nach Ende ihrer Schulzeit ihre eigene Kreativität abwerten (»ich kann ja nicht malen«) oder sich nicht trauen, zu singen, wenn die »Gefahr« besteht, dass jemand zuhört. Für die Betroffenen bedeutet dies eine große Verarmung und Vereinsamung, da etwas ganz Persönliches nicht zum Ausdruck kommen und geteilt werden kann.

Damit verarmt auch die Gesellschaft: Es lässt sich kaum erahnen, wie viel Phantasie, Schönheit und Lebensfreude, wie viele Formen, Klänge, Melodien, Gedichte, Bilder, Skulpturen, Theaterszenen usw. nicht in die Welt gebracht wurden, weil viele Menschen sich schämen, ihre Gefühle und ihre Kreativität auszudrücken. Darüber hinaus fehlt Kreativität auch in der Gestaltung unserer Gesellschaft und Politik: Während wir dabei sind, die Schöpfung an die Wand zu fahren, ist der Umgang unserer politisch-wirtschaftlichen Eliten mit den verschiedenen Krisensymptomen von erschütternder Phantasielosigkeit geprägt.

Beispiel Kunstunterricht

Die folgende Szene wurde von einer Studentin beobachtet und von Annedore Prengel und Friederike Heinzel veröffentlicht[326]: Die Schüler basteln einen Drachen aus Moosgummi. Der Lehrer nimmt den Drachen eines Schülers – er wird hier Karl genannt – in die Hand und hält ihn so, dass alle Mitschüler ihn sehen können. Vor der ganzen Klasse sagt er, dass Karl, »der Schmierfink«, sich wieder einmal nicht an die Arbeitsanweisungen gehalten habe, und weist auf die Fehler von Karls Drachen hin. Karl schaut nach unten, ohne etwas zu sagen. – Was hatte Karl entgegen der Arbeitsanweisung getan? Er hatte die Augen seines Drachen nicht aus Moosgummi ausgeschnitten, sondern hatte sie selbst gemalt und den Drachen auch sonst noch verziert.

Die beobachtende Studentin findet Karls Drachen den originellsten der Klasse. Sie fühlt empathisch die Ohnmacht und Wut mit, die der Schüler, aufgrund seiner Abhängigkeit vom Lehrer, nicht zum Ausdruck bringen kann. Auf die Frage, was Karl während und nach der Kränkung empfunden haben mag, schreibt die Beobachterin: »Meine Arbeit ist schlecht, ich bin schlecht, ich bin ein – Schmierfink«, und nennt die Stichworte Wertlosigkeit, Verwirrung, Ohnmacht und Ausgeliefertsein.[327]

Auslöser für die Demütigung des Schülers ist in diesem Falle kein Leistungsversagen Karls, sondern dessen besondere Kreativität: sein Abweichen von der geforderten Norm, sein Eigensinn: sein fehlender Gehorsam gegenüber der Vorgabe des Lehrers.

Was mag dessen Reaktion ausgelöst haben? Vielleicht empfindet der Lehrer das Verhalten Karls als Ehrverlust oder beschämende Bedrohung seiner Lehrerautorität (»Wo kommen wir hin, wenn hier jeder seinen Drachen bastelt grad so, wie er will?!«), die er durch Beschämung des Schülers abzuwehren versucht? Möglicherweise rührt Karls Kreativität den Lehrer unbewusst an sein eigenes, unaufgearbeitetes Schamschicksal: an eigene, nie zum Ausdruck gebrachte Kreativität? Vielleicht weil er einst als Schüler einen ähnlich verächtlichen Kunstlehrer hatte?

Um solche Wiederholungen, die transgenerationale Weitergabe unverarbeiteter Scham von Lehrer an Schüler zu unterbrechen, ist es unabdingbar, dass Lehrende sich mit ihrer Schamgeschichte auseinandersetzen.

Darüber hinaus, mit Blick auf das System Schule, erscheint es mir unabdingbar, dass bestimmte Schülerleistungen grundsätzlich von Bewertungen verschont bleiben: Leistungen, die unmittelbar mit der Würde, dem Selbstausdruck der Heranwachsenden, zu tun haben wie Kreativität, Körper, Bewegung, Stimme, Gefühle, Erfahrung, Glaube und Meinung. Dies betrifft die Fächer Kunst, Musik und Sport, aber auch Deutsch (z. B. bezogen auf Aufsätze), Religion bzw. Ethik, Geschichte und Gemeinschaftskunde bzw. Sozialkunde bzw. Politische Bildung.

Beispiel Musikunterricht

Fehlermachen kann lustvoll sein. Dies erfuhren zum Beispiel Besucher von Konzerten der Folk-Musikerin Joni Mitchell in den 1970er Jahren: Vor ihrem Lied »The Circle Song« ermutigt sie die Zuhörenden, den Refrain möglichst falsch mitzusingen: »Je falscher Sie singen, desto schöner klingt es.«[328] Das stimmt: Lied und Refrain klingen wunderbar und offenkundig haben die Teilnehmenden ihre Freude beim Falschsingen. Wie Fritz Oser und Maria Spychiger beobachteten, kann das Fehlermachen mit viel Lust verbunden sen.[329] Daher auch die Freude, die z. B. ein Clown auslöst.

Daraus eröffnen sich neue Möglichkeiten, Fehler als Lernwege zu nutzen; Beispiele bieten Oser & Spychiger.[330]

Vielen Kindern jedoch wird die Freude am Singen und Musizieren durch den Musikunterricht vergällt. Etwa wenn der pubertierende Schüler nach vorne gerufen und gezwungen wird, mit seiner »staksigen« Stimmbruchstimme vor der Klasse zu singen, während das Gelächter der Mitschüler vom Lehrer nicht unterbunden wird.

Nicht selten wird die Freude von Kindern an der Musik nicht durch böse Absicht vergällt, sondern durch gut gemeinte Bemühungen, sie zu fördern; etwa indem man sie zum Üben eines Instruments überredet oder zwingt. Für viele Kinder ist Üben ein »Schreckgespenst«, wie der Komponist und Pianist Arthur Schnabel warnte.[331] Dabei hatte das Üben früher eine ganz andere Bedeutung als heute. Wie der Musikwissenschaftler Heiner Klug[332] nachweist, war Üben nicht entbehrungsreicher Weg zu einem fernen, meistens unerreichten Ziel, sondern stand für etwas Leidenschaftliches: Für den anstrengenden, aber beglückenden Prozess, etwas zu verändern und zu vervollkommnen. Üben war schon für Anfänger genussvoll, denn »es machte hellwach und öffnete die Aufmerksamkeit«, so der Bildungsjournalist Reinhard Kahl.[333] Dieses Glück, ganz gegenwärtig zu sein, wird in der Psychologie als »Flow« bezeichnet.[334] Flow kann aufkommen, wenn wir ganz im Spiel versinken, voller Aufmerksamkeit und Selbstvergessenheit. Allerdings kann sich Flow nur im Hier und Jetzt ereignen, nur frei »vom Druck des aufgeschobenen Lebens«[335]: Jetzt hart üben im Kalkül darauf, dass Glück oder Erfolg später kommen, vielleicht.

Heiner Klug erforschte die Deformation des Übens in der Geschichte des Musikunterrichts. So waren etwa Bachs Goldberg-Variationen ursprünglich als Übungsstücke komponiert. Jedoch nicht nach dem heutigen Muster (»erst die Arbeit, dann das Vergnügen«), wonach erst selbstquälerisch zu üben sei, um dann später – vielleicht – zum perfekten Könner zu werden. Vielmehr waren Üben und Ausüben noch Synonyme: Es war ein sich Beschäftigen mit dem Instrument und mit der Vorgabe; es war Spielen, unabhängig vom Niveau. Jeder Übende spielte, wiederholte, improvisierte und variierte die Komposition, so wie eine Geschichte weitererzählt und dabei modifiziert wurde. So war jeder Musizierende mehr oder weniger immer auch ein Komponist (und somit das, was heute Jazzmusiker sind). Wie ein Töpfer den Ton, so formt der Musiker die Töne: ein intensiver Dialog mit einem Medium, das Widerstand entgegenbringt.

Diese Einheit von Üben und Ausüben zerbrach im 19. Jahrhundert; sie wurde, ganz im Geiste der Industriegesellschaft, wegrationalisiert. Variieren wurde zunehmend zurückgedrängt, mit dem Makel des »Fehlers« beladen und auszumerzen versucht. Üben wurde damit auf das strikte Wiederholen reduziert; Lernziel wurde es, perfekt das auszuführen, was zuvor als »richtig« definiert wurde.

Noten waren nicht mehr zu variierende Vorlagen, sondern zwingende Vorschriften. Musiklehrer waren nicht mehr Künstler und Meister, sondern Unterrichtsfunktionäre. Musizieren wurde maschinelles Ausführen, der Musiker zum Werkzeug. Gesucht wurde nun der kürzeste Weg, um den Übenden so abzurichten, dass er die fixierten, als endgültig betrachteten Noten in perfekter, mechanischer Weise zu wiederholen vermag.

Die Individualität des Musizierenden und sein Körper waren damit zu Störfaktoren geworden. Reinhard Kahl: »Das krumme Holz, das der Mensch nach Immanuel Kant nun mal ist, sollte beim Üben gerade gehobelt werden.«[336] Die Folge ist, musikalisch, eine Verarmung der Vielfalt und, auf Seiten der Musizierenden, eine ungeheure Selbstdisziplinierung, die den bzw. die Spieler/-in in gefährliche Spaltungsprozesse bringt.

Heute, im elektronischen Zeitalter, werden repetitive Arbeiten zunehmend von Computern übernommen. Könnte dies eine Chance sein für einen anderen Musikunterricht, in welchem der Musizierende nicht mehr zum Werkzeug entwürdigt wird? Kahl ermutigt dazu, einen besseren Umgang mit dem »krummen Holz« zu üben: nämlich aus der individuellen Krümmung eines jeden Einzelnen seinen oder ihren Eigensinn zu bilden. Wie könnte dies gehen?

Am Anfang muss die Begeisterung für das Musizieren stehen; nur aus ihr kann dann die Motivation des Heranwachsenden erwachsen, ein Instrument erlernen zu wollen. Begeistern kann beispielsweise Musikimprovisation. Darunter ist nicht etwa zu verstehen, dass der Musiklehrer, herablassend lächelnd, »die Kleinen« ein wenig auf simplen, pflegeleichten Instrumenten herumklimpern und sich austoben lässt, um danach dann »endlich zur Sache«, zum »richtigen Musikunterricht« zu kommen! Aus eigener Erfahrung weiß ich, dass Improvisation eine höchst intensive Form des Selbstausdrucks und der Kommunikation mit Instrumenten und Mitmusikern sein kann: zuhören, reagieren, sich ausdrücken und dabei beziehen, antworten, sich mit anderen abstimmen, sich zu einem Neuen, Gemeinsamen zusammenfinden. Eine zutiefst beglückende Erfahrung von *Zu-ge-hörigkeit* im wahrsten Sinne des Wortes. Vielen jungen Menschen wird diese Erfahrung vorenthalten.

Musikimprovisieren benötigt Anleitung, Ermutigung und vor allem: Musiklehrende, die selber improvisieren und für diese Musik-Gattung »brennen«. Dies mag Musiklehrenden schwerfallen, die durch eine perfektionistisch orientierte Musikerausbildung geprägt sind, wie sie bis heute vorherrscht. Dies kann dazu führen, dass musikalische Einfälle von improvisierenden Schülern schnell als »Fehler« wahrgenommen und abgewertet werden. Diese Prägungen aufzuarbeiten ist daher eine wichtige Voraussetzung für eine anerkennende Haltung gegenüber Musikimprovisation.

Die Musikerin, Rhythmikerin und Körpertherapeutin Anna Kuwertz begleitet Musikerinnen und Musiker, ihre – nicht selten traumatische – Berufsausbildung aufzuarbeiten. Zu ihr kommen Menschen, die ihr künstlerisches Potenzial (wieder) wecken möchten oder sich, als Berufsmusiker, in einer beruflichen Krise befinden: die z. B. gehemmt sind in ihrer Ausdruckskraft, blockiert von Vorspiel- oder Versagensängsten oder geplagt von chronischen Verspannungen, Schmerzen oder Burnout; nicht selten ist ihre weitere Berufsausübung gefährdet.

In dem von Anna Kuwertz[337] entwickelten Arbeitsprinzip »Musik und Bewegung im Dialog« geht es um einen tiefgehenden Regenerationsprozess, indem der oder die Musiker/-in zu seinem bzw. ihrem ureigenen musikalischen Ausdrucksvermögen und seiner bzw. ihrer eigenen Kreativität im Spiel zurückfinden kann. Durch regenerierende Körperarbeit, durch das Wiederentdecken ihrer natürlichen Spielbewegungen und durch Gespräche findet der oder die Musiker/-in wieder den Kontakt mit sich selbst, dem Instrument und der Musik. Dabei kann Improvisation ein wesentliches Spielfeld sein, das zurückführt zum wertfreien Spiel und das verengte Spielverhalten neu öffnen kann: hin zu einem achtsamen, lustvollen und lebendigen Musizieren.

Beispiel Sportunterricht

In vielen Kulturen gehören Musik und Bewegung in natürlicher Weise zusammen; auch Kinder beginnen zu tanzen, wenn sie Musik hören. Damit ist es oft vorbei, je mehr die Heranwachsenden durch den Ernst des Musikunterrichts einerseits und des Sportunterrichts andererseits geprägt werden. Die Trennung von Musik und Bewegung ließ beides beschädigt zurück:

Auf der einen Seite ist z. B. klassische Musik oft mit einer starren Körperhaltung verbunden. Auf der anderen Seite geht es traditionell im deutschen Sportunterricht vorrangig um Siegen und Verlieren. Erwartet und gefördert werden Bewegungs- und Körpernormen (muskulös, schlank, sehnig usw.), mit denen die vielen anderen individuellen Begabungen und Interessen der Schülerinnen und Schüler in den Hintergrund gedrängt werden.[338] Wer diese Normen nicht erfüllt, der soll sich schämen und wird mit schlechten Noten bestraft. Zusätzlich muss er oder sie damit rechnen, beschämt, verhöhnt, vorgeführt oder ausgegrenzt zu werden, von Mitschülern oder nicht selten auch Lehrkräften. Etwa wenn der Sportlehrer einer kräftig gebauten Schülerin zuruft: »Nächste Woche ist Schwimmen dran, dann hast du es leichter, Fett schwimmt ja oben.«[339]

Scham kann im Sportunterricht auch ausgelöst werden, wenn Schüler in Integritätskonflikte gezwungen werden, wie oben am Beispiel der inszenierten Beschämung einer Schülerin an der Kletterstange gezeigt wurde. Oder durch Verletzungen von Intimitätsgrenzen, etwa beim Umkleiden, Duschen oder im Schwimmunterricht; oder unbeabsichtigt, wenn z. B. einer Schülerin beim Turnen am Reck das T-Shirt herunterrutscht. Dies kann insbesondere für Schüler/-innen aus muslimisch geprägten Familien problematisch sein, da Nacktheit dort eher als Intimitätsverletzung erlebt wird als für die meisten Kinder aus traditionell deutschen Familien. Auch verbal kann die Würde von Schülern verletzt werden. Etwa wenn ein Schüler beim Hockey mit einem Schläger an seinem Geschlechtsteil getroffen wird, worauf der Lehrer ins Spielfeld ruft: »Schlag' noch mal rein, der kriegt sowieso nie 'ne Frau.«[340]

Angesichts der Massivität der Schamgefühle und der Vielfalt der Situationen, in denen sie – gerade im Sportunterricht – ausgelöst werden können, ist es erstaunlich, wie wenig dieses Thema bisher in der Sportpädagogik beachtet wurde.[341]

Katharina Schöneborn untersuchte anhand von Interviews die Langzeitwirkungen von Sportunterricht. Dabei zeigte sich, dass noch mehr als zehn Jahre nach Ende der Schulzeit der Sportunterricht als beschämend erinnert wird. Mit der Konsequenz, dass die Befragten später jede Art von Leistungssport vermeiden und sich nicht trauen, einem Sportverein beizutreten, aus der permanenten Angst, sich zu blamieren.[342]

Die Interviewten erinnern sich insbesondere daran, dass sie von Lehrenden ungerecht bewertet wurden; dass ungelenke oder scheiternde Schüler ausgelacht wurden, ohne dass die Lehrkraft intervenierte; und dass Mannschaften so ausgewählt wurden, dass am Schluss die »schwächsten« bzw. unbeliebtesten Schüler übrig blieben. Auch in der Frankfurter Rundschau erinnerten sich am 29. Mai 2009 verschiedene Autoren »mit Schrecken an qualvolle Sportstunden in Folterhallen«.[343]

Im Sportunterricht steht der Körper im Mittelpunkt. Daher ist die Gefahr besonders groß, dass Versagen hier als existenzielles Versagen erlebt wird, denn »leibliche Erfahrungen sind existenzielle Erfahrungen«, so Annedore Prengel.[344] Etwa wenn neue Bewegungsabläufe erprobt werden – dies kann anfangs noch unbeholfen oder mit Scheitern verbunden sein.

Darüber hinaus sind die Möglichkeiten, seinen Körper vor den Blicken von Mitschülern und Lehrkraft zu schützen, durch die Sportkleidung stark eingeschränkt. Eine Studentin erinnert sich mit Grauen an das Schulschwimmen: »Ich stehe schutzlos am Rand des Beckens, die Arme eng verschränkt vor meinen zu großen Brüsten. Im normalen Schulunterricht gelingt es mir, mit weiter Kleidung meine Kurven zu verstecken, aber im Schwimmbad ist selbst im unattraktivsten und hochgeschlossensten Badeanzug jede Wölbung zu entdecken. Schulschwimmen: Ich hasse es! Ich will nur ins Wasser. Abtauchen!«[345]

Durch das Schulsystem werden die Kinder gezwungen, ihren Körper zu exponieren – in einer Lebensphase, da viele von ihnen große Probleme mit ihrem Körper haben. Dies ist bei mehr als 80 Prozent der 8- bis 14-Jährigen der Fall.[346] Die Angst davor, seinen Körper vor Angehörigen des anderen Geschlechts zu exponieren, vervielfacht sich oft noch mit der Pubertät.

Die grundsätzliche Frage nach Sinn und Berechtigung von Schulsport bzw. -schwimmen sei an dieser Stelle ausgeklammert.

Es bleibt die Herausforderung, den Unterricht in einer Weise zu gestalten, die Beschämungen vermeidet. Dazu müssen die Schüler zuallererst in ihrem Grundbedürfnis nach Schutz, Zugehörigkeit, Integrität und Anerkennung respektiert und unterstützt werden; dazu einige Gedanken, stellvertretend für viele weitere Ideen und Projekte, die aus Platzgründen hier unerwähnt bleiben müssen:

Schützen bedeutet, dass Lehrer sofort intervenieren müssen, wenn Schüler von Mitschülern ausgelacht oder ausgegrenzt werden. Sie dürfen sich auch nicht kränkend über Schüler äußern (z. B. »Du Flasche!«). Allerdings genügt es nicht, sich oberflächlich eine nicht beschämende Sprache vorzunehmen: Wenn die Lehrkraft im Grunde ihres Herzens z. B. übergewichtige oder ängstliche Kinder verachtet, dann teilt sich diese Verachtung auch bei »politisch-korrekter« Wortwahl mit, z. B. durch Körperhaltung, Mimik, Untertöne oder Blicke. Daher ist es unabdingbar, dass Sportlehrer/-innen sich mit ihrer eigenen Schamgeschichte auseinandersetzen; auch mit ihrem Status innerhalb des Lehrerkollegiums, denn häufig erfahren sie selbst wenig Anerkennung.[347] Kritisch zu hinterfragen sind auch ihre Körper- und Bewegungsnormen sowie ihre Bilder von Männlichkeit bzw. Weiblichkeit.[348]

Denn gerade der Sportunterricht ist ein Medium, in dem gesellschaftliche Normen sich abbilden und weitergegeben werden: Leistungsoptimierung, Effizienz, Erfolgsdenken – mithin genau die Verhaltensweisen, mit denen die Menschheit gegenwärtig die Schöpfung ruiniert. Zugrunde gelegt werden traditionell Idealbilder des männlichen und weiblichen Körpers – alle anderen Möglichkeiten werden als »unsportlich«, »leistungsschwach«, »übergewichtig« usw. abgewertet und von den betroffenen Schülern als beschämendes Versagen erlebt.[349] Diese persönliche Auseinandersetzung sollte zu einem Grundbaustein schon in der Aus- und Fortbildung von Sportlehrern/-innen werden.

Nicht wenige Schüler und vor allem Schülerinnen erleben auch den Umkleideraum als ungeschützt, vor allem: ungeschützt vor den Blicken von Jungen. Von einem massiven Vorfall berichtet eine Schülerin, die von Julia Maaßen interviewt wurde: Mehrere Mitschüler zerrten ihr im Umkleideraum die Kleider vom Leib. Der eine habe die Tür zugehalten, während der andere ihre Hände festhielt; sie hielten sie auch an den Füßen fest, so dass sie sich nicht mehr wehren konnte. Sie hat nach dem Lehrer geschrien, aber er hat sie nicht gehört.[350]

Als der Lehrer schließlich doch noch kommt, schimpft er wegen des Krachs. Wie Julia Maaßen analysiert, kann der Lehrer mit der Situation nicht konstruktiv umgehen: »Das ›klärende‹ Gespräch findet innerhalb der Gruppe statt. Dies stellt meiner Auffassung nach eine weitere Beschämung für die Schülerin dar. Sie, als das Opfer und einzige weibliche Person, muss vor den Tätern, die den Angriff abstreiten, und zwei männlichen Lehrern ihre Verletzung verbalisieren.« So macht die Schülerin ein weiteres Mal die Erfahrung totaler Hilflosigkeit und lernt, dass die tiefe Verletzung ihrer körperlichen Intimität und Würde nicht ernst genommen wird.[351]

In der geschilderten Situation haben Schule bzw. Sportlehrer doppelt versagt, indem zuerst der Umkleideraum nicht geschützt war und dann das Mädchen gegenüber den übergriffigen Jungen nicht in Schutz genommen wurde. Ersteres hätte durch entsprechende bauliche Gestaltung oder Aufsicht vermieden werden können; Letzteres durch Sensibilisierung des Lehrers für Scham und Menschenwürde: eine Aufgabe für die Aus- und Fortbildung von Sportlehrern.

Gudrun Wehner[352] schlägt vor, Koedukation im Sportunterricht aufzuheben: zeitweilig (z. B. in den Klassenstufen 7 und 8) oder dauerhaft durch ein Tandemmodell: Dabei unterrichten eine Sportlehrerin und ein Sportlehrer in einer Jahrgangsstufe parallel, so dass die Schülerinnen und Schüler nach Geschlecht (oder auch: nach Leistungsstand und Sportart) getrennt werden können.

Eine weitere Anregung zum Schutz der Schüler/-innen gibt Antje Klinge. Die Sport- und Tanzpädagogin schlägt das Prinzip der Freiwilligkeit vor, wonach jeder Schüler selbst entscheiden kann, was er zeigen will und was nicht. Sie empfiehlt, »Zonen der Sicherheit« im Schulsport zu schaffen, in denen gewährleistet ist, »dass die körperliche Exponiertheit nicht zum individuellen Problem wird«[353]. Damit fragt Klinge die didaktische Phantasie von Sportlehrenden an: Wie kann es vermieden werden, dass exponierende »Bühnen« entstehen, auf denen die Körper (und gegebenenfalls Scheitern) zur Schau gestellt werden? In welcher Weise könnten z. B. die Geräte arrangiert werden?

So schlägt etwa Thomas Auras eine Alternative zum üblichen Vorturnen an Reck, Barren usw. vor. Verschiedene Geräte sind aufgebaut und die Aufgabenstellung lautet: »Findet verschiedene Möglichkeiten, euch an den aufgebauten Geräten zu drehen.« Jedes Kind kann selbst sein Gerät auswählen und Verschiedenes ausprobieren. Da die Schüler sich auf unterschiedliche Geräte verteilen, ist der Einzelne nicht auf dem »Präsentierteller«. Ein misslungener Versuch muss nicht als Blamage erlebt werden, sondern als notwendiger, selbstverständlicher Bestandteil des Erkundens der eigenen Bewegungsmöglichkeiten und Leistungsgrenzen.[354]

Zugehörigkeit wird durch ausschließende Mannschaftsspiele wie z. B. Völkerball nicht gefördert. Klassengemeinschaft wird oft vergiftet durch die herkömmliche Methode, Mannschaften auszuwählen. Dabei besteht zusätzlich die Gefahr, so Schöneborn, dass Teufelskreise entstehen: weil ein schüchternes oder ängstliches Kind weniger gewählt wird, hat es weniger Erfolgserlebnisse und in der Folge noch weniger Selbstvertrauen. Dies bewirkt, dass es noch weniger gewählt wird usw. Die Autorin empfiehlt, die Mannschaften, ganz einfach, auszulosen.[355]

Die Klassengemeinschaft kann durch kooperative Spiele (wie z. B. den Gordischen Knoten) und kooperative Schulsportfeste gefördert werden. Diese Spiele machen Spaß, fördern das Selbstwertgefühl der Einzelnen und ihre Fähigkeit zur Partizipation. Gute Beispiele bieten der Artikel von Gabriele Sobiech[356] und der Anhang der Zeitschrift *Sportpädagogik* aus dem Jahr 2008 (Themenheft zu Scham und Beschämung)[357]. Darunter sind so originelle Ideen wie der »1-Minuten-Schätzlauf«: Die Schüler bekommen die Aufgabe, eine Minute möglichst genau abzuschätzen und so lange zu laufen. Gemeinsam sollen die Schüler eine Taktik entwickeln, um das gesetzte Ziel zu erreichen.

Eine gute Klassengemeinschaft ist eine wesentliche Voraussetzung dafür, Erfahrungen des Scheiterns konstruktiv aufzuarbeiten. Sie ist ein schützender Rahmen, in dem auch neue Bewegungsformen eher akzeptiert werden können; dann müssen z. B. Jungen nicht ihre Scham abwehren und Männlichkeit beweisen, indem sie Tanzen als »weibisch« verachten, herumalbern oder anderweitig stören.[358]

Die *Integrität* von Schülern wird gefördert, indem sie für Hilfestellungen für leistungsschwächere Mitschüler herangezogen werden. Dies gibt ihnen die Chance, Sinn zu verwirklichen – eine Alternative zum rücksichtslosen Erfolgsstreben, wie es durch den herkömmlichen, siegorientierten Unterricht gefördert wird.

Durch hautnah und emotional ausgetragene Kampfspiele kann die Ganzheit von Schülern gefährdet werden. Bei diesen Spielen ist der Antagonismus der Spieler, wie Wolf Miethling zeigt, grundsätzlich eingebunden in die Spielsituation: Gegner sind auch Mitspieler. Wenn Spieler jedoch absichtlich foulen, dann sind sie nicht nur Opfer eines sie »überwältigenden Aggressionstriebs, sondern sie geraten in einen Gegensatz zu sich selbst. Sie verletzen nicht nur den gegnerischen Mitspieler, sondern zugleich den Konsenscharakter und damit die Grundlagen ihres Spiels.«[359]

Dies bedeutet jedoch nicht, so Annedore Prengel,[360] dass solche Spiele vermieden werden sollten. Vielmehr müssen Lehrende einschreiten, sobald lustvolles Kräftemessen in Gewalt umschlägt: Jetzt ist ein Zeitpunkt, um die Regeln des Spiels nochmals zu vermitteln (oder spielerisch zu variieren, so Zimmer[361]), die wechselseitige Achtung zu betonen und Probleme der Fairness zu besprechen. Gerade der Sport ist ein fruchtbares Gebiet, um ethische Fragen zu bearbeiten.[362]

Darüber hinaus schlägt Miethling »Leitsätze zur Kultivierung von Aggressionen im Schulsport«[363] vor, einschließlich einer Streitschlichtung nach dem Modell von Irene Heinzelmann-Arnold.[364] Dies kann an dieser Stelle leider nicht weiter ausgeführt werden.

Anerkennung wird Schülern nicht dadurch vermittelt, dass versucht wird, ihnen Schamgefühle zu ersparen. Etwa durch die gut gemeinte Aufforderung der Lehrerin: »Gib dem Gerhard auch mal den Ball!« Wie Thomas Auras[365] darstellt, möchte Gerhard auf so einen »Sozialball« (O-Ton eines Kindes) gerne verzichten, da er auf diese Weise vor der Klasse bloßgestellt wird.

Anerkennung können Schüler viel eher durch Erfolgserlebnisse erfahren. Diemuth Möller[366] schlägt vor, etwa die Weite eines Sprungs zu Schuljahresbeginn zu messen und, nach Trainingsphasen, nochmals am Ende, um den *individuellen* Fortschritt sichtbar zu machen. Annedore Prengel[367] plädiert für faire Konkurrenz, um zu vermeiden, dass Sieger und Verlierer von vornherein feststehen. So sollten etwa im Sportunterricht nur diejenigen Schüler/-innen miteinander wetteifern, die annähernd ähnliche Fähigkeiten haben. Die Teilnehmer eines Wettkampfes könnten aus verschiedenen Klassen zusammengesetzt werden oder schwächere Schüler könnten einen Vorsprung bekommen.

Die Chancen auf Erfolgserlebnisse sind umso größer, je breiter das Spektrum an Bewegungsmöglichkeiten ist. Ein Erfolgserlebnis in der einen Sportart macht es leichter, Misserfolge in anderen zu verkraften. Verlierenlernen sollte eines der Lernziele sein. Schüler sollten die Gelegenheit bekommen, ihre Lieblingssportarten vorzustellen.[368] Neue Sportarten und aktuelle Trends wie Inlineskaten, Jonglieren, Tanzen oder Walken könnten aufgegriffen werden.[369] Dies wird durch viele neue Lehrpläne durchaus ermöglicht (wie Antje Klinge beobachtet, werden diese Möglichkeiten bisher jedoch zu wenig genutzt[370]).

Ein beeindruckendes Beispiel ist das Projekt, das im Film *Rhythm is it*[371] dokumentiert ist. Angeleitet vom Tanzpädagogen und Choreographen Royston Maldoom proben 250 Kinder und Jugendliche die Aufführung von Igor Stravinskys Ballett *Le sacre du printemps*, gespielt von den Berliner Philharmonikern unter dem Dirigenten Sir Simon Rattle. Maldoom nimmt die Kinder und Jugendlichen, die vorwiegend aus Berliner »Problemschulen« kommen, ganz ernst und erspart ihnen keine Scham. Er fordert sie jedoch heraus und unterstützt sie dabei, durch vermehrte Anstrengung zum Erfolg zu kommen.

Die künstliche Trennung zwischen Bewegung und Musik ist in diesem Projekt überwunden.[372]

Beispiele zu weiteren Unterrichtsfächern

Auch andere Unterrichtsfächer bieten jeweils ihre eigenen Chancen, die Schüler in ihrer Würde und in ihren Grundbedürfnissen nach Schutz, Zugehörigkeit, Integrität und Anerkennung zu fördern. Etwa in der didaktischen Gestaltung, in der Auswahl von Lehrbüchern, Methoden, Unterrichtsbeispielen usw. Beispielsweise im *Mathematikunterricht*: Zahlen können einschüchtern; diese Wirkung wird nicht selten missbraucht, um kritische Stimmen zum Verstummen zu bringen. André Zimbel[373] plädiert für eine »Humanmathematik«, welche die Verbindung zwischen menschlichen Erfahrungen und Mathematik in den Blick nimmt. Erfolgversprechend sind m. E. auch ethnomathematische Ansätze. Dabei wird untersucht, wie sich mathematische Fähigkeiten in verschiedenen Kulturen entwickelten, z. B. in Ritualen, Spielen, Musik, Tänzen, Kunst oder in den Sozialbeziehungen; dies kann an dieser Stelle nicht weiter ausgeführt werden.

Darüber hinaus möchte ich anregen, Menschenwürde und Scham selbst zu einem Unterrichtsthema zu machen. So sollte im *Geschichts*unterricht die Vergangenheit aus Sicht der Scham und Menschenwürde betrachtet werden; bisher wurde die Scham in der historischen-politischen Bildung weitgehend übersehen[374].

Der *Gemeinschaftskundeunterricht*, dieses unbeliebteste aller Schulfächer, könnte mit Leben erfüllt werden, wenn das thematisiert wird, worunter eine große Zahl von Heranwachsenden massiv leidet: die Mechanismen, mit denen Status und undemokratische Macht durch Beschämungen hergestellt werden[375]: die Mechanismen von Schamabwehr und Mobbing.

Die Themen Grundgesetz, Menschen- und Kinderrechte sollten mit dem Würde-Begriff verknüpft und konkretisiert werden. So verbietet die UN-Kinderrechtskonvention, die am 5. April 1992 für Deutschland in Kraft getreten ist, unter anderem Diskriminierung aufgrund von Rasse, Hautfarbe, Geschlecht, Sprache, Religion, Herkunft, Vermögen, Behinderung, Geburt u. a. (Art. 2). Nach dieser Konvention hat jedes Kind das Recht, seine Meinung zu allen »das Kind berührenden Angelegenheiten frei zu äußern« (Art. 12) und das Recht auf Meinungs- und Informationsfreiheit sowie Gedanken-, Gewissens- und Religionsfreiheit (Art. 13 und 14). Kein Kind darf »willkürlichen oder rechtswidrigen Eingriffen in sein Privatleben, seine Familie, seine Wohnung oder seinen Schriftverkehr oder rechtswidrigen Beeinträchtigungen seiner Ehre und seines Rufes ausgesetzt werden« (Art. 16). Es ist zu schützen »vor jeder Form körperlicher oder geistiger Gewaltanwendung, Schadenzufügung oder Misshandlung, vor Verwahrlosung oder Vernachlässigung, vor schlechter Behandlung oder Ausbeutung einschließlich des sexuellen Missbrauchs« (Art. 19).

Ein geistig oder körperlich behindertes Kind hat das Recht auf ein »erfülltes und menschenwürdiges Leben unter Bedingungen [...] welche die Würde des Kindes wahren, seine Selbstständigkeit fördern und seine aktive Teilnahme am Leben der Gemeinschaft erleichtern« (Art. 23). Jedes Kind hat das Recht »auf einen seiner körperlichen, geistigen, seelischen, sittlichen und sozialen Entwicklung angemessenen Lebensstandard« (Art. 27); auf Bildung und Berufsausbildung, die darauf gerichtet sein muss, »die Persönlichkeit, die Begabung und die geistigen und körperlichen Fähigkeiten des Kindes voll zur Entfaltung zu bringen« (Art. 28 und 29); »auf Ruhe und Freizeit, auf Spiel und altersgemäße aktive Erholung sowie auf freie Teilnahme am kulturellen und künstlerischen Leben« (Art. 31). Kinder sind zu schützen »vor dem unerlaubten Gebrauch von Suchtstoffen und psychotropen Stoffen [...], vor allen Formen sexueller Ausbeutung und sexuellen Missbrauchs« und vor »Folter oder einer anderen grausamen, unmenschlichen oder erniedrigenden Behandlung oder Strafe« (Art. 33, 34 und 37).

Vor allem der Gemeinschaftskundeunterricht ist der Ort, um Heranwachsende zu befähigen, ihre eigene Meinung zu entwickeln und zu vertreten – auch und gerade dann, wenn sie von der Meinung der Mehrheit abweichen. Diese Fähigkeit ist auch für das spätere Berufsleben unverzichtbar: Wenn Mitarbeitende – aus Angst, abgekanzelt oder ausgegrenzt zu werden – ihre Meinung zurückhalten, kommen ihre Kompetenzen nicht zum Tragen und drohende Fehler können nicht abgewendet werden (aktuelle Beispiele dafür sind die Skandale bei VW, Siemens und dem Berliner Flughafen). So verliert das Unternehmen an Innovationskraft, die Mitarbeitenden verlieren ihr Engagement und machen nur noch Dienst nach Vorschrift. Aber Mut ist lernbar: Gracia Thum unterstützt Manager darin, kritische Meinungen zu vertreten.[376]

Scham und ihre Abwehr können auch anhand von *Literatur* verdeutlicht werden, etwa an moderner Kinder- und Jugendliteratur, aber auch Kinderbuchklassikern wie *Pinocchio* von Collodi oder klassischer Literatur wie z. B. Heinrich von Kleists Novelle *Michael Kohlhaas*, im Werk Franz Kafkas oder in Friedrich Schillers *Die Räuber*. Zu Letzterem hat die Gymnasiallehrerin und Schulpsychologin Monika Wierlacher-Engelhardt[377] eine Unterrichtseinheit erarbeitet: In Form einer szenischen Inszenierung erleben die Schüler die Reaktion Karls, nachdem dessen Entschuldigung von seinem Vater zurückgewiesen wird.

- Zunächst werden die Schüler befragt, ob sie schon einmal erlebt haben, dass ihre Bitte um Entschuldigung nicht angenommen wurde.
- Im nächsten Schritt wird im Plenum erarbeitet, was zu einer vollständigen Entschuldigung gehört: Gewissensscham, Eingeständnis der Schuld; Reue und Veränderung des eigenen Verhaltens; Angebot einer Wiedergutmachung; Bitte um Entschuldigung.
- Anschließend werden drei Reaktionsweisen des Vaters (gespielt von drei verschiedenen Mitschülern) durchgespielt; der Schüler, der den sich entschuldigenden Karl spielt, wird gebeten, auf seine jeweiligen Gefühle zu achten: Im ersten Spiel weist der Vater die ausgestreckte Hand zurück. Auch im zweiten Spiel nimmt er die Entschuldigung nicht an, lässt aber die Frage nach einem weiteren Kontakt offen. Im dritten Spiel ergreift er die Hand Karls und akzeptiert dessen Entschuldigung.
- Im nächsten Schritt werden die drei Spiele gemeinsam reflektiert. Dabei wird für die Schüler die Scham erlebbar, die Karl bei den ersten beiden Varianten erlebt, während das dritte Spiel Erleichterung auslöst.
- Abschließend werden textnah die weiteren Reaktionen Karls, die Schiller beschreibt, als Schamabwehr interpretiert.

Auch der *Religionsunterricht* scheint mir geeignet, um mit Heranwachsenden Scham und Menschenwürde zu erarbeiten;[378] die Religionspädagogin Daniela Haas hat dazu ein sehr empfehlenswertes Buch geschrieben. Scham kann etwa anhand verschiedener Bibelstellen thematisiert werden:
- Angefangen mit der Paradiesszene, die oben im Zusammenhang mit der Entwicklung von Scham und der Fähigkeit zur objektiven Selbsterkenntnis, bereits erwähnt wurde.
- Die Geschichte von Kain und Abel lässt sich als Schamabwehr lesen.[379] Kain ist beschämt, weil sein Opfer von Gott weniger anerkannt wurde: »Und es entflammte den Kain sehr und es fiel sein Gesicht.« Das »Entflammen« könnte als Rötung des Gesichts, als Schamesröte, interpretiert werden; das »fallen« seines Gesichts könnte die Veränderung des Gesichtsausdrucks bedeuten, die oft mit Scham einhergeht.[380] Zur Abwehr seiner Scham ermordet Kain seinen Bruder Abel.

- In einer anderen Bibelszene sieht ein Sohn (Ham) seinen betrunkenen, nackten Vater (Noah) und spottet gegenüber seinen Brüdern darüber; diese bedecken ihres Vaters Blöße. Der verächtliche Sohn wird von seinem Vater verflucht (1. Mose 9,20–25).
- Der Widerstreit zwischen den Bedürfnissen nach Zugehörigkeit und Integrität wird deutlich in der Szene im Hof des Hohepriesters, während Jesus verhört wird. Petrus verrät zunächst seine Jüngerschaft mit Jesus, um nicht aus der Gesellschaft der im Hof wartenden Menschen ausgeschlossen zu werden. Sein Verrat wird ihm bewusst, als der Hahn drei Mal kräht, was ihn an Jesu Voraussage erinnert; daraufhin schämt er sich (Markus 14,66–72).

Solche Texte könnten ein Einstieg sein, um mit den Schülern zu erarbeiten: Was ist Scham? Wie »funktioniert« sie? Wie beeinflusst sie das menschliche Denken und Verhalten? Mit welchen Mechanismen wird sie abgewehrt? Darauf aufbauend lassen sich Schamkonflikte der Schüler thematisieren sowie deren kulturspezifische Hintergründe: Welche Bedeutung hat Scham beispielsweise für Schüler mit Migrationshintergrund? Wo sind z. B. Schamgrenzen in deren jeweiliger Kultur? Wie gehen Männer bzw. Frauen verschiedener Gesellschaften mit Nacktheit und Scham um? Welche Bedeutung haben Zugehörigkeit und Integrität? Welche diesbezüglichen Erfahrungen und Konflikte haben Schülerinnen und Schüler? Durch solche Fragen könnten die Heranwachsenden für die charakteristischen Konflikte und Missverständnisse in der interkulturellen Kommunikation vorbereitet werden sowie einen respektvollen Umgang mit anderen Religionen und Weltanschauungen erlernen.

Altes und Neues Testament bieten auch zahlreiche Stellen, um Würde zu thematisieren. Etwa wenn die Gottes-Ebenbildlichkeit des Menschen benannt wird. Wenn Jesus mit den verachteten Zöllnern und Sündern spricht. Wenn Jesus dazu auffordert, sein Licht nicht unter den Scheffel zu stellen. Oder wenn Jesus der gekrümmten Frau zu einer aufrechten Körperhaltung verhilft.

Abschließend noch einige Gedanken zum Thema Hochschul- und Erwachsenenbildung sowie zur beruflichen Fortbildung:

- Beschämungen von Zuhörern oder Seminarteilnehmenden können vermieden werden, wenn der oder die Referierende sich verständlich ausdrückt: ohne verkomplizierende Schachtelsätze und lateinische Fremdwörter. Es ist ein verbreiteter Irrtum zu glauben, dass Schwerverständlichkeit gleichbedeutend mit akademischem Niveau sei.
- Häufig wird nach einem Vortrag oder Theorie-Input gefragt: »Hat jemand noch eine Frage?« Oder: »Gibt es Verständnisfragen?« Mit dieser Formulierung werden Fragende in eine Position gebracht, in der sie sich als Ignoranten outen müssen (»Ich habe dies nicht verstanden«). Meiner Erfahrung nach ist es einladender, mit anderen Formulierungen zum Frageteil überzugehen; etwa: »Welche Fragen haben Sie noch?«
- In Seminaren werden oft Rituale wie Stuhlkreis und Mitteilungen über persönliche Erfahrungen zum Thema (»Sharing«) eingesetzt. Ich habe es oft als blockierend erlebt, wenn die Sprechenden sich der Reihe nach äußern sollen. Für hilfreicher halte ich es, wenn Sharing grundsätzlich freiwillig ist (»Niemand muss, jede/-r darf«) und wenn dies nicht der Reihe nach, sondern je nach »Eigenzeit« der Teilnehmenden geschehen darf.

Beispiel Pflege

Pflegende arbeiten ganz nah an den Schamgrenzen ihrer Patienten bzw. Heimbewohner, mehr noch: Sie sind per Arbeitsauftrag dazu verpflichtet, diese Grenzen zu überschreiten, etwa beim Waschen im Intimbereich. Dies kann bei Patienten Scham auslösen – aber auch bei Pflegekräften; dies zeigen folgende Äußerungen von Pflegekräften:

»Ich empfinde Scham, weil ich die Grenzen meiner Patientinnen überschreite.«
»Ich ekle mich vor Eiter und Ausscheidungen – und schäme mich dafür.«
»Ich schäme mich, wenn ich die finanzielle Not mancher Heimbewohner – und ihre Scham darüber – mitbekomme.«
»Neulich hat ein alter Mann einen anzüglichen Kommentar über meinen Busen gemacht, während seine junge asiatische Frau gleich danebensaß. Als ich das meinem Vorgesetzten sagte, meinte der nur: ›Wenn Sie sich auch so aufreizend anziehen‹.«

»Ich schäme mich, dass ich den persönlichen Raum der Patienten verletze.«
»Ich bin Berufsanfänger und habe Angst, das Sterben von Patienten mitzubekommen; dafür schäme ich mich.«
»Es gibt Heimbewohner, die sich für schwierige Familienangehörigen schämen oder dafür, dass niemand sie besucht. Diese Scham bekomme ich mit.«
»Ich finde es beschämend, dass Patienten heute wie ›gläsern‹ sind.«
»Während meiner Ausbildung kriegte ein alter Mann beim Waschen eine Erektion. Ich war total hilflos. Meine Ausbilderin hat nur darüber gewitzelt.«
»Neulich wurde ein Heimbewohner von einem meiner Kollegen lautstark beschimpft. Dafür habe ich mich sehr geschämt.«

Die Äußerungen illustrieren, dass die Pflegesituation nicht nur für die Patienten, sondern auch für Pflegekräfte intensiv mit Scham aufgeladen ist. Umso erstaunlicher, wie wenig sich auch die Pflegewissenschaft bisher diesem Thema gewidmet hat. Eine ganz wichtige Ausnahme ist das empfehlenswerte Buch von Katharina Gröning.[381]

Wie könnte ein konstruktiver Umgang mit Scham aussehen? Was können Pflegende tun, um die Bedürfnisse ihrer Patienten nach Schutz, Zugehörigkeit, Integrität und Anerkennung zu wahren? Fragen wir die Pflegekräfte selbst – hier einige ihrer Antworten:

»Wir Pflegende können Schamgefühle, die wir wahrnehmen, thematisieren; wenn sie auftreten oder später, auch schon im Vorfeld.«
»Wir sollten die Autonomie der alten Menschen fördern. Wenn zum Beispiel jemand nur noch eine Tasse halten kann, dann ist es wichtig, dass er dies auch tun darf, dass wir ihm dies nicht abnehmen. Wir sollten nicht problem- sondern ressourcenorientiert pflegen.«
»Die Intimsphäre der Patienten muss so weit wie möglich geschützt werden. Das bedeutet, das Frauen nur von Frauen, und Männer nur von Männern gepflegt werden dürfen.«
»Beim Waschen muss die Zimmertür geschlossen bleiben.«
»Als Pflegende müssen wir die alten Menschen respektvoll ansprechen. Nicht mit ›Wir‹, ›du‹ oder ›Opa‹. Wir sollten auch nicht die Ge-

schlechtsteile mit lächerlichen Begriffen umschreiben (›So, jetzt wollen wir mal unseren Piepmatz sauber machen‹).«

»Nicht über Bewohner bestimmen, sondern sie fragen, was sie jeweils noch tun können oder wollen.«

»Ich muss mir die Zeit nehmen, dem Patienten zu erklären, was ich tun werde, ihm eventuell den Ablauf zuerst vormachen.«

»Ein Bewohner befriedigt sich immer selbst, wenn ich den Raum betrete. Ich werde künftig den Raum gleich wieder verlassen, ohne ihn zu beschämen oder zu schimpfen. Wenn es weiter passiert, werde ich einen Kollegen bitten, seine Betreuung zu übernehmen.«

»Vor dem Öffnen der Tür sollten wir anklopfen und dann nicht gleich hineinstürzen, sondern innehalten. So viel Zeit muss sein. Das Innehalten kann auch mir helfen, sich auf die jeweilige Person einzustellen.«

»Wir müssen zuallererst vertrauensvolle Beziehungen mit den Menschen schaffen: indem sie möglichst von derselben Person gepflegt werden (Bezugspflege). Durch möglichst geregelte Abläufe. Indem wir uns Zeit für sie nehmen und respektvoll mit ihnen umgehen. Diskretion wahren. Es schafft auch Sicherheit, wenn die Bewohner ihre eigenen Möbel in das Heim mitbringen dürfen.«

»Nicht ›Eine Pflege für alle‹, sondern individualisieren: immer den einzelnen, einzigartigen Patienten sehen; seine Geschichte kennen und berücksichtigen. Die Pflege durch Gespräche unterstützen.«

»In Bezug auf die Scham nicht wegschauen, sondern hinschauen. Wenn Schamgefühle auftreten, dann einfühlen und sie verstehen.«

»Wenn in einer Wohngruppe ein Mitbewohner ausgegrenzt wird, dann müssen wir dafür sorgen, dass er wieder von der Gruppe aufgenommen wird.«

»Wenn ein Patient sich schämt, dann kann es auch hilfreich sein, eigene Erfahrungen mit der Scham anzusprechen, um ihm zu signalisieren, dass ich sie auch kenne und mich in ihn einfühlen kann.«

»Auch altersdemente oder geistig behinderte Patienten haben ein Recht auf Intimsphäre. Für sie müssen wir Anwaltschaft übernehmen.«

»Durch mein Verhalten lebe ich einen achtsamen Umgang mit Scham und Intimitätsgrenzen vor.«

»Gegenüber sexuell übergriffigen Patienten müssen wir ›Nein!‹ sagen, aber auf nicht beschämende Art und Weise.«

Die Antworten zeigen, dass viele Pflegekräfte über beachtliche Kompetenzen für eine menschenwürdige Pflege verfügen und bereit sind, sich zu engagieren. Entsprechendes gilt auch für viele andere Berufstätige. Die Frage ist jedoch, inwieweit die Arbeitsbedingungen und Strukturen es ermöglichen, dass diese Menschen in ihren Kompetenzen und ihrem Engagement auch anerkannt werden und inwieweit sie diese in ihre Arbeit einbringen können.

3. Menschenwürdige Rahmenbedingungen

Strukturelle Entwürdigungen

Viele Berufstätige machen die Erfahrung, dass ihre Anstrengungen, würdevoll mit ihren Klienten umzugehen, durch die Rahmenbedingungen blockiert werden. Etwa in der Pflege durch den hohen Zeitdruck und die Budgetierung, wodurch die pflegende Arbeit mit Menschen in einzelne Tätigkeiten zerstückelt und jeweils mit Zeitbudgets versehen wird. Dies hat zur Folge, dass viele Pflegekräfte gezwungen sind, ihre Patienten in einer Weise abzufertigen, die sie vor ihrem Gewissen nicht vereinbaren können – wofür sie sich schämen.[382] Auch viele Leiter von Pflegeeinrichtungen empfinden strukturell bedingte Scham, wie die folgenden Aussagen zeigen:

»Ich schäme mich für den Mangel an Personal, den ich als Leiter verwalten und vertreten muss.«

»Ich schäme mich für die geringe Anerkennung, die Pflegekräfte in Deutschland bekommen, und dafür, dass sie auch in unserer Einrichtung nicht angemessen honoriert werden.«

»Das Gesundheitssystem suggeriert: Alles ist okay. Ist es aber nicht. Dass ich diese Lüge mit vertrete, dafür schäme ich mich.«

»Ich schäme mich für die Vorgaben, die ich umsetzen muss: Jeder Handgriff kostet Geld. Der Patient ist bei uns nur eine Zahl.«

»Ich schäme mich für die Räumlichkeiten meiner Einrichtung.«

»Ich schäme mich dafür, dass wir hier so unter Zeitdruck stehen, dass zum Beispiel schon mal ein Bewohner auf der Toilette essen muss.«

»Ich finde es beschämend, wie die Kontrollorgane meiner Einrichtung, wenn sie sich mal sehen lassen, hier auftreten.«

»Ich schäme mich für die Diskrepanz zwischen Anspruch und Wirklichkeit meines Hauses.«

»Wie wir hier mit Fehlern untereinander umgehen, das ist beschämend.«

»Als beschämend erlebe ich es, dass Heimbewohner keine Intimsphäre haben, zum Beispiel weil sie in einem Doppelzimmer wohnen.«
»Ich schäme mich dafür, Mängel zu verwalten und dass vor lauter Papierkram immer weniger Zeit für die Pflege bleibt.«

Viele vermeidbare Schamgefühle werden durch Rahmenbedingungen verursacht: durch die beruflichen Strukturen, Arbeitsbedingungen und Entscheidungsabläufe, das Betriebsklima und den Führungsstil einer Einrichtung, einer Organisation oder eines Unternehmens. Auch durch den Kontext im weiteren Sinne: die Gesellschaft, ihre Vergangenheit und ihren Umgang mit sozial Benachteiligten.

Strukturell beschämend ist etwa die Architektur und Innenarchitektur von nicht wenigen Krankenhäusern, wenn Wände verglast sind, wo Sichtschutz bestehen müsste; oder von lieblosen, verdreckten Schulgebäuden. Viele Lehrer/-innen schämen sich für eine verfehlte Bildungspolitik, die sie vertreten müssen, und für die Art und Weise, wie sie von Öffentlichkeit, Medien und vorgesetzten Behörden behandelt werden.

Nicht wenige soziale Einrichtungen haben ein völlig überhöhtes, unerreichbares Leitbild, dem die einzelnen Mitarbeitenden niemals gerecht werden können und demgegenüber sie sich nur schämen können. Viele Mitarbeitende in katholischen Einrichtungen schämen sich für die Kirche, der sie angehören und die sie vertreten.

Und wie mag es den Mitarbeitenden von Deutscher Bank, Volkswagen, Deutscher Bahn u. v. a. gehen, die ihren Kopf für eine verfehlte Firmenpolitik hinhalten müssen und nicht selten den Ärger von verprellten Kunden abbekommen?

Unwürdige Rahmenbedingungen haben erhebliche Auswirkungen auf die Arbeit mit Menschen. Das folgende Beispiel illustriert, wie das Engagement einer kompetenten und engagierten Lehrerin durch das Bildungssystem blockiert wird. Hier: durch den Auftrag an die Lehrkraft, Schüler zu selektieren. Denn von Lehrenden wird erwartet, dass sie gute *und* schlechte Noten verteilen, in etwa nach der Gauß'schen Normalverteilung.[383] Der Mathematiker hatte in der Natur beobachtet, dass Extreme selten sind, während die breite Mitte öfter auftritt. Allerdings stimmt diese Verteilung gerade nicht für Lerngruppen, was leider oft übersehen wird.[384]

Der Spießrutenlauf der Grundschullehrerin Sabine Czerny beginnt, als sie ihren Unterricht verändert und ihre Schüler mit Begeisterung lernen – mit der Folge, dass sie immer bessere Noten erzielen. Frau Czerny weigert sich jedoch, einigen ihrer Schüler ungerechtfertigt schlechte Noten zu geben, wie es von Vorgesetzten und Kollegen erwartet wird. Daraufhin wird sie mehrfach zur Schulleitung und zu übergeordneten Kultusbeamten bestellt. Ihr wird der Morgenkreis verboten (eine pädagogische Methode, mit denen die Schüler vor Lernbeginn ins Gespräch kommen) und sie wird aufgefordert, das Notenspektrum voll auszuschöpfen: »Auch bei Ihnen muss es Fünfer und Sechser geben«, so ein Schulbeamter.[385]

Frau Czerny[386] wehrt sich jedoch gegen den Auftrag, dass es »dumme« Kinder geben müsse; sie möchte jedes Kind zum Erfolg führen. Daraufhin ordnen die Schulbehörden »aus Fürsorge« ihre amtsärztliche Untersuchung an mit dem Zweck: »psychologische Begutachtung und eventuelle Versetzung in den vorzeitigen Ruhestand«[387]. Den Test übersteht Sabine Czerny ohne Mühe.

Als sie, nach Ansicht der Behörden, zu viele Viertklässler als tauglich für Realschule oder Gymnasium einstuft, wird sie an eine andere Schule versetzt, da »der Schulfriede nachweislich und nachhaltig gestört« sei, so die amtliche Begründung.[388] An ihrer neuen Schule unterrichtet sie nun eine erste Klasse, in der noch keine Noten zu verteilen sind.

Vom »Wert« der Menschenwürde

Diese Beispiele stehen stellvertretend für das Klima und die Strukturen vieler Betriebe, Einrichtungen und Organisationen, mit denen die Fähigkeiten und Arbeitsbereitschaft der Menschen blockiert oder kaputt gemacht werden. Bei einer repräsentativen Untersuchung des IFAK-Instituts über das Arbeitsklima in deutschen Betrieben im Jahr 2008 zeigte sich, dass nur 12 Prozent aller Beschäftigten engagiert und motiviert bei der Arbeit sind. 64 Prozent spulen am Arbeitsplatz nur das Pflichtprogramm ab, während 24 Prozent ihren Arbeitsvertrag innerlich schon gekündigt haben.[389]

Diese Zahlen sind es, die meines Erachtens unsere Schlagzeilen, Debatten und Politik bestimmen sollten. Sie veranschaulichen einen katastrophalen Zustand:

- Zuallererst in menschlicher Hinsicht, indem Millionen von Männern und Frauen sich nicht sinnvoll beruflich einbringen können. Dies ist eine Zurückweisung ihrer Würde: ihres Grundbedürfnisses, ihre Kompetenzen arbeitend auszudrücken und darin anerkannt zu werden.
- Zweitens macht dieser Zustand krank.[390] Die Folgen können Depression, Sucht, Diabetes, Herz-Kreislauf-Erkrankungen und andere psychosomatische Symptome sein. Joachim Bauer schätzt, dass sich jeder vierte Erwerbstätige unseres Landes in einem gesundheitlichen Zustand befindet, der als »Burnout-Syndrom« bezeichnet wird. Die Symptome sind u.a. Schlafstörungen, Erschöpfung, Schwindelgefühl, Kopfschmerzen, depressive Verstimmungen oder Angst.[391]
- Drittens verursachen diese Erkrankungen unübersehbare Folgekosten für das Gesundheitssystem und, aufgrund der Frühverrentungen, für das Rentensystem (z.B. scheiden mehr als 90 Prozent aller Lehrer/-innen vorzeitig aus dem Berufsleben aus). Zusätzlich wird die gesamte Gesellschaft belastet, wenn z.B. eine Assistenzärztin, die teuer an einer Universität ausgebildet wurde, aus ihrem gewünschten Beruf hinausgeekelt wird, wie im zitierten Beispiel.
- Viertens entstehen den Betrieben hohe Fehlzeiten (das IFAK schätzt diese Kosten für die deutsche Wirtschaft auf jährlich 22,4 Milliarden Euro) sowie Unkosten durch qualitativ schlechte Arbeit.
- Fünftens werden unschätzbare Kompetenzen vernichtet, wenn erfahrene Arbeitskräfte in die innere Emigration oder in den vorzeitigen Ruhestand genötigt werden. Arbeitnehmer, die sich nicht mit ihrer Arbeit identifizieren dürfen, bringen auch deutlich weniger Verbesserungsvorschläge ein.

Die IFAK-Studie kommt zum Resümee: »Führungskräfte, die die grundlegenden Bedürfnisse und Erwartungen der Beschäftigten am Arbeitsplatz berücksichtigen, gelingt es besser, ihre Mitarbeiter und Mitarbeiterinnen an das Unternehmen zu binden.«[392] Ein grundlegendes Bedürfnis von Menschen ist es, in ihrer Würde respektiert zu werden. Wie die Studie zeigt, ist die Menschenwürde kein abgehobenes, teures Luxusgut, kein schönes Ideal, das für die »harte Wirklichkeit« nicht taugt. Es ist genau umgekehrt: Wir können uns den zweifelhaften »Luxus« von Entwürdigungen nicht länger leisten.[393] Auch wenn viele Führungskräfte dies noch nicht begriffen haben und nach wie vor wie in Feudalzeiten regieren: im Irrglauben, Menschen würden effektiver lernen oder arbeiten, wenn sie entwürdigt werden.

Wie teuer es uns tatsächlich kommt, die Würde von Menschen nicht zu achten, dies soll an einem weiteren Beispiel veranschaulicht werden.

Beispiel Strafvollzug: Schönheit gibt Würde

Im deutschen Strafvollzug gehören Entwürdigungen der Häftlinge zur Tagesordnung. Angefangen mit ihrer erzwungenen Nacktheit bei Sicherheitskontrollen und der fehlenden Privatsphäre bis dahin, dass sie im Bett zum »Ruhigstellen« gefesselt werden. In den vergangenen Jahren wurde das Ziel der Resozialisierung zunehmend in den Hintergrund gedrängt; vorherrschend ist der Gedanke der »inneren Sicherheit« und damit die Ausgrenzung der Verurteilten.[394]

Forensiker und Rechtswissenschaftler wie Heinz Kammeier bezweifeln, dass im Strafvollzug die Menschenwürde beachtet wird.[395] Der Gefängnisdirektor Thomas Galli bezweifelt, dass Gefangene durch Entwürdigungen resozialisiert würden.[396] Dennoch sind schon allein die Lebensumstände oftmals hochgradig entwürdigend für die Betroffenen. So berichtet eine Frau von ihrem Gefängnisaufenthalt, dass sie zu viert auf nur 14 Quadratmetern lebten; die Toilette befand sich ohne jede Abschirmung in einer Ecke des Raumes, und es kam vor, dass männliche Beamte den Raum betraten, während eine der Frauen auf der Toilette saß. Sie seien behandelt worden, als seien sie »nicht den Schmutz unterm Fingernagel wert«.[397] Wie solche Lebensumstände zur Resozialisierung beitragen sollen, bleibt fraglich. Am 5. August 2009 entbindet eine 27-jährige Gefangene (sie ist wegen Diebstahl verurteilt) in einem Kreißsaal. Dabei ist ihre rechte Hand an einen Bettpfosten gekettet, ein männlicher JVA-Beamter sitzt daneben und kann alles sehen und hören. Ihr Neugeborenes wird ihr nur kurz ans Bett gebracht und dann, ohne dass sie es umarmen konnte, weggebracht.[398]

Dass es auch anders gehen kann, dies zeigt eine sozialtherapeutische Institution des Straf- und Maßnahmenvollzugs in der Nordwest-Schweiz: Der Arxhof[399] hat 46 Plätze für straffällige, süchtige und gewalttätige junge Männer zwischen 17 und 25 Jahren, die per Gerichtsurteil dort eingewiesen wurden. Ausgenommen sind akut Suizidgefährdete, schwer psychotisch Gestörte und Sexualstraftäter. Voraussetzung für die Aufnahme ist ein Aufnahmegespräch sowie die Bereitschaft, die Regeln der Einrichtung zu akzeptieren (u. a. völliger Verzicht auf Gewalt, Alkohol und andere Drogen) und sich persönlich weiterentwickeln zu wollen. Dies wird gefördert durch sozialtherapeutische Hilfen, das Leben in der Gemeinschaft und eine berufliche Ausbildung einschließlich Berufsfachschule.

Der Arxhof ist, abgesehen von wenigen Ausnahmen, offen. Das Projekt setzt auf Beziehungen, welche die Bewohner an die Gemeinschaft binden. Neue Bewohner werden nicht mit Degradierungsritualen, sondern mit Geschenken begrüßt: mit Pflanzen. Sie wohnen nicht in Zellen, sondern in schön gestalteten Räumen, die sie persönlich einrichten und auch abschließen können. »Denn Schönheit gibt Würde«, wie der Direktor Renato Rossi sagt.[400] Die Möbel und Originalkunstwerke, mit denen die Häuser ausgestattet sind, tragen mit dazu bei, das Verhalten der Bewohner positiv zu verändern. Es gibt keinen Vandalismus.

Die Bewohner lernen auch, Verantwortung zu übernehmen – für das eigene Verhalten und für die Gemeinschaft: Durch Mitarbeit in Gremien wie Großgruppe und Delegiertenrat, in denen Konflikte gelöst und Konsequenzen von Verstößen gegen die Regeln entschieden werden. Beschämungen werden nicht geduldet. Die Bewohner sorgen dafür, dass Schwächere geschützt werden. Konflikte werden grundsätzlich als etwas betrachtet, was alle angeht und zu deren Lösung alle beitragen können.

Auch mit ihrer Arbeit wirken die jungen Männer am Funktionieren des Ganzen mit, zum Beispiel in Verwaltung, Telefonzentrale, Küche, Cafeteria; im Technischen Dienst beim Waschen, Bügeln der eigenen Kleider oder beim Putzen und Instandhalten des Hauses.

Der Arxhof bietet Therapien zur Behandlung von Sucht, Gewalt und Devianz. Die Bewohner lernen, konstruktiv mit schwierigen Situationen und emotionalen Spannungen umzugehen; sie erwerben die Fähigkeit, die Welt nicht nur narzisstisch aus dem eigenen Blickwinkel zu beurteilen, sondern auch andere Perspektiven einzunehmen. Dies wird unterstützt durch Seminare zu Fragen wie z. B.: Was sind meine kleinen Fluchten, meine Rückzüge und mein Ausweichen? Wie hole ich mir Unterstützung? Was ist mein Image, wie sehen mich andere?

Die Bewohner sprechen davon, wie gut ihnen der geschützte Rahmen des Arxhofes tut. Oft ist es eine völlig neue Erfahrung für sie, dass jemand da ist, der sich um sie kümmert. Dass sie nicht beschimpft, nicht mit Vorwürfen konfrontiert werden. Emotional schwanken sie zwischen Hoffnung und Verunsicherung. Ein Bewohner erzählt, dass er die Chance bekam, dort eine Lehre zu machen. Im Alltag gestaltet sich die Ausbildung dann doch hart, verlangt nach Disziplin und Willen, außerdem hatte er noch einige schulische Defizite aufzuholen. Doch Gruppe und Team vermitteln Sicherheit und ein Gefühl des Schutzes. Die klaren Regeln und Strukturen des Zusammenlebens fordern, doch sie bieten gleichzeitig Halt: »Warum ich nicht abgehauen bin? Die Türen sind ja immer offen. Es ist der geschützte Rahmen, die Verantwortung, die man gleich zu Beginn übernehmen muss. Ich werde ernst genommen. Es ist meine letzte Chance.«[401]

Für Regelverstöße müssen die Bewohner Verantwortung übernehmen: in dem Fall gibt es dann keinen Ausgang mehr oder sogar einen Arrest. Doch so lernen sie, dass sie die Konsequenzen ihres Verhaltens tragen müssen. Doch dies in einem geschützten, gewaltfreien Raum, in dem sie nicht beschimpft und bedroht werden, ungeachtet dessen, was sie sagen oder tun. Das bedeutet allerdings auch, viel ehrliche Kritik einstecken zu müssen: »Seitdem ich das begriffen habe, bin ich viel ruhiger geworden. Manchmal bin ich glücklich hier oben.«[402]

Nahezu alle Absolventen haben eine drei- oder vierjährige Lehre oder eine Attestausbildung absolviert und leben danach ihr Leben als Bürger, arbeiten und zahlen Steuern. Mehr als die Hälfte der jungen Männer schafft es, trotz oft sehr schwieriger Voraussetzungen, nach ihrem Austritt nicht mehr straffällig zu werden; bei den anderen ist die Schwere ihres Rückfalldelikts signifikant niedriger. Verglichen mit der Rückfallquote von 80 % in deutschen Jugendgefängnissen ist dies ein erstaunliches Ergebnis. Ein Platz im Arxhof kostet etwa 300 000 Euro, während ein Straftäter in Deutschland im Laufe seines Lebens durchschnittlich Schäden in Höhe von 5 Millionen Euro verursacht.[403]

Was tun?

Das Beispiel ist auch auf andere Berufsfelder übertragbar; Beispiel Bildung: Wir können uns ein Schulsystem nicht länger leisten, in dem so viele Lehrer und Schüler in ihrer Würde verletzt werden und dadurch in ihren Fähigkeiten blockiert werden. Reinhard Kahl schreibt: »Wie viele Milliarden kämen schon in einem Monat zusammen, wenn man die Stunden herausrechnet, in der Schüler und Lehrer nur so tun, als wären sie da?«[404] Wie viel gesünder könnten unzählige Bundesbürger sein, wenn ihre Beziehung zu ihrem Körper nicht durch beschämenden Sportunterricht beschädigt worden wäre – mit der Folge, dass viele sich schämen, Sport zu treiben.

Entsprechendes gilt für zahlreiche Ausbildungsbetriebe, Hochschulen und Arbeitsplätze in der Wirtschaft: Milliarden gehen verloren, weil die Betroffenen entwürdigt werden und viele nur noch Dienst nach Vorschrift machen. Wir können uns auch nicht länger eine Arbeitsmarktpolitik leisten, in der Millionen von Arbeitslosen strukturell als Schmarotzer beschämt werden.[405]

Was ist zu tun? Wie können wir Strukturen und Arbeitsbedingungen schaffen, in denen die Würde alle Beteiligten und ihre Grundbedürfnisse nach Anerkennung, Schutz, Zugehörigkeit und Integrität gewahrt sind?

Zuallererst dürfen wir die Menschenwürde und ihre Verletzungen nicht länger als etwas betrachten, dass mit uns nichts zu tun habe. Es ist überfällig, dass wir uns dieses blinden Flecks bewusst werden und Würde-Verletzungen in unserer Mitte wahrnehmen und benennen – und zwar nicht nur massive Verletzungen wie z. B. Folter, sondern auch die ungezählten, alltäglichen Verletzungen: Wir sollen »merken« – auch die strukturellen Entwürdigungen, die wie selbstverständlich zum Alltag unserer Gesellschaft gehören.

Der zweite Schritt besteht darin, die Würde des Menschen zum allerersten und wichtigsten Kriterium unseres Handelns zu machen. Was Luise Reddemann über die psychotherapeutische Kultur schreibt, sollte m. E. auch für die ganze Bundesrepublik gelten:

Die Expertin für Traumatherapie beklagt das Fehlen einer expliziten Würdeorientierung, »denn Begriffe bilden Bewusstsein. Wenn wir den Begriff Würde in unserer [...] Kultur nicht oder kaum verwenden, kann sich dafür auch kein Bewusstsein bilden [...]. Würdeorientierung könnte so etwas wie ein Leitbild oder ein Kompass sein, letztlich bei allem, was wir tun.«[406]

Würde-Orientierung als Kompass: dies knüpft unmittelbar an Artikel 1 des Grundgesetzes an: »Die Würde des Menschen ist unantastbar.« Dieser allererste Satz unserer Verfassung lässt sich auch als Verbot lesen, die Würde von Menschen anzutasten. Dieser Auftrag an jeden einzelnen Bürger wird im zweiten Satz unterstützt durch den Auftrag an den Staat: Die Würde »zu achten und zu schützen ist Verpflichtung aller staatlichen Gewalt.«

Diese Aufgabe erfüllt der deutsche Staat bisher nur unzureichend. Dies mag auch daran liegen, dass Politiker selbst zu einer vielverachteten Berufsgruppe zählen. Und, wie Marion Sonnenmoser im Deutschen Ärzteblatt schreibt, dass es genau die Charaktereigenschaften und Verhaltensweisen von Mobbingtätern sind, die »in Politik und Wirtschaft [...] oft zum Erfolg zu führen« scheinen.[407]

So hat es der Staat bisher versäumt, unser Schulsystem so umzugestalten, dass die Würde von Lehrern und Schülern geschützt ist. Vorbild könnte etwa Kanada sein: Dort müssen sich alle, die mit Schule zu tun haben, schriftlich verpflichten, sich respektvoll zu verhalten: Lehrer, Schüler, aber auch Busfahrer, Hausmeister usw. Diese Vereinbarung zu brechen, wird dort nicht als Kavaliersdelikt bagatellisiert (»war ja nicht so gemeint«), sondern sehr ernst genommen: Die betreffende Person wird zu Gesprächen einbestellt und Maßnahmen (z. B. Fortbildungen, Supervision) werden vereinbart, um ihr Verhalten positiv zu verändern.

Grundsätzlich muss das Thema Würde auch in den Ausbildungen und Fortbildungen pädagogischer, helfender und psychosozialer Berufe verankert werden. Das ist eine besondere Herausforderung, sind doch viele deutsche Hochschulen ihrerseits durch ein Klima der Arroganz (die sich z. B. in schwerverständlicher Sprache ausdrückt), Verachtung und rücksichtsloser Konkurrenz geprägt.

Der Staat hat es bisher auch versäumt, für den Schutz der Menschenwürde in der privaten Wirtschaft zu sorgen. Aber jemanden zu beschämen ist keine Privatsache! So könnten z. B. Ombudspersonen oder Beauftragte (analog zu Gleichstellungsbeauftragten) damit betraut werden, auf die Respektierung der Würde der Mitarbeiter/-innen zu achten. Sie müssten gesetzlich vor Kündigung geschützt werden, um zu vermeiden, was Brigitte Heinisch erleben musste:

Die Altenpflegerin engagiert sich gegen Missstände in der Altenpflege. Sie hatte Gewissensbisse, weil sie jeden nach demselben Schema behandeln musste und daher weder für die Gefühle noch für die Seele der Patienten Aufmerksamkeit blieb. Aus Profitgründen wurde am Personal gespart, und da sie rumkam, musste sie die »armen Leute dann stundenlang in vollen Windeln liegen lassen«.[408] Die Fähigkeiten der Mitarbeiter wurden in ihrer Einrichtung nicht genutzt, sie durften z. B. Dienstpläne nicht selbst organisieren. Menschen wie Brigitte Heinisch gelten oft als illoyale Nestbeschmutzer. Sie wurde fristlos entlassen, ohne von ihrer Gewerkschaft unterstützt zu werden (der Betriebsratsvorsitzende saß zugleich im Aufsichtsrat der Unternehmensgruppe).

Nur langsam setzt sich die Erkenntnis durch, wie wichtig solche zivilcouragierten Menschen für eine demokratische Gesellschaft sind. Notwendig sind unterstützende Organisationen, ein gesetzlicher Kündigungsschutz, wie es sie in Großbritannien und den USA bereits gibt, und ihre Verankerung in den jeweiligen Betrieben, Institutionen oder Organisationen.[409]

Menschen würdigende Strukturen können naturgemäß nicht von oben nach unten, über die Köpfe der Betroffenen hinweg, verordnet werden. Daran scheitern ja viele gutgemeinte Reformvorhaben, z. B. in der Bildungspolitik: sie werden von »oben«, von mehr oder weniger fachfremden Politikern beschlossen, die vom Schulalltag oft weit entfernt sind.

Vielmehr ist es unabdingbar, die Erfahrungen, Kompetenzen und das Engagement der Lehrerinnen und Lehrer zu würdigen und in den Entwicklungsprozess einzubeziehen. Der Bildungsforscher Rolf Arnold hält einen Paradigmenwechsel für unaufhaltsam: »Wir müssen erkennen, dass Menschen und Systeme sich nur selbst entwickeln können. Dafür benötigen sie Freiräume und Wertschätzung sowie eine neue Art von Führung.«[410]

Eine Methode, mit der Systeme sich selbst konstruktiv weiterentwickeln können, ist die Zukunftswerkstatt, die von den Zukunftsforschern Robert Jungk und Norbert Müllert[411] (1981) sowie Rüdiger Lutz entwickelt wurde: Sie wird seit vielen Jahren mit Erfolg in Städten, Gemeinden, Lokalverwaltungen, Unternehmen und regionalen Prozessen eingesetzt: in Prozessen von Schulentwicklung und Teamfindung sowie in der Organisations- und Projektentwicklung.

Die Stärke dieser Methode liegt darin, dass alle Betroffenen mit ihren Erfahrungen und Fähigkeiten in Entscheidungsprozesse einbezogen werden. Im Mittelpunkt der Zukunftswerkstätten stehen drei Arbeitsschritte:

- In der Kritikphase tragen die Teilnehmenden per Brainstorming all ihre negativen Erfahrungen und Kritik, ihren Unmut zum Thema zusammen; auch ihre Scham über den Status quo.
- In der Utopiephase sollen die Teilnehmenden frei und kreativ assoziieren; sie sind aufgefordert, nichts weniger als die Zukunft zu entwerfen, in der sie leben und arbeiten möchten. Dieser Phase liegt die Erfahrung zugrunde, dass, so Ilona Böttger, »die Ziele, die von einer Organisation, einer Gruppe bzw. einem Team verfolgt werden, dann die meiste Chance auf Umsetzung haben, wenn sie von der Kraft der Wünsche und Visionen der Mitarbeiter getragen sind. Nur dann nämlich werden sich diese für die Erreichung dieser Ziele wirklich engagieren.«[412] Dabei ist strikt zu vermeiden, dass der kreative Prozess durch negativistische Einwürfe wie »Das geht doch nicht!« zerstört wird. Hinter solchen Sätzen kann abgewehrte Scham stecken; daher ist es wichtig, dass die Zukunftswerkstätten in einer Atmosphäre stattfinden, in der die Beteiligten sich geschützt, zugehörig und wertgeschätzt fühlen und in der unorthodoxe Gedanken nicht abgewertet, sondern ausdrücklich gewünscht sind.
- In der Verwirklichungsphase werden zentrale Elemente der Visionen identifiziert und in konkrete Ziele übersetzt. Ist-Zustand und Vision werden in Verbindung gebracht und daraus Handlungsschritte entwickelt. Konkrete Schritte zur Umsetzung werden erarbeitet und vereinbart, um so der Vision ein Stück näher zu kommen. Abschließend werden die Ergebnisse zusammengefasst und der weitere Fortgang vereinbart, eventuell mit einem Folgetreffen.

Ausblick

An der Gesamtschule Winterhude bei Hamburg beginnt das Schuljahr für die Jahrgangsstufen 8 bis 10 mit einem dreiwöchigen Abenteuer: einer Kanufahrt von Potsdam nach Hamburg, dem Bau eines Wintergartens für das Schulcafé, der Organisation eines Popkonzerts oder einer Wanderung über die Alpen. Ein beteiligter Lehrer berichtet, dass die Kinder von diesen Projekten anders zurückkommen, als sie losgezogen waren. Denn sie haben etwas geleistet, was sie sich selbst und andere ihnen zuvor nicht zugetraut hätten. Das, was sie in diesen Wochen lernen, wiegt bei weitem den Unterrichtsstoff auf, den sie versäumt haben.[413]

Die staatliche Montessori-Oberschule in Potsdam schickt die Siebt- und Achtklässler für einige Zeit auf ein verfallenes Stasi-Feriengelände, um einen Schulbauernhof mit Ställen, Unterkünften, Werkstätten und einer Küche zu bauen. Die Schulleiterin Ulrike Kegler beschreibt die Entwicklung dieser Schule in ihrem sehr empfehlenswerten Buch *In Zukunft lernen wir anders* (2009); aus der Fülle ihrer Gedanken kann ich hier nur einige wiedergeben:

Bei der räumlichen Gestaltung der Schule wurde auf Raumgröße, Einrichtung, Temperatur, Licht, Geräusche und Gerüche geachtet; es gibt Trinkgelegenheiten und gesundes Essen. Die klassischen Schulmöbel wurden entsorgt; es darf und kann auch im Stehen oder auf dem Fußboden gelernt werden; es gibt verschiedene Frei-Räume und einen anregend gestalteten Schulhof.

Zur Kultur dieser Schule gehört es, dass die Schüler namentlich begrüßt werden und die Lehrer aufmerksam z. B. gegenüber ihren Geburtstagen sind. Im Unterschied zum traditionellen Schulsystem werden bewusst Kinder verschiedenen Alters und mit unterschiedlichen Lernvoraussetzungen in Lerngruppen zusammengebracht. Die Sitzordnungen werden differenziert zusammengestellt. Bis zum 12. Schuljahr wird fächerübergreifend gelernt. So werden nicht zerstückelte Details gepaukt, sondern Zusammenhänge verstanden. Gelernt wird an wirklichen Problemen und deren Verbesserung. So können die Schüler die Erfahrung machen, etwas

Sinnvolles bewirkt zu haben – dies ist um vieles wertvoller als Lobesworte.

Die Schule ist offen für die Welt: Handwerkerinnen, Künstler, Ingenieure, Musikerinnen, Regisseure, Schriftsteller, Theaterleute usw. führen die Schüler in ihren Alltag ein. Eltern halten Vorträge oder führen Übungen mit Schülern durch – mit der Folge, dass sie die Schule ihrer Kinder mit anderen Augen sehen.

Die Schüler lernen in ihrem eigenen Rhythmus, ihrer Eigenzeit. In der Schule herrscht kein Gehetze, wie es Alltag in vielen Schulen ist, sondern eine Kultur des Wartens (daher kommt übrigens auch der Begriff Schule: vom griechischen Wort *schola* für Muße und Innehalten). Diese Pädagogik ist geprägt von einem tiefen Vertrauen in das Kind, seine Fähigkeit und sein Bedürfnis nach Lernen: »Die Kinder haben mir gezeigt, was sie brauchen«[414], berichtet die Schulleiterin. Die Schule ist erfolgreich. Besonders wenn ein Lehrer bzw. eine Lehrerin da war, die wirklich an das Mädchen oder an den Jungen glaubte, und vor allem bei den Schülern und Schülerinnen, deren Eltern mit der Schule kooperierten.[415] Den Besuchern imponiert vor allem »das Leuchten in den Augen der Jungen und Mädchen, ihre aufrechte Haltung und die friedliche Gelassenheit, mit der das Schulleben geschieht.«[416]

Menschenwürdig lernen und miteinander umgehen: Es ist höchste Zeit, damit anzufangen. In der Schule, aber auch in anderen Arbeitsfeldern und Bereichen unserer Gesellschaft. Die Ideen, Methoden und Kompetenzen dafür stehen bereit – einige davon konnten in diesem Buch vorgestellt werden. Ich bin überzeugt, dass die Zeit reif ist. Reinhard Kahl schreibt: »Mit der Kultivierung des Alltags kann man sofort und überall beginnen. Dafür gibt es tausend Möglichkeiten.«[417]

Die Arbeit für eine menschenwürdige Gesellschaft bewegt sich keineswegs im luftleeren Raum. Rechtliche Bezugsrahmen sind das Grundgesetz und die Allgemeine Erklärung der Menschenrechte von 1948.[418] Letztere spricht jedem Menschen unter anderem folgende Rechte zu:

- Rechte auf Leben, Freiheit und Sicherheit (Art. 3).
- Schutz vor Sklaverei, Leibeigenschaft (Art. 4), Folter oder grausamer, unmenschlicher oder erniedrigender Behandlung oder Strafe (Art. 5) sowie vor Diskriminierung (Art. 7).

- Schutz vor willkürlichen Eingriffen in sein Privatleben, seine Familie, seine Wohnung und seinen Schriftverkehr oder Beeinträchtigungen seiner Ehre und seines Rufes (Art. 12).
- Das Recht auf Gedanken-, Gewissens- und Religionsfreiheit (Art. 18), auf Meinungsfreiheit und freie Meinungsäußerung (Art. 19).
- Das Recht auf soziale Sicherheit und die wirtschaftlichen, sozialen und kulturellen Rechte, die für seine Würde und die freie Entwicklung seiner Persönlichkeit unentbehrlich sind (Art. 22).
- Das Recht auf Arbeit, gerechte und befriedigende Entlohnung, die ihm und seiner Familie eine der menschlichen Würde entsprechende Existenz sichert (Art. 23).
- Das Recht auf Erholung und Freizeit und insbesondere auf eine vernünftige Begrenzung der Arbeitszeit und regelmäßigen bezahlten Urlaub (Art. 24) sowie das Recht auf Bildung, die auf die volle Entfaltung der menschlichen Persönlichkeit gerichtet ist (Art. 26).

Sich für eine Kultur der Menschenwürde zu engagieren, dies kann darüber hinaus an eine lange, weitgehend verschüttete Tradition anknüpfen. Zwar ist die deutsche Geschichte, wie in Teil 2 skizziert, gewiss massiv an Würde-Verletzungen. Aber das ist nur die eine Wahrheit. Neben dieser manifesten Geschichte existiert noch eine andere, latente Traditionslinie:

Dies ist die Geschichte von integren Frauen und Männern, die für die Würde eingetreten sind, etwa im Widerstand gegen den Nationalsozialismus: zivilcouragierte Menschen, die ihr Leben aufs Spiel setzen, um die Barbarei zu beenden, wie die Mitglieder der Weißen Rose oder, jahrzehntelang übersehen, Georg Elser und viele andere. Daneben sollten die zahlreichen Taten nicht übersehen werden, mit denen sich viele (wenn auch insgesamt: zu wenige) Deutsche dem NS-Terror verweigern: Eltern, die versuchen, ihre Kinder von der HJ fernzuhalten; Bürger, die Juden verstecken oder Zwangsarbeitern Brot zukommen lassen; Soldaten, die nicht an Kriegsverbrechen teilnehmen oder desertieren.

Wenn wir weiter in die deutsche Geschichte zurückblicken, sind es integre Persönlichkeiten wie Thomas Müntzer (1489–1525) und Zehntausende von Bauern, die mit ihm gegen die Entwürdigungen des Feudalsystems eintreten. Tatsächlich ist unsere Geschichte reich an zivilcouragierten Männern und Frauen; von ihrem Engagement zu berichten würde den Geschichtsunterricht außerordentlich bereichern. Daneben sollten auch die vielen, scheinbar »kleinen« Taten gewürdigt werden, mit denen sich ungezählte Menschen dem Terror des Feudalsystems zu entziehen versuchen, etwa indem sie bei öffentlichen Entwürdigungen nicht in die Verhöhnung der Verurteilten einstimmen.

Eine Kultur der Menschenwürde kann auch anknüpfen an das Werk etwa von Mystikerinnen und Theologen wie Hildegard von Bingen (1098–1179), Mechthild von Magdeburg (1207–1282)[419] und Meister Eckhart (1260–1328): Sie vertreten eine lebensbejahende Religiosität, in welcher der Mensch nicht durch Erbsünde und Scham gedrückt, sondern Ebenbild Gottes ist. An den Philosophen der Menschenwürde, Immanuel Kant (1724–1804), demzufolge der Mensch »Zweck an sich« ist, nie nur »Mittel zum Zweck« sein darf.[420] An Adolph Kolping (1813–1865), den Begründer des Kolpingwerkes. An Ferdinand Lassalle (1825–1864) und die weiteren Begründer der linken und christlichen Bewegungen zum Kampf für die Würde der Arbeiter – bis hin zum Philosophen Ernst Bloch (1885–1977).

Eine Kultur der Menschenwürde kann darüber hinaus anknüpfen an alte Lebensweisheiten, wie sie etwa in Volksmärchen tradiert sind: Darin werden häufig wichtige, unlösbar erscheinende Aufgaben gestellt. Stets sind es die arroganten, rücksichtslosen, gewalttätigen jungen Menschen, die scheitern (so wie es heute die coolen, lauten, scheinbar perfekten »Macher« sind, die die Schöpfung ruinieren). Gelöst wird die Aufgabe vielmehr von denjenigen, die zunächst begriffsstutzig, unscheinbar, hässlich zu sein scheinen (eben diejenigen Heranwachsenden, die von unserem Schulsystem systematisch aussortiert werden).

Eine Kultur der Menschenwürde kann auch anknüpfen an alte Rituale und Traditionen wie das jüdisch-christliche Gebot, den siebten Tag zu ehren: die uralte Verpflichtung des Menschen, seine Grenzen gegen Überarbeitung zu schützen.[421] Auch unsere neuen, zugewanderten Mitbürger können viel zu einer Kultur der Menschenwürde beitragen, etwa durch Rituale der Gastfreundschaft, die sie aus ihren traditionell gastfreundlichen Heimatländern wie z. B. Griechenland oder Türkei mitbringen.

Sich für eine Kultur der Menschenwürde zu engagieren, dies kann auch anknüpfen an die erstaunliche Fähigkeit des Menschen, entwürdigende Erfahrungen zu überstehen: Resilienz. Sowie an die menschliche Sehnsucht und die Grundbedürfnisse nach Anerkennung, Schutz, Zugehörigkeit und Integrität: an eine Sehnsucht, die in den meisten Menschen »wie Glut unter der Asche glimmt«[422].

Sich für eine Kultur der Menschenwürde zu engagieren, dies kann anknüpfen an die Sehnsucht nach dem, was Ernst Bloch zum Abschluss seines Werkes *Das Prinzip Hoffnung* beschreibt als das, »worin noch niemand war: Heimat«[423].

Nachwort zur Neuausgabe

Unsere Gesellschaft hat im Verlauf ihrer Geschichte das Bewusstsein für die Scham immer mehr abgeschafft und damit: für die Emotion, die Zwischenmenschlichkeit reguliert. Stattdessen wurden Schamgefühle verdrängt und abgewehrt, indem sie von Generation zu Generation weiter und immer weiter gekippt werden. Vergleichbar mit Kaskaden einer Flüssigkeit, die zu einem immer massiveren Strom anschwillt. Jeder von uns trägt dazu bei, dass dieser Strom noch mehr anschwillt: wenn wir missachtend mit uns selbst oder mit unseren Klienten umgehen; oder wenn wir schützende Grenzen, Zugehörigkeit oder Integrität verletzen und die Scham darüber nicht »merken«, sondern weiterreichen, indem andere beschämt, verachtet, ausgegrenzt werden.

Dies hat zu einer zunehmenden Verrohung unserer zwischenmenschlichen Beziehungen geführt, ob in den Medien, in der Wirtschaft, in der Politik, bis hin zu unserem Umgang mit Ländern der sogenannten »Dritten Welt« und unser zynischer Umgang mit der Schöpfung. All diese Probleme sind in den vergangenen Jahren massiv eskaliert, auch in vielen anderen Ländern; Amokläufe und Terrorismus sind nur die Spitze dieses Eisberges. Die Wahl von Donald Trump, dem »king of shame«[424] zum Präsidenten illustriert, wie weit man es mit totaler Schamlosigkeit bringen kann.

Dies signalisiert, dass es allerhöchste Zeit ist, unsere zwischenmenschlichen Beziehungen nicht länger durch Verhaltensweisen dominieren zu lassen, die dem Reptilienhirn entstammen. Allerhöchste Zeit, sich auf die Menschenwürde zu besinnen und sie zum obersten Leitfaden des menschlichen Miteinanders zu machen. Jede und jeder kann dazu beitragen: im Umgang mit sich, in der jeweiligen Arbeit mit Menschen und im Engagement für menschenwürdige Rahmenbedingungen.

Dank

Auf dem eingangs geschilderten Weg half mir und begleitet mich insbesondere meine Frau Heidi Mönnich-Marks, der ich zutiefst dankbar bin. Sehr dankbar bin ich Etta Mittelsten Scheid und der Ertomis Stiftung, durch deren Unterstützung und Anschub-Finanzierung das Forschungsprojekt »Geschichte und Erinnerung« sowie die Entwicklung des Fortbildungskonzepts möglich wurde.

Für ihre pädagogische Beratung und Begleitung bei der Erarbeitung dieses Konzepts danke ich ganz besonders Christel Brüggemann. Für die langjährige und fruchtbare Zusammenarbeit danke ich Thomas Schneider, Jochen Leucht, Hildegard Wenzler-Cremer, Ilse Schimpf-Herken, Jutta Heppekausen, Helmut Wetzel, Gabriele Sobiech, Gudrun Winterhalter-Schneider, Monika Wierlacher-Engelhardt, Jürgen Sehrig und Manuel Vaulont. Für gemeinsame Seminartätigkeit in den USA danke ich auch Sr. Mary Kay; ebenso Victoria Craig für unsere Fortbildungen über Co-Abhängigkeit und Politik sowie Jo Stowell für die gemeinsamen Seminare zum kollektiven Schatten.

Ich danke den vielen Teilnehmenden der Fortbildungen, deren Beiträge und Fragen mir helfen, die Scham und ihre Bedeutung als Wächterin der menschlichen Würde immer noch ein Stück weiter zu konkretisieren.

Dankbar bin ich Christel Gehrmann vom Gütersloher Verlagshaus sowie Christiane Neuen und Cordula Borawski vom Patmos Verlag für ihre konstruktive und unkomplizierte Zusammenarbeit, die die vollständig überarbeitete und aktualisierte Neuausgabe dieses Buches möglich machte.

Stephan Marks, Juni 2017

Anhang

Anmerkungen

1 Mitscherlich 2012, S. 10.
2 In Anlehnung an Léon Wurmsers Standardwerk *Die Maske der Scham*; vgl. Wurmser 1997.
3 Tagebuch Bastian B., zitiert in: Deggerich 2006, S. 37.
4 Vgl. ebd., S. 37.
5 Tagebuch Bastian B., zitiert in: Kruse 2006.
6 Abschiedsbrief von Bastian B., 2006. Einzusehen unter: https://wkea.org/?page=rxbrief&nav=ss&t=v (Zugriff: 23.5.2017). Die Rechtschreibung wurde redaktionell angepasst.
7 Vgl. Jüttner 2006.
8 Vgl. Deggerich 2006, S. 37.
9 Vgl. ebd., S. 39.
10 Vgl. Jüttner 2006.
11 Heissmeyer 2006.
12 Kaiser 2010, S. 44.
13 Minkmar 2015, S. 117.
14 Bauer 2008, S. 38.
15 Gerhard Schröder1995 in einem Interview mit einer Schülerzeitung *Die Wühlmäuse* »Ihr wißt doch ganz genau, was das für faule Säcke sind.« Zitiert in: *Der Spiegel* 25/1995, S. 19.
16 Prengel & Heinzel 2003, S. 18.
17 Schriftliche Befragung von 3000 deutschen, österreichischen und schweizerischen Studierenden, Krumm & Eckstein 2001, S. 8f; vgl. auch Krumm & Weiß 2000; vgl. Hafeneger 2013.
18 Irle 2010, S. 12.
19 Vgl. www.isciweb.org (Zugriff: 19.6.2017).
20 Deggerich 2006, S. 39; Badische Zeitung: Jeder … 2005, S. 9; Liebsch 2017.
21 Koch 2007.
22 So PISA-Chef Andreas Schleicher in einem Interview zur PISA-Studie 2015, einzusehen unter: http://www.t-online.de/leben/familie/schulkind-und-jugendliche/id_79746902/pisa-studie-2015-der-oecd-was-in-deutschland-falsch-laeuft.html (Zugriff: 19.6.2017).
23 Bauer 2008, S. 38.
24 Schleicher (2016) verweist auf den Testsieger Singapur: dort hat z. B. jeder Lehrer jährlich etwa 100 Stunden Weiterbildung; Unterricht wird gemeinsam in Arbeitsgruppen vorbereitet.

25 Den Begriff hat Helmut Maucher, damaliger Verwaltungsratspräsident von Nestlé, 1996 in einem Interview mit der ZEIT geprägt für arbeitslose Menschen, die vom Arbeitslosengeld »gut bezahlt« werden und »die saufen, Drogen nehmen, sich abgemeldet haben«. (»Bequemlichkeit, Sicherheitswahn, Genußsucht«. ZEIT-Gespräch mit Nestlé-Chef Helmut Maucher. In: ZEIT 30, 1996, S. 6; im Internet verfügbar unter: http://www.zeit.de/1996/30/maucher.txt.19960719.xml/seite-6, [Zugriff: 11.5.2017]).

26 Vermutlich führen vergangene Entwürdigungen der eigenen Schulzeit – solange nicht aufgearbeitet – dazu, dass stellvertretend die heutigen Lehrer beschämt werden.

27 Reiter 2004, S. 12; Birnbacher 2005.

28 Zit. in: Reiter 2004, S. 12.

29 Jessen 2009.

30 Sidiropoulos 2008, S. 69.

31 Wetz 2005.

32 Pinker 2008.

33 Art. 1. In: Allgemeine Erklärung der Menschenrechte. 10. Dezember 1948 (www.un.org [Zugriff: 20.6.2017]).

34 Ähnlich Art.1 der Charta der Grundrechte der Europäischen Union von 2000: »Die Würde des Menschen ist unantastbar. Sie ist zu achten und zu schützen.«

35 Grimm 2007, S. 14.

36 Reiter 2004, S. 8.

37 Vgl. Wetz 2002; Thies 2009.

38 Persönliche Mitteilung.

39 Reiter 2004, S. 13.

40 Das zeigt z. B. auch der Sammelband von Thies 2009. Zu den Ausnahmen zählen die Psychologen Lindner 2006; Reddemann 2009; Baer & Frick-Baer 2008 & 2009.

41 Wurmser 1997.

42 Vgl. Wurmser 1997; Hilgers 2006; Schüttauf, Specht & Wachenhausen 2002; Lewis 1993; Marks 2016.

43 Rushdie 1990, S. 145. Die Metapher von Scham als Flüssigkeit wird auch von anderen Autoren verwendet, etwa vom Scham-Forscher Lewis (1993), aber auch vom IS-Führer Abu Bakr al-Baghdadi, der in seiner Ausrufung des Kalifats am 29.6.2014 vom »Ozean der Schande« und der »Milch der Erniedrigung« spricht (zit. in Buschbom 2015, S. 24).

44 Rushdie 1990, S. 146.

45 Marks 2016. Allerdings wachsen seit einigen Jahren die Aufmerksamkeit und die Zahl der Veröffentlichungen über das Thema; vgl. Landweer 1999, S. 1.

46 Vgl. Sobiech & Marks 2008.

47 Rycroft 1968, S. 152.

48 Ebd., S. 302.

49 Cyrulnik 2011, S. 129.

50 Vgl. Bologne 2001; Duerr 1988; Elias 1969; Paul 2007.

51 Vgl. Fessler 2014.

52 Goytisolo 1982.
53 Marks 2016.
54 Mariaozouls 1996.
55 Riedel 1991.
56 Wurmser 1997, S. 24.
57 Vgl. Rushdie 1990, S. 108.
58 Korczak 2001.
59 Nach Rutschky 1977.
60 Staemmler (2016) zeigt Möglichkeiten, Kränkungen in konstruktiver Weise zu verarbeiten.
61 Persönliche Mitteilung.
62 Hantel-Quitmann 2009, S. 27.
63 Hilgers 2006.
64 Wurmser 2007, S. 21.
65 Nathanson 1987, S. 26; vgl. Schore 1998.
66 Einzmann 2009.
67 Schore 1998, S. 67.
68 Wurmser 1997, S. 302ff.
69 Schlink, 1997, S. 161f.
70 Wurmser 1997, S. 393.
71 Löwenfeld, zit. in Wurmser 1997, S. 395.
72 Greiner 2014.
73 Anhan 2014, S. 130.
74 Ebd., S. 131.
75 Briegleb 2009, S. 49.
76 Hilgers 2006.
77 Schmerbitz & Seidensticker 1997.
78 Janssen 2016, S. 109.
79 Rushdie 1990, S. 33.
80 Solche Phantasien sind auch der Stoff vieler Jugendbücher, deren Helden magische Kräfte haben; allerdings auch in Realität von Amokläufern, wie eingangs schon beschrieben wurde.
81 Krystal 1968.
82 Kästner 2006.
83 Briegleb 2009, S. 11.
84 Vgl. Neckel 2009.
85 Saint-Exupéry 2006.
86 Landweer 1999, S. 126.
87 Vgl. Gysling 1995.
88 Vgl. Lewis 1993, S. 135ff.; Fossum & Mason 1992.
89 Hahn, 2001, S. 137.
90 Vgl. Marks 2012.
91 Galtung 1975.
92 Ähnlich unterscheidet Margalit (1997) zwischen Demütigungen, die Menschen einander antun und Demütigungen, die durch Institutionen erfolgen.
93 Schmergal 2015, S. 95f.
94 Ebd.

95 George Berkeley, Georg Wilhelm Friedrich Hegel, Tzvetan Todorov, Jessica Benjamin, Axel Honneth u. v. a. weisen auf die die grundlegende Bedeutung der Anerkennung hin.

96 Bauer 2010, S. 7.

97 Kohut 1973, S. 141.

98 Bucharest Early Intervention Project um Charles Nelson, vgl. Brinck 2012.

99 Brinck 2012.

100 https://www.youtube.com/watch?v=apzXGEbZht0, Zugriff: 18.7.2016.

101 Auszug aus dem Gedicht »Es gibt dich«, Domin 2011, S. 196.

102 Bauer 2005, S. 107.

103 Vgl. Mitscherlich 2003.

104 An anderer Stelle (Marks 2014) habe ich anhand von Interviews mit NS-Anhängern gezeigt, wie dieser abgrundtiefe Hunger nach Gesehenwerden durch den Nationalsozialismus instrumentalisiert werden konnte. So wurden Hitlers öffentliche Auftritte häufig so inszeniert, dass viele der Menschen entlang des Weges dies als persönlichen Blick in ihre Augen erlebten. Für viele der interviewten alten Menschen wird dieser »Augen-Blick« bis in die Gegenwart als *das* Erlebnis ihres Lebens erinnert, so dass daneben das Wissen über die Millionen von Ermordeten wie zweitrangig wirkt.

105 Levi 2000, S. 127f.

106 Zit. nach Sereny 1997, S. 236.

107 Zit. in Dettmer, Katschak & Ruppert 2015, S. 61.

108 Wurmser 1997, S. 74 & 87.

109 Vgl. Vázquez-Figueroa 1989, S. 295.

110 Vgl. Schüttauf, Specht & Wachenhausen 2002.

111 Eine Fülle von Beispielen bieten die Veröffentlichungen von Prengel & Heinzel 2003; Hafeneger 2013.

112 Kasperski 2014.

113 Saehrendt 2012, S. 42.

114 Neuere Gehirnforschungen zeigen, dass sich die Auswirkungen von körperlichen und seelischen Grenzverletzungen ähneln. Die Neuropsychologin Naomi Eisenberger (2012) fand heraus, dass soziale Ausgrenzung durch das menschliche Gehirn auf die gleiche Weise wie körperliche bewertet wird. Vgl. Bauer 2011; Basoglu, Livanou & Crnobaric 2007; Eisenberger; Liebermann & Williams 2003.

115 Wurmser 1997, S. 47.

116 Teuschel 2014.

117 Pollmann 2005.

118 Vgl. Meyer 2010, S. 129.

119 Hosseini 2003.

120 Vgl. Frankl 1972.

121 Maio 2014.

122 Vgl. Brown 2013.

123 Auch in Beratung und Psychotherapie wird von »containment« gesprochen, darin steckt das Wort *to contain*: beinhalten bzw. Container: Behälter, Gefäß. Vgl. Diem-Wille & Turner 2012.

124 Rosenbach, Schmergal & Schmundt 2015.

125 Zit. in Kuhn 2014.
126 Eggers 2014.
127 Vgl. Marks 2019b.
128 Zit. in Buschbom 2015, S. 24.
129 Neurophysiologisch gesehen ist in diesem Fall die Balance zwischen Belohnungssystem, Angstsystem und dem denkenden Gehirn gestört. Üblicherweise werden in sozialen Situationen Botenstoffe wie Dopamin ausgeschüttet. Dadurch wird das Belohnungssystem stimuliert und ein Gefühl von Gemeinschaft und Wohlbefinden entsteht. Bei schüchternen Menschen sind aber die Rezeptoren beeinträchtigt, die für die Dopaminaufnahme zuständig sind. Stattdessen ist das Angstsystem hochgradig aktiviert, was durch einen Serotoninmangel erklärt wird (Werner 2012, S. 31f.). Zwischen der Lust auf Gesellschaft und der Angst vor dieser muss das denkende Gehirn vermitteln – bei Schüchternen überwiegt Letzteres.
130 Wagner (2015, S. 88) schätzt ihre Zahl in Japan auf bis zu einer Million.
131 Möglicherweise lässt sich so z. B. auch die Gier von Bankern erklären. In einem Experiment wurden 200 Banker in zwei Gruppen eingeteilt; die Versuchspersonen sollten Münzen werfen und hatten die Chance, durch Schummeln zusätzliche Gewinne zu machen. Die Mitglieder der einen Gruppe sollten als Privatperson handeln, die anderen als Banker. Letztere verhielten sich unehrlicher, auch im Vergleich mit Versuchspersonen aus anderen Branchen. Offenbar wird dieses Verhalten, so die Forscher um Michel Maréchal, durch die sozialen Normen in der Bankindustrie eher toleriert. Vgl. Cohn, Fehr, & Maréchal 2014.
132 Freud 1975, S. 145: »Die Vorgänge des Systes Ubw sind zeitlos.«
133 Faulkner, William (1964): Requiem für eine Nonne, 1. Akt, 3. Szene.
134 Marx 1852, S. 115.
135 Brief an Thomas Mann v. 16.2.1947, zit. in Hübinger 1974, S. 598.
136 Wetzlaufer 1999, S. 334.
137 Fanon 1969, S. 42.
138 Schimpf-Herken 1979, S. 24.
139 Dülmen 1985, S. 53–67.
140 Herrmann 2004.
141 Ebd., S. 78.
142 Baldauf 2004, S. 201.
143 Herrmann 2004, S. 255.
144 Schwarze 2009.
145 Herrmann 2004, S. 314f.
146 Schmitz-Berning 1998, S. 270f.
147 Evans 1984, S. 245.
148 Herrmann 2004, S. 279f.
149 Levi 2005, S. 8.
150 Icaza 1978, S. 141.
151 Rutschky 1977; Miller 1980.
152 Prügelvorwürfe 2010.
153 Zit. in Rutschky 1977, S. 425.
154 Zit. ebd., S. 433–436.

155 Zit. ebd., S. 6–9.
156 Vgl. Haarer 1934, S. 116.
157 Ebd., S. 116.
158 Marks 2009a.
159 Vgl. Said 1981, S. 114 & 119.
160 Matthäus 23,12.
161 Navid Kermanis Buch *Ungläubiges Staunen* (2016) befasst sich mit der Außensicht auf das Christentum.
162 Haneke 2009.
163 Dies habe ich an anderer Stelle ausgeführt: Marks 2014 & 2016.
164 Hinzu kommt vermutlich auch noch die Scham über ihre Ohnmacht von denjenigen, die zwar dagegen waren, aber trotzdem nichts gegen das NS-Regime auszurichten vermochten.
165 Faulenbach 2002, S. 1.
166 Arnim 1989.
167 Bönisch 2008.
168 Hawranek 2016, S. 72.
169 Fleischhauer u. a. 2010, S. 74.
170 Hirsch 1998, S. 307.
171 Ebd., S. 307.
172 Brendler 1997, S. 54.
173 Stubig 2015, S. 100.
174 Vaulont & Marks 2009.
175 Obwohl der Begriff Generation problematisch und unscharf ist, verwende ich ihn hier, weil er die transgenerationale Qualität von unverarbeiteten Erfahrungen besser zum Ausdruck bringt als z. B. der Begriff Kohorte.
176 Oeftering 2009.
177 Rohlfes 2005, S. 365.
178 Henke-Bockschatz 2004, S. 309.
179 Schmider 2005.
180 Osten 2006.
181 Ebd., S. 93.
182 Ebd, S. 80.
183 Zit. in Grolle u. a. 2015, S. 13.
184 Friedmann 2010.
185 Ähnliches müssen bis heute auch Opfer von sexuellen Übergriffen erleben, wie eine Studie des Kriminologischen Instituts der Universität Heidelberg ergab (Weißer Ring 2017).
186 Eissler 1963; Brainin 1998.
187 Wette 1995, S. 19.
188 Deggerich 2009, S, 37.
189 Im Internet verfügbar unter: http://www.zeit.de/zeit-geschichte/2013/04/willy-brandt-chronik/seite-3 (Zugriff: 11.5.2017).
190 Teegen und Meister (2000) befragten ehemalige deutsche Flüchtlinge, die während der Flucht 15 Jahre alt waren. Dabei zeigte sich, dass 62 % der Befragten unter intrusiven Symptomen, wie z. B. heftige Angstgefühle, sowie

25 bzw. 5 % unter partieller bzw. voll ausgeprägter posttraumatischer Belastungsstörung leiden; vgl. Lenz 2007, S. 186.

191 Über die Verachtung der Ostdeutschen durch Westdeutsche im Zuge der Wiedervereinigung berichtet Simon 1992.

192 Im Jahr 2015 hatte die Bundesrepublik eine Bevölkerung von 81,4 Mio., davon sind 9,3 Mio. (11,5 %) Deutsche mit Migrationshintergrund und 7,7 Mio. (9,5 %) Ausländer. Seit 1953 wurden in Deutschland 5,3 Mio. Asylanträge gestellt, davon knapp eine halbe Mio. im Jahr 2015, knapp eine dreiviertel Mio. 2016 und 77 000 in den ersten vier Monaten des Jahres 2017 (Bundesamt für Migration und Flüchtlinge).

193 Zit. in: Sontheimer 2008, S. 53.

194 Über die Studie »Ethnische Diskriminierung auf dem deutschen Arbeitsmarkt: Ein Feldexperiment« berichtet http://www.migration-info.de/mub_artikel.php?Id=100202 (Zugriff: 27.5.2010).

195 Kermani 2009.

196 Vgl. Amann u. a. 2015, S. 44f.

197 Vaulont & Marks 2009.

198 Färberböck 2008. Zur Überwindung dieses Tabus trägt auch das Buch von Gabi Köpp (2010) bei: *Warum war ich bloß ein Mädchen?*; vgl. Beyer 2010.

199 Koenen 2001.

200 Vgl. Brähler, Decker & Radebold 2003; Radebold 2005; Lenz 2007.

201 Giesecke 2000, S. 557; Aly 2005, S. 64.

202 Die Zahl der politischen Häftlinge in der DDR wird zwischen 110 000 (Raschka 2000, S. 325) und 250 000 Personen angegeben (Werkentin 1995).

203 Fricke 1989, S. 129f.

204 Pingel-Schliemann 2002, S. 277ff.

205 Kloth 2007.

206 Die Berliner Staatsanwaltschaft spricht von 270, die Zentrale Ermittlungsgruppe für Regierungs- und Vereinigungskriminalität (ZERV) von 421 Todesfällen; darin eingeschlossen sind Tote durch Minen und Selbstschussanlagen.

207 Jelpke 2003.

208 Lindauer Zeitung vom 31. Oktober 2007.

209 Rüskamp 2015.

210 Diese Vorfälle bestätigen die Beobachtung von C. G. Jung, wonach Rituale nicht einfach abgeschafft werden können, sondern wieder zurückkehren. Konkret auf die militärische Ausbildung bezogen: Vermutlich ist es unabdingbar, dass Menschen erst massiv entwürdigt werden müssen, um sie zum Töten zu befähigen. Dies zeigt, wie unverzichtbar ein menschenwürdiges Miteinander ist (beginnend mit Säuglingserziehung, Schule, Ausbildung) als Voraussetzung für eine Welt ohne Krieg.

211 Lakotta 2008, S. 63.

212 Modler 2012.

213 Brueggemann 1985.

214 Wurmser 1997, S. 395.

215 Hilkens 2010.

216 Schülerin aus Zug gewiesen. Dpa-Meldung in: Badische Zeitung 29.10.2010, S. 10.
217 Marks 2014.
218 Blech u.a. 2009.
219 Ritalin wird an 400000 Kinder in Deutschland verabreicht, normalerweise an Kinder mit ADS/ADHS, zwischen 1993 und 2007 mit einer Steigerung von 3590 Prozent.
220 Dallmann 2007, S. 175.
221 Symington 2012.
222 Ebd., S. 78.
223 Heyne 1993, S. 341.
224 Knopf 2006, S. 12.
225 Brauck 2009, S. 86.
226 Swertz & Wallnöfer 2006, S. 73 & 75.
227 Bredow u.a. 2010, S. 59.
228 Lanier 2010, S. 128.
229 Oemke 2008, S. 144.
230 Lanier 2010, S. 128.
231 Galtung 1975.
232 Selke 2013, S. 42.
233 Bartsch 2009.
234 Umgerechnet betragen die Bildungsausgaben pro Kind 3531 Dollar an Grundschulen und 9519 Dollar an Gymnasien (Bölsche 2002, S. 118).
235 Baumann 2005, S. 21.
236 ebd., S. 21.
237 Bude 2008, S. 15 und 19.
238 Bauer 2008, S. 38.
239 Vgl. Bauer 2008, S. 13.
240 Bauer 2008.
241 Virilio 1997.
242 Vgl. Katschak & Müller 2015, S. 50.
243 Zit. ebd., S. 50.
244 Nach Datenreport 2016, erstellt von der Bundeszentrale für politische Bildung u.a., zit, in Straubhaar 2016.
245 Elger, Kneip & Theile 2009, S. 33.
246 Bauer 2008, S. 14.
247 Robert Koch Institut 2006, S. 50.
248 Namen und alle personenbezogenen Details wurden in diesen und allen anderen Beispielen und Kommentaren zum Zweck der Anonymisierung verändert.
249 Aus der Pressemappe zum Start der Aktion, veröffentlicht am 19.4.2006.
250 Miller 1981.
251 Baer & Frick-Baer 2009, S. 8.
252 Vgl., ebd., S. 53.
253 Ebd., S. 56.
254 Thürmer-Rohr 2002.

255 Der Text in der Tradition Thich Nhat Hanhs ist im Internet verfügbar unter: www.quelle-des-mitgefuehls.de/?Achtsamkeit (Zugriff: 9.5.2017).
256 Zitiert nach: Dorst 2015, S. 42.
257 Vgl. Marks 2014.
258 Orbach 2010, S. 8.
259 Ziegler 2007, S. 71.
260 Marks 2016, S. 140.
261 Tiedemann 2006, S. 156.
262 Ebd.
263 Vgl. Marks 2012.
264 Oser & Spychiger 2005, S. 15.
265 Ebd.
266 Zit. nach Dorst (2015), S. 31.
267 Schroeder 2014.
268 Ehlers 2008, S. 57.
269 Dies ist kontraproduktiv, weil dadurch der Schammodus bekräftigt wird: spezifisches Verhalten wird zur Botschaft über die ganze Person.
270 Vgl. Lewis 1993.
271 Hilgers 2006, S. 75.
272 Vaillant1992.
273 Vgl. Shenk 2009.
274 Reddemann 2009, S. 13.
275 Dworschak 2010, S. 129.
276 Zit. ebd. S. 127.
277 Zit. in Ehlers 2008, S. 57.
278 Ebd., S. 56f.
279 Zit. in Brinkbäumer 2001, S. 171.
280 www.violence-prevention-network.de (Zugriff: 9.5.2017).
281 Thürmer-Rohr 2002.
282 Vgl. Funke 2001; Koch 2009.
283 Thürmer-Rohr 2002.
284 Ebd., S. 6.
285 Findeis-Dorn 2005.
286 Vgl. ebd., S. 149.
287 Buber 1992, S. 166.
288 Findeis-Dorn 2005, S. 151.
289 Rosenberg 2009.
290 Fricke 2010.
291 Prengel 2002.
292 Pollmann 2005, S. 17.
293 Vgl. Campino 2007; Grill 2015.
294 Tiedemann 2006, S. 134.
295 Ebd., S. 143.
296 Prengel & Heinzel 2003, S. 118.
297 Bauer 2008, S. 8.
298 Ebd., S. 67f.

299 Der Bericht erschien 2009 im Deutschen Ärzteblatt unter dem Titel »Der Feind in meinem OP«.
300 Bauer 2010, S. 8f.
301 Bieri 2013, S. 109.
302 Vgl. Weber 2010.
303 Alle Beteiligten am System Schule verpflichten sich, respektvoll miteinander umzugehen. Verletzungen dieser Vereinbarung werden nicht bagatellisiert (»war doch nicht so gemeint!«), sondern ernst genommen und besprochen; z. B. wird durch Nachqualifizierung dafür Sorge getragen, dass solche Verhaltensweisen sich möglichst nicht mehr wiederholen.
304 Wolter 2014.
305 Siegrist 2004.
306 Dallmann 2007.
307 Schüller 2008.
308 Ebd.
309 Hammerer (2001) berichtet von Lehrern, die stolz darauf sind, dass ihnen kein Fehler entgeht.
310 Frankenberger 2011.
311 Nietzsche 1965, S. 274.
312 Prengel 2002, S. 214.
313 Ebd.
314 Spychiger 2007, S. 80.
315 Ebd., S. 75.
316 Hammerer 2001.
317 Oser & Spychiger 2005; Spychiger 2007.
318 Geißler 1993.
319 Hammerer 2001.
320 Largo & Beglinger 2009.
321 Casals 1971, S. 220.
322 Prengel 2002 & 2006; Prengel & Heinzel 2003; vgl. Hafeneger, Henkenborg & Scherr 2002.
323 Vgl. Böhmer 2000.
324 Vgl. auch die Veröffentlichungen von Reinhard Kahl, Remo Largo, Kurt Singer, der Aktion Humane Schule u. v. a.
325 Schöneborn 2007.
326 Prengel & Heintzel 2003, S. 120.
327 Zit. in: Prengel & Heinzel 2003, S. 120.
328 Mitchell, Joni (1974). Miles of Aisles. Asylum Records.
329 Oser & Spychiger 2005, S. 67.
330 Ebd.
331 Zit. in Kahl 2009a.
332 Klug 2001.
333 Kahl 2009a.
334 Csikszentmihalyi 2002.
335 Kahl 2009a.
336 Ebd.
337 Kuwertz 2003.

338 Sobiech & Marks 2008, S. 4.
339 Persönliche Mitteilung.
340 Zit. in Miethling 2002, S. 4.
341 Klinge 2009, S. 301.
342 Schöneborn 2007, S. 17.
343 Frankfurter Rundschau 2009.
344 Prengel 2006, S. 18.
345 Dieser Text entstand im Rahmen eines Seminars mit Gabriele Sobiech an der Pädagogischen Hochschule Freiburg.
346 Klinge 2009, S. 297.
347 Möller 2008.
348 Vgl. Schmerbitz & Seidensticker 1997.
349 Klinge 2009.
350 Offenbar stellen sexuelle Übergriffe unter Schülern kein seltenes Phänomen dar: Nach Maaßen (2008, S. 32) beobachteten 20 Prozent der befragten Schüler alle paar Monate sexuelle Übergriffe von Jungen an Mädchen; 6 Prozent beobachteten dies fast täglich.
351 Maaßen 2008, S. 38.
352 Wehner 2005.
353 Klinge 2009, S. 299f.
354 Auras 2008, S. 10.
355 Schöneborn 2007.
356 Sobiech 2008.
357 Mit Beiträgen von Carolin Basel, Anne Dörsam, Dorothee Hack, Caroline Kolb, Peter Neumann, Julia Schmitt und Kristin Stang.
358 Vgl. Schmerbitz & Seidensticker 1997; Budde & Reemtsma 2008.
359 Miethling 2002, S. 6.
360 Prengel 2006.
361 Zimmer 2008.
362 Prengel 2006.
363 Miethling 2002, S. 8.
364 Heinzelmann-Arnold 2001.
365 Auras 2008, S. 11.
366 Möller 2008.
367 Prengel 2002.
368 Möller 2008, S. 16.
369 Prengel 2006.
370 Klinge 2009, S, 297.
371 Grube & Lansch 2004.
372 Ähnlich im Circus-Schule Radelito an der Willy-Brandt-Gesamtschule Köln-Höhenhaus.
373 Zimbel 2008.
374 Oeftering 2009.
375 Neckel 1991.
376 Thum 2017.
377 Wierlacher-Engelhardt 2009.

378 Zumal Religion und Ethik zu den wenigen Schulfächern zählen, in deren Lehrpläne die Menschenwürde überhaupt erwähnt werden. So fordert z. B. der baden-württembergische Bildungsplan 2004 für Realschule, Klasse 10, Ethik, dass die Schülerinnen und Schüler »die Befähigung, die Unanstastbarkeit der Würde der Person zu achten« entwickeln sollen. Was darunter zu verstehen ist, bleibt offen.

379 Bastian & Hilgers 1990.

380 Hilgers 2006, S. 9.

381 Gröning 2013; vgl. Lucassen 2009; Immenschuh & Marks 2014.

382 Gröning 2013.

383 Auch in der Wirtschaft wird bei der Beurteilung von Mitarbeitern nicht selten die Gauß'sche Normalverteilung zugrunde gelegt.

384 Bleher 2008.

385 Zit. in: Füller 2009.

386 Czerny 2008.

387 Füller 2009.

388 Ebd.

389 IFAK 2008.

390 Siegrist 2004.

391 Bauer 2002, S. 226.

392 IFAK 2008.

393 Eine beeindruckende Beschreibung verschiedenster Organisationen, in denen auf neue, sinnstiftende Weise mit Erfolg zusammengearbeitet wird, präsentiert Frederic Laloux 2015.

394 Müller-Dietz 2009. Gefängnisaufenthalte führen häufig zur Entfremdung vom Ehepartner, mit der Folge, dass Freigelassene ein weiteres Stück Zugehörigkeit verlieren und ihre Resozialisierung erschwert wird. Das Projekt Cocon (www.cocon-freiburg.de) versucht dem durch Familientherapie entgegenzuwirken.

395 Vgl. Kammeier 2017.

396 Galli 2016.

397 Zit. in Joeres 2010, S. 6.

398 Ebd., S. 6.

399 www.arxhof.ch

400 Rossi 2009. Diese These wurde durch ein Projekt in Münchner U-Bahnen bestätigt: Der Vandalismus konnte durch klassische Musik deutlich reduziert werden. In der Steiermark gibt es ein hell gestaltetes Gefängnis, an dessen Gestaltung Künstler mitgewirkt haben. Reinhard Kahl (2004 & 2009b) und Ulrike Kegler (2009) begründen die Notwendigkeit von Schönheit für gelingende Schule.

401 Rossi 2009.

402 Ebd.

403 Müller & Rossi 2010.

404 Kahl 2009b, S. 11.

405 Hinzu kommt, nochmals beschämend, dass die Arbeitsmarktgesetze nach einem Mann benannt sind, der wegen Untreue und Begünstigung verurteilt wurde.

406 Reddemann 2009, S. 14.
407 Sonnenmoser 2009, S. 272.
408 Heinisch 2008.
409 Jennert 2008.
410 Arnold 2009, S. 40.
411 Jungk & Müllert 1981/2000.
412 Böttger 2001.
413 Dworschak 2010, S. 126.
414 Kegler 2009, S. 28.
415 Ebd., S. 52.
416 Ebd., S. 57.
417 Kahl 2009b, S. 10.
418 Vgl. Fritzsche 2009; Flowers 2009.
419 Mechthild schrieb theologische Literatur in der Volkssprache statt Latein.
420 Vgl. Honnefelder 2009, S. 42; Barth 2009, S. 94.
421 Auch durch Artikel 140 des Grundgesetzes sind der Sonntag und die staatlich anerkannten Feiertage als Tage der Arbeitsruhe und der seelischen Erhebung gesetzlich geschützt.
422 Baer & Frick-Baer 2009, S. 129.
423 Bloch 1985, S. 1628.
424 Arlie Russell Hochschild, zit. in: http://www.motherjones.com/politics/2016/08/trump-white-blue-collar-supporters (Zugriff: 11.1.2017).

Literatur

Allgemeine Erklärung der Menschenrechte (Art. 1. In: Allgemeine Erklärung der Menschenrechte. 10. Dezember 1948 (www.un.org [Zugriff: 20.6.2017]).

Aly, Götz (2005). Hitlers Volksstaat. Raub, Rassenkrieg und nationaler Sozialismus. S. Fischer, Frankfurt a. M.

Amann, Melanie et al. (2015). Herzlich unwillkommen. In: Der Spiegel 11, 2015, S. 44f.

Anhan, Aykut (2014). »Es geht um nichts. Um Scheiß«. Interview mit Aykut Anhan. In: Der Spiegel 50, S. 130–133.

Anonyma (2003). Eine Frau in Berlin. Tagebuchaufzeichnungen vom 20. April bis 22. Juni 1945. Eichborn, Frankfurt a. M.

Arnim, Gabriele von (1989). Das große Schweigen. Von der Schwierigkeit, mit dem Schatten der Vergangenheit zu leben. Knaur, München.

Arnold, Rolf (2009). »Wir leiden immer noch an den Folgen einer rigiden Erziehungsmoral.« (Interview) In: Psychologie heute, Juli, S. 40-41.

Auras, Thomas (2008). Gib dem Gerhard auch mal den Ball! In: Sportpädagogik 6, S. 10f.

B., Sebastian (2006). Abschiedsbrief. Im Internet verfügbar unter: https://wkea.org/?page=rxbrief&nav=ss&t=v (Zugriff: 23.5.2017).

Baer, Udo & Frick-Baer, Gabriele (2008). Vom Schämen und Beschämtwerden. Beltz, Weinheim.

Baer, Udo & Frick-Baer, Gabriele (2009). Würde und Eigensinn. Beltz, Weinheim.

Baldauf, Dieter (2004). Die Folter. Eine deutsche Rechtsgeschichte. Böhlau, Köln.

Barth, Hermann (2009). Würde und Werte im Verfassungsrecht. In: Christian Thies (Hg.). Der Wert der Menschenwürde. Paderborn: Schöningh, S. 93–105.

Bartsch, Matthias (2009). Ende des Aussortierens. In: Der Spiegel 50, S. 46–49.

Basel, Carolin et al. (2008). Gemeinsam zum Ziel. Ideen für kooperative Schulsportfeste. In: Sportpädagogik 6, S. 29–37.

Basoglu, Metin; Livanou, Maria & Crnobaric, Cvetana (2007). Torture vs Other Cruel, Inhuman, and Degrading Treatment. Is the Distinction Real or Apparent? In: Archives of General Psychiatry Vol. 64, No 3, March 2007, S. 277–285.

Bastian, Till & Hilgers, Micha (1990). Kain. Die Trennung von Scham und Schuld am Beispiel der Genesis. In: Psyche 44, S. 1100–1112.

Bauer, Joachim (2002). Das Gedächtnis des Körpers. Wie Beziehungen und Lebensstile unsere Gene steuern. Eichborn, Frankfurt a. M.

Bauer, Joachim (2005). Warum ich fühle, was du fühlst. Intuitive Kommunikation und das Geheimnis der Spiegelneuronen. Hoffmann und Campe, Hamburg.

Bauer, Joachim (2008). Lob der Schule. Sieben Perspektiven für Schüler, Lehrer und Eltern. Heyne, München.

Bauer, Joachim (2010). Die Bedeutung der Beziehung für schulisches Lehren und Lernen. Eine neurologisch fundierte Perspektive. In: Pädagogik H. 7–8, S. 6–9.

Bauer, Joachim (2011). Schmerzgrenze. Vom Ursprung alltäglicher und globaler Gewalt. Karl Blessing, München.

Baumann, Zygmunt (2005). Verworfenes Leben. Die Ausgrenzung der Moderne. Bundeszentrale für politische Bildung, Bonn.

Beyer, Susanne (2010). 14 Tage lebenslänglich. In: Der Spiegel 8, S. 106—109.

Bieri, Peter (2013). Eine Art zu leben. Über die Vielfalt menschlicher Würde. Carl Hanser, München.

Birnbacher, Dieter (2005). Mehrdeutigkeiten im Begriff der Menschenwürde. Im Internet verfügbar unter: www. gkpn.de/singer2.htm (Zugriff: 2.2.2010).

Blech, Jörg et al. (2009). Wow, was für ein Gefühl! In: Der Spiegel 44, S. 46–50.

Bleher, Christian (2008). Bitte nicht engagieren! In: Badische Zeitung 8.8.2008, S. 3.

Bloch, Ernst (1985). Das Prinzip Hoffnung. Suhrkamp, Frankfurt a. M.

Böhmer, Martina (2000). Erfahrungen sexualisierter Gewalt in der Lebensgeschichte alter Frauen. Mabuse, Frankfurt a. M.

Bölsche, Jochen (2002). Pfusch am Kind. In: Der Spiegel 20, S. 96–123.

Bönisch, Georg (2008). Verwirrte Zeitverhältnisse. In: Der Spiegel 11, S. 52.

Böttger, Ilona (2001). Zukunftswerkstatt. In: sowi-online-Methodenlexikon. Im Internet verfügbar unter: www.sowi-online.de/methoden/lexikon/zukunfts-werkstatt-boettger.htm (Zugriff: 11.5.2010).

Bode, Sabine (2015). Die vergessene Generation. Klett-Cotta, Stuttgart.

Bologne, Jean-Claude (2001). Nacktheit und Prüderie. Eine Geschichte des Schamgefühls. Hermann Böhlaus, Weimar.

Bradshaw, John (2006). Wenn Scham krank macht. Verstehen und Überwinden von Schamgefühlen. Knaur, München.

Brähler, Elmar; Decker, Otmar & Radebold, Hartmut (2003). Beeinträchtigte Kindheit und Jugendzeit im Zweiten Weltkrieg. Fassbare Folgen bei den Geburtsjahrgängen 1930–1945. In: Psychosozial Jg. 26, Nr. 92, Heft 2, S. 51–59.

Brainin, Elisabeth (1998). Entschädigung – Wiedergutmachung oder erneute Traumatisierung? www.univie.ac.at/jugend-ns/html/brainin01.htm (Zugriff: 26.7.2017).

Brauck, Markus (2009). Die Reality-Falle. In: Der Spiegel 43, S. 86–88.

Bredow, Rafaela von; Dworschak, Manfred; Müller, Martin & Rosenbach, Marcel (2010). Ende der Privatheit. In: Der Spiegel 2, S. 58–69.

Brendler, Konrad (1997). Die NS-Geschichte als Sozialisationsfaktor und Identitätsballast der Enkelgeneration. In: Dan Bar-On; Konrad Brendler & Paul Hare (Hg.). Da ist etwas kaputtgegangen an den Wurzeln ... Identitätsformationen deutscher und israelischer Jugendlicher im Schatten des Holocaust. Campus, Frankfurt a. M., S. 53–104.

Briegleb, Till (2009). Die diskrete Scham. Insel, Frankfurt a. M.

Brinck, Christine (2012). Die Folgen der Isolation. In: Die Zeit Nr 51; im Internet verfügbar unter: http://www.zeit.de/2012/51/Isolation-Kinder-Waisenhaus-Rumaenien/komplettansicht? (Zugriff: 6.7.2017).

Brinkbäumer, Klaus (2001). Weiß, deutsch, schwach. In: Der Spiegel 19, S. 169–172.
Brown, Brené (2013). Verletzlichkeit macht stark. Wie wir unsere Schutzmechanismen aufgeben und innerlich reich werden. Kailash, München.
Brueggemann, Walter (1985). The Prophetic Imagination. Fortress Press, Philadelphia.
Buber, Martin (1992). Das dialogische Prinzip. Bleicher, Gerlingen.
Budde, Jürgen & Reemtsma, Reemt (2008). Jungen entkommen der Mausefalle. In: Sportpädagogik 6, S. 24f.
Bude, Heinz (2008). Die Ausgeschlossenen. Das Ende vom Traum einer gerechten Gesellschaft. Carl Hanser, München.
Buschbom, Jan (2015). »Milch der Erniedigung«. Viktimisierungsdeutung und Ideologie. Zum Beispiel Islamismus. In: Interventionen 5, S. 24–33.
Campino (2007). Leben nach dem Töten. In: FR-online 1.6.2007, Im Internet verfügbar unter: www.fr-online.de/in_und_ausland/politik/dossiers/afrika_spezial/1146593_Campino-ueber-Kindersoldaten-Leben-nach-dem-Toeten.html (Zugriff: 6.4.2010).
Casals, Pablo (1971). Licht und Schatten auf einem langen Weg. S. Fischer, Frankfurt a. M.
Cohn, Alain; Fehr, Ernst & Maréchal, Michel (2014). Business culture and dishonesty in the banking industry. In: Nature 516, S. 86–89. Auch im Internet verfügbar unter: http://www.nature.com/nature/journal/v516/n7529/full/nature13977.html (Zugriff: 25.7.2016).
Collodi, Carlo (1990). Pinocchio. Carl Ueberreuter, Wien.
Csikszentmihalyi, Mihaly (2002). Flow. Klett-Cotta, Stuttgart.
Cyrulnik, Boris (2011). Scham. Im Bann des Schweigens – Wenn Scham die Seele vergiftet. Präsenz, Hünfelden.
Czerny, Sabine (2008). »Ich kenne kein Kind, das nicht lernen will«. Interview in: www.ganztagsschulen.org., 9.12.2008. Im Internet verfügbar unter: http://www.ganztagsschulen.org/10421.php (Zugriff: 27.7.2017).
Dallmann, Gerhard (2007). »Ich bin größer als du« (Interview). In: Der Spiegel 238, S. 175–178.
Deggerich, Markus (2006). Virus im Programm. In: Der Spiegel 48, S. 36–39.
Deggerich, Markus (2009). Der letzte Kampf. In: Der Spiegel 5, S. 37f.
Dettmer, Markus; Katschak, Carolin & Ruppert, Jasper (2015). Zum Nichtstun verdammt. In: Der Spiegel 35, S. 58–63.
Deutsches Ärzteblatt (2009). Der Feind in meinem Op. In: Deutsches Ärzteblatt, Jahrgang 106, Heft 14, 3. April 2009, im Internet verfügbar unter: www.aerzteblatt.de/archiv/64061 (Zugriff: 27.7.2017).
Diem-Wille, Gertraud & Turner, Agnes (Hg.) (2012). Die Methode der psychoanalytischen Beobachtung. Über die Bedeutung von Containment, Identifikation, Abwehr und anderen Phänomenen in der psychoanalytischen Beobachtung. Facultas, Wien.
Domin, Hilde (2011). Sämtliche Gedichte. 5. Aufl. S. Fischer, Frankfurt a. M.
Dorst, Brigitte (2015). Resilienz. Seelische Widerstandskräfte stärken. Patmos, Ostfildern.

Dülmen, Richard van (1985). Theater des Schreckens. Gerichtspraxis und Strafrituale in der frühen Neuzeit. C. H. Beck, München.

Duerr, Hans Peter (1988). Der Mythos vom Zivilisationsprozess. Bd. 1: Nacktheit und Scham. Suhrkamp, Frankfurt a. M.

Dworschak, Manfred (2010). Helden auf Bewährung. In: Der Spiegel 15, S. 124–134.

Eggers, Dave (2014). Der Circle. Kiepenheuer & Witsch, Köln.

Ehlers, Fiona (2008). Wo die wilden Kerle wohnen. In: Der Spiegel 7, S. 54–58.

Einzmann, Simone (2009). Armut schädigt das Gehirn. In: Psychologie heute, Juli, S. 16.

Eisenberger, Naomi; Liebermann, Matthew & Williams, Kipling (2003). Does rejection hurt? An fMRI study of social exclusion. In: Science 302, S. 290–292.

Eisenberger, Naomi (2012). The Pain of Social Disconnection. Examining the Shared Neural Underpinnings of Physical and Social Pain. In: Nature Reviews Neuroscience 13, S. 421–434.

Eissler, Kurt R. (1963). Die Ermordung von wievielen seiner Kinder muß ein Mensch symptomfrei ertragen können, um eine normale Konstitution zu haben? In: Psyche XVII/5, S. 241–291, Stuttgart.

Elger, Katrin; Kneip, Ansbert & Theile, Merlind (2009). Für immer fremd. In: Der Spiegel 5, S. 32–36.

Elias, Norbert (1976). Über den Prozeß der Zivilisation. 2 Bde. Suhrkamp, Frankfurt a. M.

Ennulat, Gertrud (2008). Kriegskinder. Klett-Cotta, Stuttgart.

Evans, Richard (1984). Öffentlichkeit und Autorität. Zur Geschichte der Hinrichtungen in Deutschland vom Allgemeinen Landrecht bis zum Dritten Reich. In: Reif, Heinz (Hg.). Räuber, Volk und Obrigkeit. Studien zur Geschichte der Kriminalität in Deutschland seit dem 18. Jahrhundert. Suhrkamp, Frankfurt a. M., S. 185–258.

Färberböck, Max (2008): Anonyma – Eine Frau in Berlin (Film).

Fanon, Frantz (1969). Die Verdammten dieser Erde. Rowohlt, Reinbek bei Hamburg.

Faulenbach, Bernd (2002). Die Vertreibung der Deutschen aus den Gebieten jenseits von Oder und Neiße. Zur wissenschaftlichen und öffentlichen Diskussion in Deutschland. In: Aus Politik und Zeitgeschichte (B 51-52/2002).

Fessler, Daniel (2014). Cross-Cultural Differences and Similarities in Proneness to Shame: An Adaptationist and Ecological Approach. In: Evolutionary Psychology 10 (2), S. 352–370.

Findeis-Dorn, Christine (2005). Achtsamkeit üben im Dialog. In: Christiane Neuen (Hg.). Einander anerkennen. Eine neue Beziehungskultur. Patmos, Düsseldorf, S. 143–165.

Fleischhauer, Jan et al. (2010). Aufstieg einer Sünderin. In: Der Spiegel 9, S. 66–74.

Flowers, Nancy (Redaktion, 2009). Compasito. Handbuch zur Menschenrechtsbildung mit Kindern. Hg. vom Deutschen Institut für Menschenrechte et al., Berlin.

Fossum, Merle & Mason, Marilyn (1992). Aber keiner darf's erfahren. Scham und Selbstwertgefühl in Familien. Kösel, München.

Frankenberger, Annette (2011). Wertschätzung. Auswege aus Scham- und Schuldgefühlen. Vortrag im Rahmen der Tagung Scham. Das tabuisierte Gefühl. Ev. Akademie Bad Herrenalb, 29.11.2011.

Frankfurter Rundschau (2009): Turnen: Wir haben überlebt. In: Frankfurter Rundschau 29.5.2009, S. 44f. Im Internet verfügbar unter: www.fr-online.de/frankfurt_und_hessen/dossiers/deutsches_turnfest_2009/1776237_Turnen-Wir-haben-ueberlebt.html (Zugriff: 5.5.2010).

Frankl, Viktor (1972). Der Mensch auf der Suche nach Sinn. Klett, Stuttgart.

Freud, Sigmund (1975). Das Unbewusste. In: Sigmund Freud Studienausgabe, Bd. 3, S. Fischer, Frankfurt a. M., S. 119–173.

Fricke, Beatrix (2010). Auch Anschreien ist Gewalt. In: Berliner Morgenpost vom 29.4.2010. Im Internet verfügbar unter: www.morgenpost.de/familie/article1299997/Auch-Anschreien-ist-Gewalt.html (Zugriff: 30.4.2010).

Fricke, Karl Wilhelm (1989). Die DDR-Staatssicherheit. Entwicklung, Strukturen und Aktionsfelder. Verlag Wissenschaft und Politik, Köln.

Friedmann, Jan (2010). Ehrlose Frauen. In: Der Spiegel 3, S. 37.

Fritzsche, K. Peter (2009). Menschenrechte. Eine Einführung mit Dokumentation. Schöningh, Paderborn.

Füller, Christian (2009). Strafversetzt wegen guter Noten. Grundschul-Rebellin erhält Courage-Preis. In: Spiegel-Online. Im Internet verfügbar unter: www.spiegel.de/schulspiegel/wissen/0,1518,628411,00.html (Zugriff: 27.7.2017).

Funke, Hajo (2001). Rechtsextremismus 2001. Eine Zwischenbilanz. Verwahrlosung und rassistisch aufgeladene Gewalt – Zur Bedeutung von Familie, Schule und sozialer Integration. In: Roland Eckert u. a. (Hg.). Demokratie lernen und leben. Eine Initiative gegen Rechtsextremismus, Rassismus, Antisemitismus, Fremdenfeindlichkeit und Gewalt. Band I: Probleme – Voraussetzungen – Möglichkeiten. Freudenberg Stiftung, Weinheim, S. 59–108.

Galtung, Johan (1975). Strukturelle Gewalt. Beiträge zur Friedens- und Konfliktforschung, Rowohlt, Reinbek bei Hamburg.

Geißler, Karlheinz (1993). Zeit leben. Vom Hasten und Rasten, Arbeiten und Lernen, Leben und Sterben. Beltz, Weinheim.

Giesecke, Jens (2000). Die hauptberuflichen Mitarbeiter der Staatssicherheit. Personalstruktur und Lebenswelt 1950-1989/90. Chr. Links Verlag, Berlin.

Goytisolo, Juan (1982). Spanien und die Spanier. Suhrkamp, Frankfurt a. M.

Greiner, Ulrich (2014). Schamverlust. Vom Wandel der Gefühlskultur. Rowohlt, Reinbek bei Hamburg.

Grill, Bartholomäus (2015). Der verwundete Kontinent. In: Der Spiegel 33, S. 118f.

Grimm, Dieter (2008). Was ist erlaubt? In: Die Zeit 49, S. 14.

Gröning, Katharina (2013). Entweihung und Scham. Grenzsituationen in der Pflege alter Menschen. 5. Aufl. Mabuse, Frankfurt a. M.

Grolle, Johann; Hawranek, Dietmar & Kurbjuweit, Dirk (2015). Ende eines Mythos. In: Der Spiegel 40, S. 10–16.

Grube, Thomas & Lansch, Enrique Sánchez (2004). Rhythm Is It! Dokumentarfilm.

Gysling, Andrea (1995). Die analytische Antwort. Eine Geschichte der Gegenübertragung in Form von Autorenporträts. Edition discord, Tübingen.
Haarer, Johanna (1934). Die deutsche Mutter und ihr erstes Kind. C. F. Lehmanns, Berlin.
Haarer, Johanna (1987). Die Mutter und ihr erstes Kind. Carl Gerber, München.
Haas, Daniela (2013). Das Phänomen Scham. Impulse für einen lebensförderlichen Umgang mit Scham im Kontext von Schule und Unterricht. Kohlhammer, Stuttgart.
Hafeneger, Benno; Henkenborg, Peter & Scherr, Albert (Hg.) (2002). Pädagogik der Anerkennung. Grundlage, Konzepte, Praxisfelder. Wochenschau Verlag, Schwalbach.
Hafeneger, Benno (2013). Beschimpfen, bloßstellen, erniedrigen. Beschämung in der Pädagogik. Brandes & Apsel, Frankfurt a. M.
Hahn, Ulla (2001). Das verborgene Wort. DVA, Stuttgart.
Hammerer, Franz (2001). Der Fehler – eine pädagogische Schlüsselsituation und Herausforderung. In: Erziehung und Unterricht H. 1–2, S. 37–50.
Haneke, Michael (2009). Das weiße Band. Eine deutsche Kindergeschichte (Film).
Hantel-Quitmann, Wolfgang (2009). Schamlos. Was wir verlieren, wenn alles erlaubt ist. Herder, Freiburg im Breisgau.
Hawranek, Dietmar (2016). Demut? Wieso Demut? In: Der Spiegel 3, S. 72f.
Heinisch, Brigitte (2008). Satt und sauber? Eine Altenpflegerin kämpft gegen den Pflegenotstand. Rowohlt, Reinbek bei Hamburg.
Heinzelmann-Arnold, Irene (2001). Streitschlichtung: Und so wird's gemacht. In: Lernende Schule 13, S. 18–19.
Heissmeyer, Arno & van Zütphen, Thomas (2006). Allmächtiger Versager. In: Focus Magazin Nr. 48, 27.11.2006. Im Internet verfügbar unter: http://www.focus.de/politik/deutschland/emsdetten-allmaechtiger-versager_aid_215805.html (Zugriff: 4.7.2017).
Henke-Bockschatz, Gerhard (2004). Der »Holocaust« als Thema im Geschichtsunterricht. In: Wolfgang Mesetz, Matthias Proske & Frank-Olaf Radtke (Hg.). Schule und Nationalsozialismus. Campus, Frankfurt a. M.
Herrmann, Horst (2004). Die Folter. Eine Enzyklopädie des Grauens. Eichborn, Frankfurt a. M.
Heyne, Claudia (1993). Täterinnen: offene und versteckte Aggression von Frauen. Kreuz, Zürich.
Hilgers, Micha (2006). Scham. Gesichter eines Affekts. Vandenhoeck & Ruprecht, Göttingen.
Hilkens, Myrthe (2010). McSex. Die Pornofizierung unserer Gesellschaft. Orlanda, Berlin.
Hirsch, Matthias (1998). Schuld und Schuldgefühl. Zur Psychoanalyse von Trauma und Introjekt. Vandenhoeck & Ruprecht, Göttingen.
Honnefelder, Ludger (2009). Würde und Wert. In: Christian Theis (Hg.). Der Wert der Menschenwürde. Schöningh, Paderborn, S. 33—43.
Hosseini, Khaled (2003). Der Drachenläufer. Berlin Verlag, Berlin.
Hübinger, Paul (1974). Thomas Mann, die Universität Bonn und die Zeitgeschichte, Oldenbourg, München, S. 598.

Icaza, Jorge (1978). Huasipungo. Lamuv, Bornheim.

IFAK (2008): Motivation und Engagement am Arbeitsplatz sinkt. Im Internet verfügbar unter: www.ifak.com/de/ifak-jubil-um/motivation-und-engagement-am-arbeitsplatz-sinken.html (Zugriff: 10.5.2010).

Immenschuh, Ursula & Marks, Stephan (2014). Scham und Würde in der Pflege. Ein Ratgeber. Mabuse, Frankfurt a. M.

Irle, Katja (2010). Die tägliche Beschämung. In: Frankfurter Rundschau, 7.4.2010, S. 12.

Jansson, Tove (2016). Die Geschichte vom unsichtbaren Kind. In: Dies. Die Mumins. Geschichten aus dem Mumintal. 1. Aufl. Arena, Würzburg, S. 107–124.

Jeder dritte Schüler wird gemobbt. In: Badische Zeitung, 25.10.2005, S. 6.

Jelpke, Ulla (2003). Gewöhnung an die Folter. In: Ossietzky 5 /2003. Im Internet: www.sopos.org/aufsaetze/3e7e100e22e86/1.phtml (Zugriff: 27.7.2017).

Jennert, Ingrid (2008). Minutenpflege. In: Badische Zeitung vom 24.11.2008, S. 23.

Jessen, Jens (2009). Jeder, der bei Vernunft ist. In: Die Zeit, 2.7.2009. Im Internet verfügbar unter: http://www.zeit.de/2009/28/L-S-Menschenwuerde (Zugriff: 20.7.2017).

Joeres, Annika (2010). Beamter war »unmittelbar« bei Geburt dabei. In: Frankfurter Rundschau, 30.4.2010, S. 6.

Jungk, Robert & Müllert, Norbert (1981/2000). Zukunftswerkstätten. Mit Phantasie gegen Routine und Resignation. Heyne, München.

Jüttner, Julia (2006). Amokläufer von Emsdetten: die wirre Welt des Sebastian B. In: Spiegel online, 21.11.2006; http://www.spiegel.de/panorama/justiz/amoklaeufer-von-emsdetten-die-wirre-welt-des-sebastian-b-a-449738.html (Zugriff: 23.5.2017).

Kästner, Erich (2012). Das fliegende Klassenzimmer. Dressler, Hamburg.

Kahl, Reinhard (2004). Treibhäuser der Zukunft. Wie in Deutschland Schulen gelingen. Beltz, Weinheim.

Kahl, Reinhard (2009a). Wenn Üben glücklich macht. In: Zeit Online Schule, 7.9.2009. Im Internet verfügbar unter: www.zeit.de/online/2008/36/lernen-ueben-musik (Zugriff: 27.7.2017).

Kahl, Reinhard (2009b). Vorwort. In: Kegler, Ulrike (2009). In Zukunft lernen wir anders. Beltz, Weinheim, S. 6–11.

Kaiser, Simone (2010). Die Schule soll bezahlen. In: Der Spiegel 16, S. 44–46.

Kammeier, Heinz (2017). Würde die Beachtung von Würde den Maßregelvollzug verändern (müssen)? In: Forensische Psychiatrie und Psychotherapie, H.1, S. 6–19.

Kasperski, Franz (2014). Der Terror totaler Transparenz. Vortrag im Rahmen der Changetagung Organisation und Intimität, Basel 30.1.2014.

Katschak, Carolin & Müller, Ann-Katrin (2015). Mehr Schlaf für Eulen. In: Der Spiegel 28, 2015, S. 50f.

Kegler, Ulrike (2009). In Zukunft lernen wir anders. Beltz, Weinheim.

Kermani, Navid (2009). Wer sind Wir? Deutschland und seine Muslime. C. H. Beck, München.

Kermani, Navid (2016). Ungläubiges Staunen: Über das Christentum. C. H. Beck, München.

Kistler, Petra (2008). Problemfall Abbrecher. In: Badische Zeitung, 12.11.2008. Im Internet verfügbar unter: http://www.badische-zeitung.de/ratgeber/beruf-karriere/problemfall-abbrecher--7710469.html (Zugriff: 27.7.2017).

Klinge, Antje (2009). Die Scham ist nie vorbei! Beschämung im Schulsport – eine sportpädagogische Herausforderung. In: Sportunterricht 58, Heft 10, S. 296–301.

Kloth, Hans Michael (2007). Der Henker kam von hinten. Todesstrafe in der DDR. In: Spiegel online, 13. Juli 2007. Verfügbar unter: www.spiegel.de/panorama/zeitgeschichte/todesstrafe-in-der-ddr-der-henker-kam-von-hinten-a-494202-druck.html (Zugriff: 27.7.2017).

Klug, Heiner (2001). Musizieren zwischen Virtuosität und Virtualität. Praxis, Vermittlung und Theorie des Klavierspiels in der Medienperspektive. Die Blaue Eule, Essen.

Knopf, Dagmar (2006). Werden verunsicherte Männer zu Machos? In: Psychologie heute 1, S. 12.

Koch, Sannah (2007). Wie erkennt man School Shooter? In: Psychologie heute November, S. 34–39.

Koch, Sannah (2009). Erziehung zum Rechtsextremismus? In: Psychologie heute April, S. 13.

Koenen, Gerd (2001). Und in den Herzen Asche. In: Der Spiegel 35, S. 156–161.

Köpp, Gabi (2010). Warum war ich bloß ein Mädchen? Herbig, München.

Kohut, Heinz (1973). Narzißmus. Eine Theorie der Behandlung narzißtischer Persönlichkeitsstörungen. Suhrkamp, Frankfurt a. M.

Korczak, Janusz (2001). Das Recht des Kindes auf Achtung. GTB, Gütersloh.

Krumm, Volker & Eckstein, Kirstin (2001). Geht es Ihnen gut oder haben Sie noch Kinder in der Schule? Im Internet verfügbar unter: http://www.sbg.ac.at/erz/artikel/klagenfurt_endfassung.doc (Zugriff: 16.1.2007).

Krumm, Volker & Weiß, Susanne (2000). Ungerechte Lehrer. Zu einem Defizit in der Forschung über Gewalt an Schulen. In: psychosozial 23, S. 57–73.

Kruse, Niels (2006). Amoklauf von Emsdetten: Das Tagebuch von Sebastian B. In: Stern, 22. November 2006; im Internet verfügbar unter: http://www.stern.de/panorama/weltgeschehen/amoklauf-von-emsdetten-das-tagebuch-von-sebastian-b--3327962.html (Zugriff: 23.5.2017).

Krystal, Henry (1968). Massive psychic trauma. New York: International University Press.

Kuhn, Violetta (2014). Der Klick zur Selbstbestätigung. In: Badische Zeitung vom 26.2.2014, S. 2.

Kuwertz, Anna (2003). Musik und Bewegung im Dialog – künstlerisches Lernen im neuen Paradigma. In: Rhythmik H. 4, November, S. 4–8.

Lakotta, Beate (2008). Es tut ein ganzes Leben weh. In: Der Spiegel 19, S. 62f.

Landweer, Hilge (1999). Scham und Macht. Phänomenologische Untersuchungen zur Sozialität eines Gefühls. Mohr Siebeck, Tübingen.

Lanier, Jaron (2010). »Dynamik der Meute«. Interview. In: Der Spiegel 4, S. 128f.

Largo, Remo & Beglinger, Martin (2009). Schülerjahre: Wie Kinder besser lernen. Piper, München.

Lenz, Hans-Joachim (2007). Männer und die Widerfahrnisse des Krieges. In: Mike Penkwitt (Hg.). Erinnern und Geschlecht, Band II. Freiburg 2007. Jos Fritz, Freiburg, S. 159–192.

Levi, Primo (1964). Die Atempause. Büchergilde Gutenberg, Frankfurt a. M.

Levi, Primo (2000). Ist das ein Mensch? dtv, München.

Lewis, Michael (1993). Scham. Annäherung an ein Tabu. Kabel, Hamburg.

Liebsch, Marika (2017). Mobbing in der Schule. Im Internet verfügbar unter: http://www.planet-wissen.de/gesellschaft/kommunikation/konflikte/pwiemobbinginderschule100.html (Zugriff: 4.7.2017).

Lindner, Evelin (2006). Making Enemies. Humiliation and International Conflict. Praeger Security International, Westport.

Lucassen, Hanna (2009). »Es hat getroffen«. Gesundheitsberufler sprechen über Ekel- und Schamgefühle. In: Dr. med. Mabuse Nr. 181, S. 22–25.

Maaßen, Julia (2008). Scham und Beschämung im Sportunterricht – Analysen, Konzepte und Perspektiven. Pädagogische Hochschule, Freiburg, unveröffentl. Hausarbeit.

Maio, Giovanni (2014). Geschäftsmodell Gesundheit. Wie der Markt die Heilkunst abschafft. Suhrkamp, Berlin.

Margalit, Avishai (1997). Politik der Würde. Über Achtung und Verachtung. Alexander Fest, Berlin.

Mariauzouls, Charles (1996). Psychophysiologie von Scham und Erröten. Zürich (Dissertation).

Marks, Stephan (2009a). Pädagogik im Nationalsozialismus. In: Elisabeth Zwick (Hg.). Spiegel der Zeit – Grundkurs Historische Pädagogik III, Renaissance bis Gegenwart. LIT-Verlag, Berlin, S. 211–230.

Marks, Stephan (2009b). Die Scham und der Nationalsozialismus. In: Joachim Küchenhoff; Joachim Pfeiffer & Carl Pietzcker (Hg.). Scham. Freiburger literaturpsychologische Gespräche Bd. 32. Königshausen & Neumann, Würzburg, S. 203–211.

Marks, Stephan (2012). Die Kunst nicht abzustumpfen. Hoffnung in Zeiten der Katastrophen. Gütersloher Verlagshaus, Gütersloh.

Marks, Stephan (2016). Scham – die tabuisierte Emotion. 6. Aufl. Patmos, Ostfildern.

Marks, Stephan (2017). Warum folgten sie Hitler? Die Psychologie des Nationalsozialismus. 4. Aufl. Patmos, Ostfildern.

Marx, Karl ([1852] 1972): Der 18. Brumaire des Louis Bonaparte, in: MEW 8, S. 115 in: Marx Engels Gesammelte Werke, Bd. 8, Dietz, Berlin, S. 115.

Maucher, Helmut (1996). Bequemlichkeit, Sicherheitswahn, Genußsucht. ZEIT-Gespräch mit Nestlé-Chef Helmut Maucher. In: ZEIT 30, S. 6; im Internet verfügbar unter: http://www.zeit.de/1996/30/maucher.txt.19960719.xml/seite-6 (Zugriff: 11.5.2017).

Meyer, Cordula (2010). Dämonen im Kopf. In: Der Spiegel 12, S. 128–131.

Miethling, Wolf (2002). Gewalt im Sportunterricht. In: Sportpädagogik 2, S. 4–10.

Miller, Alice (1980). Am Anfang war Erziehung. Suhrkamp, Frankfurt a. M.

Miller, Alice (1981). Du sollst nicht merken. Variationen über das Paradies-Thema. Suhrkamp, Frankfurt a. M.

Minkmar, Nils (2015). Böse Absichten. In: Der Spiegel 50, S. 117.
Mitscherlich, Alexander (2003). Auf dem Weg zur vaterlosen Gesellschaft. Ideen zur Sozialpsychologie. Beltz, Weinheim.
Mitscherlich, Alexander & Margarete (2012). Die Unfähigkeit zu trauern. 23. Aufl. Piper, München.
Modler, Peter (2012). Das Arroganz-Prinzip. So haben Frauen mehr Erfolg im Beruf. S. Fischer, Frankfurt a. M.
Möller, Diemuth (2008). Scham und Beschämung am Beispiel des Sportunterrichts. Pädagogische Hochschule, Freiburg, unveröffentl. Hausarbeit.
Müller, Daniel & Rossi, David (2010). Rückfall nach Massnahmenvollzug. Eine Studie zur Rückfälligkeit von jungen Erwachsenen aus den Massnahmenzentren Arxhof und Uitikon. Im Internet verfügbar unter: www.baselland.ch/fileadmin/baselland/files/docs/jpd/arxhof/rueckfallstudie.pdf (Zugriff: 29.4.2010).
Müller-Dietz, Heinz (2009). Aktuelle Trends im Umgang mit Straftaten und Straftätern. Vortrag auf der Fachwoche der Strafgefangenenhilfe Achten statt Ächten in Straffälligenhilfe und Kriminalpolitik, 23.–25.11.2009, in Ludwigshafen.
Nadolny, Sten (1983). Die Entdeckung der Langsamkeit. Piper, München.
Nathanson, Donald (1987). A timetable for shame. In: ders. (Hg.). The many faces of shame. Guilford, New York, S. 1–63.
Neckel, Sighard (1991). Status und Scham. Zur symbolischen Reproduktion sozialer Ungleichheit. Campus, Frankfurt a. M.
Neckel, Sighard (2009). »Kaum hat man Erfolg, muss man schon zum nächsten jagen« (Interview). In: Psychologie heute, November S. 44–49.
Nietzsche, Friedrich (1882/1965). Die fröhliche Wissenschaft. Sämtliche Werke Bd. 5. Alfred Kröner, Stuttgart.
Oeftering, Tonio (2009). Scham – eine »vergessene« Emotion in der historisch-politischen Bildung zum Nationalsozialismus? In: Ders. (Hg.): Texte zur Menschenrechtspädagogik. LIT-Verlag, Berlin, S. 87–92.
Oehmke, Phill (2008). Big Brother im Netz. In: Der Spiegel 31, S. 144f.
Orbach, Susie (2010). Bodies. Schlachtfelder der Schönheit. Arche, Zürich.
Oser, Fritz & Spychiger, Maria (2005). Lernen ist schmerzhaft. Zur Theorie des Negativen Wissens und zur Praxis der Fehlerkultur. Beltz, Weinheim.
Osten, Manfred (2006). Die Kunst, Fehler zu machen. Suhrkamp, Frankfurt a. M.
Paul, Axel (2007). Die Gewalt der Scham. Elias, Duerr und das Problem der Historizität der Gefühle. In: Mittelweg 36, S. 77–99.
Pingel-Schliemann, Sandra (2002). Zersetzen. Strategie einer Diktatur. Robert-Havelmann-Gesellschaft, Berlin.
Pinker, Steven (2008). The Stupidity of Dignity. In: The New Republic, 28.5.2008. Im Internet verfügbar unter: https://newrepublic.com/article/64674/the-stupidity-dignity (Zugriff: 4.7.2017).
Pollmann, Arnd (2005). Integrität. Aufnahme einer sozialphilosophischen Personalie. Transcript Verlag, Bielefeld.
Prengel, Annedore (2002). »Ohne Angst verschieden sein« – Mehrperspektivische Anerkennung von Schulleistungen in einer Pädagogik der Vielfalt. In: Benno Hafeneger; Peter Henkenborg & Albert Scherr (Hg.) (2002). Pädagogik der

Anerkennung. Grundlage, Konzepte, Praxisfelder. Wochenschau Verlag, Schwalbach, S. 203–221.

Prengel, Annedore. (2006). Leiblichkeit und die Pädagogik der Vielfalt – Anregungen für sportpädagogische Diskurse. In: Wolf Miethling & Claus Krieger (Hg.). Zum Umgang mit Vielfalt als sportpädagogische Herausforderung. Czwalina, Ahrensburg, S. 17–26.

Prengel, Annedore & Heinzel, Friederike (2003). Anerkennungs- und Missachtungsrituale in schulischen Geschlechterverhältnissen. In: Christoph Wulf & Jörg Zirfas (Hg.). Zeitschrift für Erziehungswissenschaft: Innovation und Ritual. Jugend, Geschlecht und Schule, Beiheft 2. Leske + Budrich, Opladen, S. 115–128.

Raschka, Johannes (2000). Justizpolitik im SED-Staat. Böhlau, Köln.

Radebold, Hartmut (2005). Die dunklen Schatten unserer Vergangenheit. Ältere Menschen in Beratung, Psychotherapie, Seelsorge und Pflege. Klett-Cotta, Stuttgart.

Reddemann, Luise (2009). Würde, ein vergessener Wert in der Psychotherapie? In: Brigitte Dorst; Christiane Neuen & Wolfgang Teichert (Hg.). Würde. Eine psychologische und soziale Herausforderung. Patmos, Düsseldorf, S. 9–29.

Reiter, Johannes (2004). Menschenwürde als Maßstab. In: Aus Politik und Zeitgeschichte B 23–24.

Riedel, Ingrid (1991). Hans mein Igel. Wie ein abgelehntes Kind sein Glück findet. Kreuz, Stuttgart.

Robert Koch Institut (2006). Erste Ergebnisse der KiGGs-Studie zur Gesundheit von Kindern und Jugendlichen in Deutschland. Im Internet verfügbar unter: www.kiggs.de/experten/downloads/dokumente/kiggs_elternbroschuere.pdf (Zugriff: 25.3.2010).

Rohlfes, Joachim (2005). Geschichte und ihre Didaktik. 3. Aufl. Vandenhoeck & Ruprecht, Göttingen.

Rosenbach, Marcel; Schmergal, Cornelia & Schmundt, Hilmar (2015). Der gläserne Patient. In: Der Spiegel 50, 2015, S. 10–18.

Rosenberg, Marshall (2009). Gewaltfreie Kommunikation. Eine Sprache des Lebens. Junfermann, Paderborn.

Rossi, Renato (2009). Die Bedeutung der Würde im Behandlungsprozess von jungen Straftätern. Vortrag auf der Fachwoche der Strafgefangenenhilfe Achten statt Ächten in Straffälligenhilfe und Kriminalpolitik, 23.–25.11.2009, in Ludwigshafen.

Rüskamp, Wulf (2015). Täglich Beleidigungen, täglich Schläge. In: Badische Zeitung, 17.4.2015, S. 3.

Rushdie, Salman (1990). Scham und Schande. Piper, München.

Rutschky, Katharina (Hg.) (1977): Schwarze Pädagogik. Quellen zur Naturgeschichte der bürgerlichen Erziehung. Ullstein, Berlin.

Rycroft, Charles (1968). A critical dictionary of psychoanalysis. Basic Books, New York.

Saehrendt, Christian (2012). Blamage! Geschichte der Peinlichkeit. Bloomsbury, Berlin.

Said, Erika (1981). Zur Situation der Lehrerinnen in der Zeit des Nationalsozialismus. In: Frauengruppe Faschismusforschung (Kh.). Mutterkreuz und Ar-

beitsbuch. Zur Geschichte der Frauen in der Weimarer Republik und im Nationalsozialismus. Frankfurt a. M., S. 105–130.
Saint-Exupéry, Antoine de (2006). Der kleine Prinz. 63. Aufl. Karl Rauch, Düsseldorf.
Schimpf-Herken, Ilse (1979). Erziehung zur Befreiung? Paulo Freire und die Erwachsenenbildung in Lateinamerika. Sozialpolitischer Verlag SPV, Berlin.
Schleicher, Andreas (2016). Im Internet verfügbar unter: http://www.t-online.de/leben/familie/schulkind-und-jugendliche/id_79746902/pisa-studie-2015-der-oecd-was-in-deutschland-falsch-laeuft.html [Zugriff: 19.06.2017].
Schlink, Bernhard (1997). Der Vorleser. Diogenes, Zürich.
Schmerbitz, Helmut & Seidensticker, Wolfgang (1997). Sportunterricht und Jungenarbeit. In: Sportpädagogik 6, S. 25–37.
Schmergal, Cornelia (2015). Das Rätsel von Aleppo. In: Der Spiegel 48, S. 92–96.
Schmider, Franz (2005). Notwendige Fehler. In: Badische Zeitung, 14.4.2005, S. 4.
Schmitz-Berning, Cornelia (1998). Vokabular des Nationalsozialismus. de Gruyter, Berlin.
Schöneborn, Katharina (2007). Theoretische und empirische Analyse der Problematik »Beschämung im Sportunterricht«. Pädagogische Hochschule, Freiburg, unveröfftl. Hausarbeit.
Schore, Allan (1998). Early Shame Experiences and Infant Brain Development. In: Paul Gilbert & Bernice Andrews (Hg.). Shame. Interpersonal Behavior, Psychopathy, and Culture. New York, S. 57–77.
Schroeder, Henriette (2014). Ein Hauch von Lippenstift für die Würde. Elisabeth Sandmann, München.
Schüller, Anne (2008). Richtig loben. Anerkennung als Instrument der Mitarbeiterführung. In: Perspektive Mittelstand 7.4.2008, im Internet verfügbar unter: www.perspektive-mittelstand.de/Richtig-loben-Anerkennung-als-Instrument-der-Mitarbeiterfuehrung-/management-wissen/print/1831.html (Zugriff: 27.7.2017).
Schüttauf, Konrad; Specht, Ernst & Wachenhausen, Gabriela (2003). Das Drama der Scham. Vandenhoeck & Ruprecht, Göttingen.
Schwarze, Gisela (2009). Es war wie Hexenjagd. Die vergessene Verfolgung ganz normaler Frauen im Zweiten Weltkrieg. Ardey, Münster.
Selke, Stefan (2013). Schamland. Die Armut mitten unter uns. Econ, Berlin.
Sereny, Gitta (1997). Am Abgrund. Gespräche mit dem Henker. Franz Stangl und die Morde von Treblinka. Piper, München.
Shenk, Joshua (2009). Was das Leben gelingen lässt. In: Psychologie heute, November, S. 28–33.
Sidiropoulos, Lazaros (2008). Die »Würde des Menschen« als Leitprinzip in den ethischen und rechtlichen Diskursen der Moderne. DVH, München.
Siegrist, Johannes (2004). Soziale Determinanten von Herz-Kreislauf-Krankheiten – neue Erkenntnisse und ihre Bedeutung für die Prävention. Ferdinand Schöningh, Paderborn.

Simon, Annette (1992). Osten: »Alles Kriecher und Spitzel?« Die Beschämung des Ost-Zwillings ist der Schamlosigkeit des West-Zwillings geschuldet. In: enfant t.2, S. 81–88.

Singer, Kurt (2005). Wenn Lehrer Schüler seelisch verletzen. Veröffentlichung der Aktion Humane Schule, im Internet verfügbar unter: http://www.aktion-humane-schule.de/Wenn_Lehrer_Schuler_seelisch_verletzen_-_Die_Wurde_des_Schulers_ist_antastbar.pdf (Zugriff: 12.12.2009).

Sobiech, Gabriele (2008). Weg mit den Schablonen. In: Sportpädagogik 6, S. 12–14.

Sobiech, Gabriele & Marks, Stephan (2008). Beschämungen vermeiden: Anderssein respektieren. In: Sportpädagogik H. 6, S. 4–8.

Sonnenmoser, Marion (2009). Opfer empfinden tiefe Hilflosigkeit. In: Deutsches Ärzteblatt PP, H. 6, S. 271f.

Sontheimer, Michael (2008). Jung, gut und unerwünscht. In: Der Spiegel 21, S. 52f.

Spychiger, Maria (2007). Zur Rolle der Scham beim Lernen aus Fehlern und beim Aufbau von Normen und Fehlerkultur. In: Stephan Marks (Hg.). Scham – Beschämung – Anerkennung. LIT-Verlag, Berlin, S. 71–88.

Staemmler, Frank-M. (2016). Kränkungen. Verständnis und Bewältigung alltäglicher Tragödien. Klett-Cotta, Stuttgart.

Straubhaar, Thomas (2016). Warum so viele Türken in Deutschland scheitern. In: Welt N24. Im Internet verfügbar unter: https://www.welt.de/wirtschaft/article155700942/Warum-so-viele-Tuerken-in-Deutschland-scheitern.html (Zugriff: 6.7.2017).

Stubig, Siliana (2015). »Viele schämen sich, deutsch zu sein.« In: Der Spiegel 21, S. 100.

Swertz, Christian & Wallnöfer, Elsbeth (2006). Internet und Scham – Sensationen, Skurrilitäten und Tabus im Internet. In: Ganguin, Sonja & Sander, Uwe (Hg.). Sensationen, Skurrilitäten und Tabus in den Medien. VS Verlag für Sozialwissenschaften, Wiesbaden, S. 69–76 (Im Internet verfügbar unter: www.springerlink.com/content/m76743377225ux35/fulltext.pdf; Zugriff: 24.7.2017).

Symington, Neville (2012). Narzißmus. Neue Erkenntnisse zur Überwindung psychischer Störungen. 4. Aufl. Psychosozial, Gießen.

Teegen, Frauke & Meister, Verena (2000). Traumatische Erfahrungen deutscher Flüchtlinge am Ende des II. Weltkrieges und heutige Belastungsstörungen. In: Zeitschrift für Gerontopsychologie & -psychiatrie, 18. Jg., H. 13, S. 112–124.

Teuschel, Peter (2014). Das schwarze Schaf. Benachteiligung und Ausgrenzung in der Familie. Klett-Cotta, Stuttgart.

Thies, Christian (Hg., 2009): Der Wert der Menschenwürde. Schöningh, Paderborn.

Thürmer-Rohr, Christina (2002). Das Gewicht des Anderen. In: Freitag 26, 21.6.2002.

Thum, Gracia (2017). Encourage: Mut zur Veränderung. Business Village, Göttingen.

Tiedemann, Paul (2006). Was ist Menschenwürde? Wissenschaftliche Buchgesellschaft, Darmstadt.

Vaulont, Manuel & Marks, Stephan (2009). Welche Emotionen haben Schüler zu Deutschland und seiner Geschichte? Eine Pilotstudie. Freiburg (unveröfftl. Manuskript).

Vázquez-Figueroa, Alberto (1989). Tuareg. Goldmann, München.

Virilio, Paul (1997). Rasender Stillstand. S. Fischer, Frankfurt a. M.

Wagner, Wieland (2015). Die Fremden. In: Der Spiegel 2, 2015, S. 88–91.

Weber, Doris (2010). … aber das ist doch meine Mama. In: Publik-Forum 7, S. 46–50.

Wehner, Gudrun (2005). Wenn Mädchen sich verweigern. In: Sportpädagogik 2, S. 32f.

Weisser Ring (Hg.) (2017). Forschungsprojekt: Belastungen von Opfern in Ermittlungsverfahren. Weisser Ring Stiftung, Mainz.

Werkentin, Falco (1995). Politische Strafjustiz in der Ära Ulbricht. – Vom bekennenden Terror zur verdeckten Repression. Links Christoph, Berlin.

Werner, Florian (2012). Schüchtern. Bekenntnis zu einer unterschätzten Eigenschaft. Nagel & Kimche, München.

Wette, Wolfram (1995). Wehrmacht-Deserteure im Wandel der öffentlichen Meinung (1980-1995). In: Wette, Wolfram (Hg.). Deserteure der Wehrmacht: Feiglinge – Opfer – Hoffnungsträger? Klartext, Essen, S. 14–27.

Wettlaufer, Jörg (1999). Das Herrenrecht der ersten Nacht. Hochzeit, Herrschaft und Heiratzins im Mittelalter und in der frühen Neuzeit. Campus, Frankfurt a. M.

Wetz, Franz Josef (2005). Illusion Menschenwürde. Klett-Cotta, Stuttgart.

Wierlacher-Engelhardt, Monika (2009). Die Räuber – Schuld und Entschuldigung. Freiburg: Unveröffentl. Manuskript.

Wolter, Frauke (2014). Ein Brötchen! Bitte … In: Badische Zeitung, 10.12.2014, S. 1.

Wüenweber, Walter (2010). Was der Mensch zum Leben braucht. In: Stern 6, S. 44–51.

Wurmser, Léon (1997). Die Maske der Scham. Zur Psychoanalyse von Schamaffekten und Schamkonflikten. Springer, Berlin.

Wurmser, Léon (2007). Scham, Schamabwehr und tragische Wahrheit. In: Stephan Marks (Hg.). Scham – Beschämung – Anerkennung. LIT-Verlag, Berlin, S. 19–32.

Ziegler, Jean (2007). Das Imperium der Schande. Der Kampf gegen Armut und Unterdrückung. Pantheon, München.

Zimbel, René (2008). Der zählende Mensch. Was Emotionen mit Mathematik zu tun haben. Vandenhoeck & Ruprecht, Göttingen.

Zimmer, Anne-Christin (2008). Schamlos mit Regeln spielen. In: Sportpädagogik 6, S. 20–23.